¿Y TÚ?

Parte segunda

¿Y TÚ?

Gilbert A. Jarvis
Thérèse M. Bonin

Diane W. Birckbichler
Linita C. Shih

Parte segunda

HOLT, RINEHART AND WINSTON

AUSTIN NEW YORK SAN DIEGO CHICAGO TORONTO MONTREAL

ISBN 0-03-022802-6

Acknowledgments

CAPÍTULO PUENTE: p. P-6; AeroPerú: Logo for, "AeroPerú." Courtesy of AeroPerú Airlines, Inc.

CAPÍTULO 8: p. 297; Plaza de Toros de Sevilla: Ticket.

CAPÍTULO 9: p. 334; Spanish Theater Repertory Co.: Excerpt from program for Repertorio Español.

GACETA 3: p. 352; EMC Corporation: Excerpt from title page in *Ilustres Hispanos de los EE.UU.*, *No. 3* by Warren H. Wheelock. Adapted by J. O. Rocky Maynes, Jr. Copyright © 1976 by EMC Corporation. Published by EMC Corporation.

p. 354; Editorial América, S.A.: "¿A qué ritmo duermes?" from *Tú Internacional*, año 8, no. 5, May 1987, p. 11. Copyright © 1987 by Bloque de Armas Publications. Published by Editorial América, S.A.

p. 355; Editorial América, S.A.: "5 tácticas para levantarse ágil en la mañana" from *Tú Internacional*, año 8, no. 5, May 1987, p. 11. Copyright © 1987 by Bloque de Armas Publications. Published by Editorial América, S.A.

p. 356; Editorial América, S.A.: "Superestrella del Golf" from *Buenhogar*, año 21, no. 7, March 26, 1986, p. 11. Copyright © 1987 by A. de Armas Publications. Published by Editorial América, S.A.

p. 357; Editorial América, S.A.: "Xavier Serbia" from *Tú Internacional*, año 8, no. 5, May 1987, supplemental pages. Copyright © 1987 by Bloque de Armas Publications. Published by Editorial América, S.A.

CAPÍTULO 11: p. 410; Holt, Rinehart and Winston, Inc.: adaptation of pp. 24–25 in *En Contacto: Lecturas Intermedias* by Mary McVey-Gill, Brenda Wegmann, and Teresa Méndez-Faith. Copyright © 1980 by Holt, Rinehart and Winston, Inc. Published by Holt, Rinehart and Winston, Inc., New York.

CAPÍTULO 12: p. 427; Venezuelan Consulate, Consul General: Posters, "Oriente," "Occidente," and "Los Andes" from the Venezuelan Tourist Office.

GACETA 4: p. 464; Editorial América, S.A. & COMPIX Corp: "Jacquie de Creed" translation from *Hombre de Mundo*, año 12, no. 3, March 1987, p. 8. Copyright © 1987 by COMPIX Corp. Translation Copyright © 1987 by Editorial América, S.A. Translation published by Editorial América, S.A.

pp. 467–469; edizioni LANCIO S.p.A.: Excerpts from "La primera luna de verano" from *Gran Color, Ornela*, no. 117, pp. 3–4. Copyright © 1986 by edizioni LANCIO S.p.A. Published by edizioni LANCIO S.p.A.

Table of Contents

Rincones Culturales

Topics

SOUNDS OF THE SPANISH ALPHABET

SPELLING	SOUND	SPANISH EXAMPLE	NEAREST ENGLISH EQUIVALENT
a	/a/	casa	father
b	/b/	banco	bank
c (ca, co, cu)	/k/	casa	case
*c (ce, ci)	/s/	cinco	cent
ch	/ch/	chico	cheek
d	/d/	donde	door
e	/e/	este	best
f	/f/	familia	family
g (ge, gi)	/h/	gente	hen
g (ga, go, gu)	/g/	gato, gordo, gustar	gone, go, goose
gu (gua)	/gw/	Guatemala	Guam
gu (gue, gui)	/g/	guerra, guineo	gate, geese
h	—	hablar	honor
i	/i/	si	machine
j	/h/	ojo	Idaho
k	/k/	kilo	keep
l	/l/	leche	late
*ll	/y/	llamo	yard
m	/m/	mamá	mama
n	/n/	no	no
ñ	/ñ/	año	canyon
o	/o/	bonito	hope
p	/p/	papá	spot
qu (que, qui)	/k/	que	skate
r	/r/, /rr/	para, rosa	potter, (trilled r)
rr	/rr/	carro	(trilled r)
s	/s/	si	seat
t	/t/	tu	stoop
u	/u/	uno	rule
v	/b/	ver	bear
x	/ks/, /h/	examen, México	expire, ahead
y	/i/, /y/	y, yo	easy, yoke
*z	/s/	zapato	sob

*Exceptions for central Spain			
c (ce, ci)	/th/	cero, cine	theft, thing
ll	/ly/	llamar	million
z	/th/	zapato	thought

Art Credits

Penny Carter: pp. 261, 300, 306, 320, 415

Felipe Galindo: pp. P-7, P-9, P-11, P-16, P-21, P-22, 258, 263, 272, 289, 290, 299, 305, 323, 325, 329, 338, 364, 368, 369, 374, 380, 398, 403, 408, 412, 431, 436, 442, 449

David Griffin: pp. 259, 264, 269, 270, 271, 273, 281, 294, 326, 349, 345, 370, 371, 434

Pam Ford Johnson: pp. 395

Kathy Kelleher: pp. 301, 303, 372, 377

Mike Krone: pp. P-12, P-13, P-17, P-18, P-19, P-23, 259, 276, 288, 295, 296, 300, 301, 311, 314, 334, 335, 362, 371, 376, 387, 405, 409, 418, 421, 437, 438, 458

Dale Minor: pp. P-14, P-15, 282, 287, 361

Photo Credits

Abbreviations used: (t)top; (c)center; (b)bottom; (l)left; (r)right; (i)inset.

Table of Contents: Page **iv**(t), Joe Viesti; **iv**(tc), Cameramann International, Ltd.; **iv**(bc), Three Lions; **iv**(b), Robert Fried; **v**(t), HRW Photo by Russell Dian; **v**(c), Malcolm S. Kirk / Peter Arnold, Inc.; **v**(b), Four by Five.

Capítulo puente: Page **xii**(tl), Joe Viesti; **xii**(tr), Joe Viesti; **xii**(bl), Martin Rogers / FPG; **xii**(br), Joe Viesti; **P-1**, Michael Kornafel / FPG; **P-2**, D. Donne Bryant.

Capítulo 7: Page **252**(tl), John Curtis / Taurus Photos; **252**(tr), Cameramann International, Ltd.; **252**(b) George Elich; **253**, Kevin P. Gale / Taurus Photos; **254**, HRW Photo by David Phillips; **261**(l), Loren A. McIntyre; **261**(r), Victor Englebert; **263**, UPI / Bettmann Newsphotos; **265**, Loren A. McIntyre; **266**, RKO / Kobal Collection; **267**(tl), Keven Galvin / Bruce Coleman, Inc.; **267**(tr), ABC TV / Kobal Collection; **267**(bl), Kobal Collection; **267**(br), Paramount / Kobal Collection; **271**(bl), HRW Photo by Russell Dian; **271**(br), Allan Price / Taurus Photos; **274**, Focus on Sports; **277**(t), **277**(b), **278**(t), **278**(b), Columbia Pictures.

Capítulo 8: Page **284**(tl), Chip and Rosa María Peterson; **284**(tr), Three Lions; **284**(bl), Charles Leavitt / The Picture Cube; **284**(br), Chip and Rosa María Peterson; **285**, Walter R. Aguiar; **286**(t), Luis Villota / The Stock Market; **286**(b), HRW Photo by Russell Dian; **287**, Nick Nicholson; **292**, Joachim Messerschmidt / Bruce Coleman, Inc.; **297**(r), Carl Frank / Photo Researchers; **299**, HRW Photo by Russell Dian; **306**, Chip and Rosa María Peterson; **307**(l), Cameramann International, Ltd.; **307**(r), Vince Streano / The Stock Market; **308**(tr), Robert Frerck / Odyssey Productions; **308**(c), Morton Beebe; **308**(bl), Andrew Rakoczy; **310**, Dirk Gallian / Focus on Sports.

Capítulo 9: Page **316**(tl), Spencer Grant / Gartman Agency; **316**(tr), Chip and Rosa María Peterson; **316**(bl), Joe Viesti; **316**(br), Robert Fried; **317**, Robert Brenner; **318**(t), HRW Photo by Yoav Levy; **318**(b), **319**(t), HRW Photo by Russell Dian; **319**(b), HRW Photo by Henry Friedman; **321**, John Aldridge and Sons / The Picture Cube; **325**, Focus on Sports; **330**, Chip and Rosa María Peterson; **331**(tl), Robert Rattner; **331**(tr), David Phillips; **331**(bl), Loren A. McIntyre; **331**(br), John Dominis / Wheeler Pictures; **336**, Chip and Rosa María Peterson; **339**, Ministerio de Transportes y Turismo, España; **341**, HRW Photo by Russell Dian; **342**, HRW Photo by Alejandro Betancourt M.; **343**(l), Joe Viesti; **343**(tc), HRW Photo by Alejandro Betancourt M.; **343**(tr), Joe Viesti; **343**(br), Asociación de Scouts de México, Courtesy World Scout Organization; **344**, Joe Viesti; **347**, Chip and Rosa María Peterson; **349**, Dr. William Calvert.

Gaceta 3: Page **351**, Robert Frerck / Odyssey Productions; **352**, RCA Records; **353**, **354**(t), HRW Photo by David Phillips; **354**(b), HRW Photo by Richard Haynes; **355**, HRW Photo by David Phillips; **356**, Wide World Photo; **357**, Julio "Paud" Valdes.

Capítulo 10: Page **358**(l), Robert Royal; **358**(tr), HRW Photo by Russell Dian; **358**(br), Don and Pat Valenti / DRK Photo; **359**, HRW Photo by Russell Dian; **358**(br), Don and Pat Valenti / DKR Photo; **359**, HRW by Russell Dian; **360**, HRW Photo by Russell Dian; **366**, Ines Casassa; **367**(l), Norman Prince; **367**(r), HRW Photo by Russell Dian; **378**(tl), Carmen Cavazos; **378**(tc), HRW Photo by Russell Dian; **378**(tr), Norman Prince; **378**(bl), **378**(bc), **378**(br), HRW Photo by Russell Dian; **382**(t), Robert Frerck / Odyssey Productions; **382**(c), Vince Streano / The Stock Market; **382**(b), Andrew Rakoczy; **383**, Robert Frerck / Odyssey Productions; **386**, Victor Englebert.

Capítulo 11: Page **392**(tl), Four By Five; **392**(tr), **392**(bl), HRW Photo by Russell Dian; **392**(br), Malcolm S. Kirk / Peter Arnold, Inc.; **393**, Joe Viesti; **394**, HRW Photo by Yoav Levy; **396**(t), **396**(b), HRW Photo by Russell Dian; **400**, Bettina Cirone / Photo Researchers; **401**(l), Bernard Pierre Wolff / Photo Researchers; **401**(r), David Woo / Stock Boston; **404**(t), HRW Photo by Russell Dian; **404**(b), Peter Menzel; **409**, Joachim Messerschmidt / Bruce Coleman, Inc.; **413**, Four By Five; **414**, Richard Steedman / The Stock Market; **416**, HRW Photo by Russell Dian; **417**(t), Felipe Andrade / Aeroperu Airways; **417**(b), HRW Photo by David Phillips; **422**, HRW Photo by David Phillips.

Capítulo 12: Page **424**(tl), Joe Viesti; **424**(tr), Jeffrey L. Rotman; **424**(bl), **424**(br), Four By Five; **425**, Linita Shih; **426**, Loren A. McIntyre; **427**(l), **427**(c), **427**(r), HRW Photo by Russell Dian; **432**, Animals, Animals; **439**, Enrico Ferorelli / Dot; **440**(tl), Loren A. McIntyre; **440**(lc), Venezuelan Tourist Office, NY; **440**(bl), Loren A. McIntyre; **440**(bc), Venezuelan Tourist Office, NY; **440**(tr), Cameramann International, Ltd.; **440**(rc), Loren A. McIntyre; **440**(br), Venezuelan Government Tourist Office; **444**, **446**, NASA; **447**(tl), **447**(tr), **447**(bl), New York Public Library; **447**(br), Culver Pictures; Warren Bolster / Sports Illustrated / Time, Inc.; **451**, Loren A. McIntyre / Woodfin Camp; **453**, Theodore DeBry, ca. 1590. Rare Books and Manuscript Division, N.Y. Public Library, Astor, Lenox, and Tilden Foundation; **456**, Eric Horan / Bruce Coleman, Inc.; **457**, Chip and Rosa María Peterson; **461**, Fulvio Eccardi / Bruce Coleman, Inc.

Gaceta 4: Page **463**, HRW Photo by Russell Dian; **464**, Compix; **465**, **466**, Stuntarama; **467**(l), **467**(r), **468**(l), **468**(r), **469**(l), **469**(r), Lancio Film / Rome, Italy.

Photo Identifications

Consultants

We would like to thank the teachers and administrators who reviewed the manuscript. Their enthusiastic reception of the materials was very encouraging, and their suggestions for improvements were most helpful. We are very pleased to acknowledge the important contributions of the consultants whose names appear below.

Joe Harris
Poudre School District R-1
Fort Collins, Colorado

Robert Hawkins
Upper Arlington High School
Columbus, Ohio

Pam Kaatz
Haltom High School
Fort Worth, Texas

Stephen Levy
Roslyn Public Schools
Roslyn, New York

James Memoli
Columbia High School
Maplewood, New Jersey

Victor Nazario
Pingry School
Martinsville, New Jersey

Laura Nesrala
Haltom High School
Fort Worth, Texas

Lorraine Paszkeicz
Mount Pleasant High School
San Jose, California

Albert Rubio
Greensboro Public Schools
Greensboro, North Carolina

Gloria Salinas
Austin Independent School District
Austin, Texas

Richard Siebert
San Mateo High School
San Mateo, California

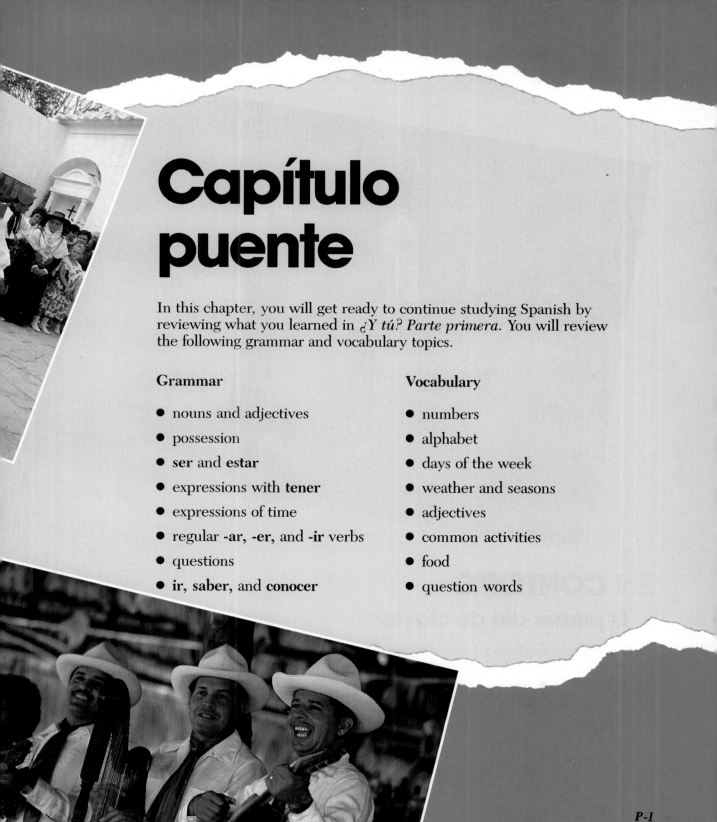

Capítulo puente

In this chapter, you will get ready to continue studying Spanish by reviewing what you learned in *¿Y tú? Parte primera*. You will review the following grammar and vocabulary topics.

Grammar

- nouns and adjectives
- possession
- **ser** and **estar**
- expressions with **tener**
- expressions of time
- regular **-ar**, **-er**, and **-ir** verbs
- questions
- **ir, saber,** and **conocer**

Vocabulary

- numbers
- alphabet
- days of the week
- weather and seasons
- adjectives
- common activities
- food
- question words

1NTRODUCCIÓN

EN CONTEXTO

El primer día de clases

first

Es el primer día de clases y Juan tiene prisa para llegar. Es un chico
nuevo y está nervioso. Es inteligente y le gusta aprender cosas nuevas,
pero siempre es un desastre cuando cambia de escuela. ¡Qué pesado! Al
rato una chica simpática habla con él.

he changes

CARMELA	¡Hola! Eres nuevo, ¿verdad?
JUAN	No... Bueno, sí.
CARMELA	Es obvio.
JUAN	(piensa) ¡Ay! ¡Qué tonto soy!

obvious

How stupid of me!

CARMELA	Yo también soy nueva.
JUAN	¿¡De veras!? Pues, ¡no es obvio!
Carmela	(_riéndose_) ¡Pero es cierto! Soy de Bolivia.
JUAN	(_menos tímidamente_) ¿Cómo te llamas?
CARMELA	Carmela, ¿y tú?
JUAN	Juan. Juan Noriega, a tus órdenes.
CARMELA	¡Ay, qué formal! Mucho gusto, pues, Juan. ¿Y cómo estás?
JUAN	¡La verdad es que tengo dolor de estómago!
CARMELA	¿Por qué? ¿Tienes hambre?
JUAN	No. Es que estoy nervioso.
CARMELA	Pues, Juan, ya no necesitas estar nervioso. Tienes una nueva amiga.
JUAN	Gracias, Carmela. ¿Qué clase tienes ahora?
CARMELA	Tengo álgebra con la profesora Tabera.
JUAN	¿De veras? ¡Yo también! ¿Sabes cómo es ella?
CARMELA	No, no sé nada de los profesores aquí. Ya son las ocho. ¿Vamos a clase?
JUAN	Sí, ¡vamos!

laughing
less timidly

at your service

Comprensión

Respond to the following statements about **El primer día de clases** with **cierto** or **falso**.

1. Carmela y Juan son nuevos estudiantes.
2. Juan no está preocupado.
3. A Carmela no le gusta Juan.
4. Juan tiene dolor de estómago porque está enfermo.
5. Juan sabe que la señora Tabera es una buena profesora.
6. Los dos chicos tienen diferentes clases a las ocho.

ASÍ SE DICE

Saludos y despedidas		Respuestas
¡Hola!	¡Buenos días!	¡Hola! ¡Buenos días!
	¡Buenas tardes!	¡Buenas tardes!
	¡Buenas noches!	¡Buenas noches!
¿Cómo estás?	¿Cómo está usted?	Bien, gracias.
¿Qué tal?		Muy mal.
		Regular.
¿Cómo te llamas?	¿Cómo se llama usted?	Me llamo _____.
Adiós.		Adiós.
Hasta luego.		Hasta luego.

Los números

0	cero	14	catorce	80	ochenta
1	uno	15	quince	90	noventa
2	dos	16	dieciséis	100	cien (ciento)
3	tres	17	diecisiete	200	doscientos(as)
4	cuatro	18	dieciocho	300	trescientos(as)
5	cinco	19	diecinueve	400	cuatrocientos(as)
6	seis	20	veinte	500	quinientos(as)
7	siete	21	veintiuno	600	seiscientos(as)
8	ocho	30	treinta	700	setecientos(as)
9	nueve	31	treinta y uno	800	ochocientos(as)
10	diez	40	cuarenta	900	novecientos(as)
11	once	50	cincuenta	1.000	mil
12	doce	60	sesenta	100.000	cien mil
13	trece	70	setenta	1.000.000	un millón

El alfabeto

a	a	j	jota	r	ere
b	be (be grande)	k	ka	rr	erre
c	ce	l	ele	s	ese
ch	che	ll	elle	t	te
d	de	m	eme	u	u
e	e	n	ene	v	ve (uve, ve chica)
f	efe	ñ	eñe	w	doble ve (doble u)
g	ge	o	o	x	equis
h	hache	p	pe	y	ye (i griega)
i	i	q	cu	z	zeta

Los días de la semana

lunes *Monday*
martes *Tuesday*
miércoles *Wednesday*
jueves *Thursday*
viernes *Friday*
sábado *Saturday*
domingo *Sunday*

El tiempo		
	Hace buen tiempo.	*It's good weather.*
	Hace mal tiempo.	*It's bad weather.*
	Hace fresco.	*It's cool.*
	Hace frío.	*It's cold.*
	Hace calor.	*It's hot.*
	Hace sol.	*It's sunny.*
	Hace viento.	*It's windy.*
	Está nevando.	*It's snowing.*
	Está lloviendo.	*It's raining.*

COMUNICACIÓN

A. ¡Hola! Introduce yourself to a classmate, then ask the person's name and how he or she is. Try out different styles of greeting. Then greet your teacher, and ask his or her name.

> EJEMPLO **¡Hola! Me llamo Luisa. ¿Y tú?**
> **Me llamo Juan Carlos.**
> **Buenas tardes, profesor...**

B. ¿Cuántos hay? Answer the following questions about people and objects in your classroom.

1. ¿Cuántos chicos hay?
2. ¿Cuántas chicas hay?
3. ¿Cuántos profesores hay?
4. ¿Cuántos estudiantes hay?
5. ¿Cuántos pizarrones hay?
6. ¿Cuántas grabadoras hay?
7. ¿Cuántas mesas hay?
8. ¿Cuántos libros hay?
9. ¿Cuántos cuadernos hay?
10. ¿Cuántos lápices hay?

C. Mi teléfono es... As you give your telephone number in Spanish, a classmate will write it on a piece of paper. Check to see whether the number is recorded correctly.

> MODELO Mi número es cuatro, siete, siete... tres, cinco, cero, dos.

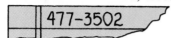

477-3502

D. ¿Cómo te llamas? With another student, take turns spelling the name of several classmates in Spanish. Alternate guessing what the names are.

> MODELO **ka-a-ere-e-ene**
> **¿Karen?**
> **sí**

E. Pronóstico del tiempo. What weather report would you expect to hear in the following seasons and places?

EJEMPLO   un día de invierno en Nueva York
Hace frío y está nevando.

1. un día de verano en Phoenix, Arizona
2. un día de primavera en San Diego, California
3. un día de invierno en Fairbanks, Alaska
4. un día de otoño en Hawaii
5. un día de invierno en Portland, Oregon
6. un día de primavera en Chicago.

F. Los días y las estaciones. How fast can you unscramble these seasons and days of the week? Write your answers on paper, along with their English equivalents.

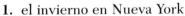

1. ensevir
2. sartem
3. imcérosel
4. gonimod
5. ramavirpe
6. vanero
7. nervioni
8. ñotoo
9. nesul
10. sodába
11. sejevu

G. Aquí y allá. The seasons are reversed as you cross the equator. With this in mind, name three months of the year that correspond to each setting.

1. el invierno en Nueva York
2. el verano en Argentina
3. la primavera en Chile
4. el verano en Canadá
5. el otoño en Uruguay
6. el otoño en Missouri

H. Entrevista. Answer the following questions, or use them to interview another student.

1. ¿En qué estación del año es tu cumpleaños?
2. ¿Qué estación del año te gusta más?
3. ¿Qué te gusta hacer cuando está lloviendo? ¿Cuando está nevando?
4. ¿Cuál es tu día favorito? ¿Por qué?
5. ¿Te gustan los lunes? ¿Por qué (no)?
6. ¿Qué te gusta hacer cuando hace frío? ¿Cuando hace calor? ¿Cuando está lloviendo?

¿Y TÚ?

PRESENTACIÓN

Nouns and adjectives. All nouns are either masculine or feminine in Spanish. Articles and adjectives also must agree in gender (masculine or feminine) and in number (singular or plural) with the nouns they modify.

A. To form the feminine, adjectives ending in **-o** change **-o** to **-a**; those ending in **-e** or a consonant do not change. To form the plural of nouns and adjectives, **-s** is added to vowel endings, and **-es** to consonant endings.

un disco bueno	unos discos buenos
una canción alegre	unas canciones alegres
el último concierto	los últimos conciertos
la última película	las últimas películas

Adjetivos

bueno	*good*	bonito	*pretty*
emocionante	*exciting*	malo	*bad*
guapo	*good-looking*	excelente	*excellent*
alto	*tall*	divertido	*fun*
inteligente	*intelligent*	bajo	*short*
aburrido	*boring*	interesante	*interesting*
simpático	*nice, pleasant*	nuevo	*new*
fácil	*easy*	antipático	*unpleasant*
viejo	*old*	difícil	*difficult*

PREPARACIÓN

A. ¿Qué te parece?   Paco's girl friend wants to know more about his football practice sessions. What does he tell her?

> MODELO   ¿Los ejercicios? (difícil)
> **Los ejercicios son difíciles.**

1. ¿Las horas? (largo)
2. ¿El profesor de educación física? (exigente)
3. ¿Los otros jugadores? (grande)
4. ¿Las prácticas? (aburrido)
5. ¿La comida después de la práctica? (bueno)
6. ¿Los partidos? (emocionante)

COMUNICACIÓN

A. Opiniones.   Tell how you feel about various people or things, using the suggestions below. Make sure nouns and adjectives agree.

Las vacaciones		interesante
El dinero		divertido
El profesor (la profesora)	es (son)	serio
Mi libro de español	no es (son)	aburrido
Mi clase de español	es (son) bastante	formidable
La tarea de esta clase	es (son) muy	guapo
Los chicos de la clase	no es (son) muy	simpático
Las chicas de la clase		antipático
La televisión		fácil
El tenis		difícil
¿...?		¿...?

REPASO 2

PRESENTACIÓN

De and the possessive adjectives. There are two ways to show ownership or possession in Spanish. One way is to use a **de** phrase (**de Antonio, de la chica, del colegio**). Another way is to use a possessive adjective before the noun (**mis clases, tus anteojos, su cuaderno**). Like other adjectives, these forms must agree in gender and number with the noun they modify.

my	mi, mis	nuestro, nuestros nuestra, nuestras	*our*
your (fam.)	tu, tus	vuestro, vuestros vuestra, vuestras	*your*
his, her, its, your (formal)	su, sus	su, sus	*your, their*

El diccionario es de Margarita. Tenemos tus discos.
Son las llaves del señor Ruiz. No es nuestra calculadora.

PREPARACIÓN

A. **Buena memoria.**   Susana's grandmother is visiting her family after being away for a year. What does she say to Susana to see if things are the same as they were during her last visit? Fill in the missing words with **de** plus a definite article, if needed.

1. Me gusta mucho la casa verde. Es ===== señores Veras, ¿no?
2. Las flores ===== Lisa son siempre rosadas. Es obvio que es su color favorito.
3. El señor Olivares es el novio ===== señorita Gómez, ¿verdad? ¡Qué guapo es!
4. El coche viejo es ===== chico argentino, ¿verdad?
5. La moto ===== Joaquín es de Francia, ¿no?
6. La mamá ===== chicas Caldera trabaja en el supermercado ===== señor Pérez, ¿verdad?

B. **¿De quién son?**   Catalina's family has just moved to a new
house. As they unpack, Catalina tries to figure out to whom things
belong. How does her mother help her?

>   MODELO   ¿Los discos son de Sergio? (sí)
>   **Sí, son sus discos.**

1. ¿Las blusas son de Paula? (sí)
2. ¿La cámara es de Rita? (no)
3. ¿La calculadora es de papá? (no)
4. ¿Los carteles son de Carmen? (sí)
5. ¿Las bolsas son de Silvia? (sí)
6. ¿La camiseta es de mi amiga Amelia? (no)
7. ¿El radio es del tío Alfonso? (sí)

C. **Una fiesta.**   Belinda is describing a party the drama club is
having this weekend. Each guest is bringing an item that he or she
owns. What does Belinda say?

>   MODELO   Marta va a llevar <u>su</u> radio.

1. Enrique lleva ===== cámara.
2. Las hermanas Quirós van a traer ===== discos de rock.
3. La profesora lleva ===== grabadora.
4. Rogelio va a tocar ===== guitarra.
5. Yo llevo ===== cintas de Mecano.
6. Tú traes ===== radio, ¿verdad?
7. ¡Es seguro que ===== fiesta va a ser muy divertida!

COMUNICACIÓN

A. **Entrevista.**   Answer the following questions, or use them to inter-
view another student.

1. ¿Quién es tu amigo(a) favorito(a)? ¿Cómo es?
2. ¿Tienes un perro o un gato? ¿Cómo es?
3. ¿Cómo es tu mamá? ¿Tu papá?
4. ¿Cuántos(as) hermanos(as) tienes?
5. ¿Cuáles son tus discos favoritos? ¿Hay un disco que quieres
   comprar? ¿Cómo se llama?
6. ¿Cuál es tu clase favorita? ¿Por qué?

REPASO 3

PRESENTACIÓN

Irregular verbs. The verbs **ser, estar,** and **tener** have irregular forms and are used in a variety of ways in Spanish.

A. Both **ser** and **estar** mean *to be,* but these verbs have different uses. In general, **ser** is used to describe identifying traits, such as origin, profession, and personality characteristics. **Estar** is used to talk about location and changeable conditions and to form certain set expressions.

ser	
soy	somos
eres	sois
es	son

estar	
estoy	estamos
estás	estáis
está	están

Paco es guapo y simpático.
Marta es de Colombia.

Estoy en la clase.
El profesor de inglés está enfermo.

B. The verb **tener** means *to have.* In many expressions, however, **tener** means *to be.*

tener	
tengo	tenemos
tienes	tenéis
tiene	tienen

Expresiones idiomáticas con tener
tener calor   *to be hot*
tener fiebre   *to have a fever*
tener frío   *to be cold*
tener hambre   *to be hungry*
tener sed   *to be thirsty*
tener sueño   *to be sleepy*
tener razón   *to be right*
tener miedo   *to be afraid*
tener prisa   *to be in a hurry*
tener dolor de cabeza   *to have a headache*
tener dolor de garganta   *to have a sore throat*
tener dolor de estómago   *to have a stomachache*
tener dolor de muelas   *to have a toothache*

¡Tengo mucha hambre y sed, pero no puedo comer porque tengo prisa!

PREPARACIÓN

A. Un examen difícil. It is eight o'clock on Monday morning, and students in Mr. Reyes's Spanish class are taking a test. Tell how everyone is feeling.

> MODELO   Manuel / triste
> **Manuel está triste.**

1. Cecilia / sorprendido
2. Elena y yo / cansado
3. tú / preocupado
4. yo / deprimido
5. los estudiantes / nervioso
6. el señor Reyes / serio

B. Mi familia en los Estados Unidos. Paco, an exchange student from Ecuador, calls his brother in Quito to tell him about the family he is staying with in the United States. How does he describe the different members of the family?

> MODELO   la señora Jameson / bastante serio
> **La señora Jameson es bastante seria.**

1. el señor Jameson / profesor
2. las hermanas / alto
3. el bebé / muy bonito
4. Jorge y yo / muy buenos amigos
5. la abuela / de Canadá
6. los primos / antipático

C. ¡Qué partido! Using the verbs **tener** and **estar,** tell how the people in the illustrations feel after spending three hours watching or participating in the annual school chess tournament.

> MODELO   **Juan tiene sed.**   Juan

1. Tú y yo

2. Julia y Mariana

3. Antonio

4. Los chicos   **5.** Los señores Díaz   **6.** Isabel

D. Mi mejor amiga. Linda is showing pictures of her best friend. Tell
W what she says, by supplying the correct form of **ser** or **estar**.

    Aquí __1__ la foto de mi mejor amiga. Se llama Fabiola Cruz y __2__
dominicana. __3__ de la ciudad de Santiago. __4__ joven y muy guapa,
¿verdad? Le gusta mucho escribir. ¿Su profesión? __5__ periodista
para *El Sol*, un periódico de Santiago. Ella me dice que su trabajo
__6__ muy exigente pero divertido.

    Aquí hay otra foto de ella. __7__ en frente de su casa. La casa __8__
muy grande y tiene muchas flores bonitas, ¿no?

    En esta foto sus hermanos __9__ en el patio de la casa y __10__ muy
cansados porque acaban de jugar tenis.

    Y, por último, mira esta foto de toda la familia en la fiesta del cum-
pleaños de Fabiola. Ellos __11__ en un restaurante mexicano y todos
__12__ muy contentos. Para mí, ¡__13__ la familia ideal!

COMUNICACIÓN

A. Entrevista. Answer the following questions, or use them to inter-
view another student.

1. ¿Cómo estás hoy?
2. ¿Tienes frío o calor ahora?
3. En general, ¿eres simpático(a)? ¿Eres divertido(a)?
4. ¿Son tus padres pacientes?
5. ¿Estás siempre en casa los fines de semana? Si no, ¿dónde estás?
6. ¿Qué tomas cuando tienes sed?
7. ¿Qué haces cuando tienes dolor de cabeza? ¿De estómago? ¿De
   muelas?
8. ¿Estás nervioso(a) cuando hablas español?
9. ¿Generalmente tienes prisa por la mañana? ¿Por qué (no)?

REPASO 4

PRESENTACIÓN

Telling time. To find out what time it is, Spanish speakers ask, **¿Qué hora es?** This question can be answered in the following ways.

A. On the hour

Son las tres.

Son las diez.

Es la una.

B. On the quarter or half hour

Es la una y cuarto.

Son las tres menos cuarto.

Son las once y media.

C. Minutes before or after the hour

Son las siete y diez.

Son las diez menos cinco.

Es la una menos veinte.

D. At noon or midnight

Es mediodía.

Es media noche.

E. To ask or tell when an event occurs, **a** is used. The expressions **de la mañana, de la tarde,** and **de la noche** are used to indicate morning, afternoon, and night.

¿A qué hora es tu clase de arte?   A las nueve de la mañana.
¿A qué hora vas a la fiesta?   A las cinco de la tarde.

F. The expressions **por la mañana, por la tarde,** and **por la noche** are used when no specific time is mentioned.

Estudio por la noche. Mis hermanos ven televisión por la noche.

PREPARACIÓN

A. ¿Qué hora es?   Five-year-old Cristina is trying to learn to tell time. She constantly asks her brother what time it is. What does he say?

MODELO   **Son las ocho.**

B. ¡Un hombre ocupado!   Mr. Navarro is a very busy person. His secretary is reminding him of his appointments today. What does his secretary say?

MODELO   3:00 P.M. / el señor García
A las tres de la tarde tiene una cita con el señor García.

1. 10:15 A.M. / la señora Vera
2. 1:45 P.M. / el dentista
3. 2:50 P.M. / la señorita Suárez
4. 9:05 A.M. / el gerente
5. 5:30 P.M. / los señores Hidalgo
6. 4:35 P.M. / el señor Abrán

COMUNICACIÓN

A. ¿A qué hora?   At what time do you generally do certain things? Answer the following questions, or use them to interview another student.

1. ¿Qué hora es ahora?
2. ¿A qué hora llegas a la escuela?
3. ¿A qué hora es tu clase de español?
4. ¿A qué hora es tu programa de televisión favorito?
5. ¿A qué hora sales de la escuela?
6. ¿A qué hora estudias por las noches?

REPASO 5

PRESENTACIÓN

Regular *-ar, -er,* and *-ir* verbs. There are three regular groups of verbs in Spanish, classified by their endings: **-ar, -er,** and **-ir**.

A. The endings for each group of regular verbs are listed in the chart below.

bailar		comprender		vivir	
bailo	bailamos	comprendo	comprendemos	vivo	vivimos
bailas	bailáis	comprendes	comprendéis	vives	vivís
baila	bailan	comprende	comprenden	vive	viven

B. Some **-er** and **-ir** verbs are irregular because the **yo** form does not follow the expected pattern. Some of these verbs are listed here.

hacer	**hago**	ver	**veo**
traer	**traigo**	poner	**pongo**
salir	**salgo**	oír	**oigo**

PREPARACIÓN

A. **¡Todos ayudan!**   Rogelio's family is very large, but everyone helps out at home, especially on the weekends. After looking at the illustrations, number a sheet of paper from 1 to 6. Tell who does each activity, giving the names and the correct forms of the verbs in parentheses.

1. (arreglar) ===== los cuartos los lunes.
2. (comprar) ===== la comida en el supermercado los martes.
3. (cuidar) ===== a mis hermanas los miércoles.
4. (trabajar) ===== en el jardín el sábado por la mañana.
5. (lavar) ===== los platos todos los días.
6. (preparar) ===== el almuerzo los sábados.

Ana   Antonio   Mi hermano y yo

Mis padres   Mi abuelo   Silvia

B. La casa de fantasmas. The school band is sponsoring a spook house to raise money. How does María describe the project to her friend?

1. Drácula (abrir) ===== la puerta.
2. David y Sara (insistir) ===== en tocar discos de horror.
3. Yo (leer) ===== la poesía de Poe.
4. En un cuarto, los chicos (ver) ===== a Frankenstein.
5. En otro cuarto (vivir) ===== una persona loca.
6. Hilda y yo (poner) ===== gatos de papel en las mesas.
7. Tú (deber) ===== visitar la casa. ¡Es fantástica!

C. ¡Qué prisa!   The Spanish class has 15 minutes to complete
preparations for the surprise party they are having for their teacher.
What do different people answer as Rita asks who is doing what?

> MODELO   Jaime ¿traes los discos del otro cuarto, por favor?
> **Sí, yo traigo los discos.**

1. Marta, ¿pones la mesa?
2. Rogelio, ¿haces la tarjeta?
3. Cintia, ¿traes los carteles de tu carro?
4. Noemí, ¿sales a comprar refrescos en la cafetería?
5. Susana, ¿ves todavía el carro del profesor?
6. ¿Qué dices, Tomás? ¿Oyes la voz del profesor?

Las carnes
la carne asada   el pollo   el pescado
las chuletas de cerdo   el bistec   el jamón

Las verduras y los acompañamientos
los frijoles   las papas   los plátanos   el arroz
los tomates   la ensalada   las zanahorias   las espinacas

Los postres
los pasteles   las tartas   las frutas con queso   el helado   el flan

Las frutas
las manzanas   las uvas   las peras
las fresas   las naranjas   el melón

Las bebidas
el chocolate   el agua mineral   el té
los refrescos   el café con leche   el jugo de
naranja

Para el desayuno...
el pan   la mantequilla   la mermelada   los huevos fritos
la tortilla de huevo   la tortilla de maíz   el tocino

COMUNICACIÓN

A. ¿Con qué frecuencia?   Tell how often you do the following activities.

    EJEMPLO   tomar leche
                   Pocas veces tomo leche.

nunca   pocas veces   a veces   muchas veces   todos los días

hablar por teléfono   comer pan con mermelada
salir con los amigos   trabajar en la computadora
tomar café por la mañana   comprar helados
andar en bicicleta   hacer gimnasia
comer espinacas   beber agua mineral
tocar el piano   arreglar el cuarto

PRESENTACIÓN

Questions. There are several ways to ask questions in Spanish.

A. One way to ask a yes-or-no question is to raise your voice at the end of a sentence. Another is to add a tag question, such as **¿no?** or **¿verdad?** A third way to ask a question is to place the subject either after the verb or at the end of the sentence: **¿Quiere Elsa una manzana?**

B. Interrogative words may also be used to asked questions.

> **Palabras para preguntar**
>
> | | |
> |---|---|
> | ¿qué? *what? which?* | ¿de dónde? *from where?* |
> | ¿quién(es)? *who?* | ¿cómo? *how?* |
> | ¿de quién(es)? *whose?* | ¿por qué? *why?* |
> | ¿cuándo? *when?* | ¿cuál? *what?, which (one)?* |
> | ¿dónde? *where?* | ¿cuántos(as)? *how many?* |
> | ¿adónde? *where...(to)?* | ¿cuánto(a)? *how much?* |

With question words, the following word order is used.

> question word + verb + subject

¿Cuándo van a llegar tus primos?   *When are your cousins going to arrive?*

¿Por qué no sale Enrique hoy?   *Why is Enrique not leaving today?*

C. Tag questions are added to the end of a statement and are punctuated separately.

Cocinas la cena hoy, ¿no?   *You are cooking supper today, aren't you?*

PREPARACIÓN

A. ¡No es posible!   Susana cannot believe what Carlos is telling her about the habits of different members of his family. How does she respond to what he says?

> MODELO   Asisto a una fiesta todas las noches.
> **¿Asistes tú a una fiesta todas las noches?**

1. Mi hermana trabaja todo el tiempo.
2. Mis hermanos estudian día y noche.
3. Luis arregla su cuarto a la medianoche.
4. Mis hermanos ven televisión a las cuatro de la mañana.
5. Mi papá usa ropa *punk*.
6. Lavo los platos en el jardín.

B. ¿Verdad?   José has to repeat his questions as he talks to Sara at a noisy baseball game. What are two possible questions he might ask her for each of the following?

> MODELO   tu / asistir los partidos
> **Tú asistes mucho a los partidos ¿verdad?**
> **¿Asistes mucho a los partidos?**

1. tu padre / aprender español
2. tú / trabajar en la biblioteca por la tarde
3. tu familia / comer temprano
4. tus hermanos / practicar muchos deportes
5. tú / tener carro bonito
6. nosotros / salir al cine mañana

COMUNICACIÓN

A. En los ratos libres.   Answer the following questions about what you like to do in your free time, or use them to interview another student.

1. ¿Escuchas la radio? ¿Cuándo?
2. ¿Ves televisión todos los días? ¿Cuál es tu programa favorito?
3. ¿Te gustan las películas? ¿De qué tipo? ¿Por qué?
4. ¿Qué deportes practicas? ¿Cuál te gusta más?
5. ¿Te gusta sacar fotos? ¿De qué o de quién?
6. ¿Te gusta viajar? ¿Adónde?
7. ¿Lees mucho las historietas o las revistas? ¿Qué historieta o revista lees más?
8. ¿Te gusta cocinar? ¿Qué platos cocinas? ¿Cuál es tu plato favorito?
9. ¿Sales mucho con tus amigos los fines de semana? ¿Adónde van generalmente?

REPASO 7

PRESENTACIÓN

Irregular verbs *ir, saber,* **and** *conocer*. The three verbs **ir, saber,** and **conocer** are irregular in the present tense.

A. The verb **ir** means *to go*. This verb is used with the preposition **a** to talk about going somewhere.

Voy ahora.
Vamos a la escuela.

ir

voy	vamos
vas	vais
va	van

B. **Ir** plus **a** plus an infinitive is used to talk about what you are going to do.

Ana va a preparar la cena.
Voy a descansar en una hamaca.

C. **The verbs saber** and **conocer** both mean *to know*. They are irregular only in the **yo** form.

saber		conocer	
to talk about facts or information or knowing how to do something		to express familiarity or acquaintance with a person, place, or thing	
sé	sabemos	conozco	conocemos
sabes	sabéis	conoces	conocéis
sabe	saben	conoce	conocen

¿Y TÚ?

PREPARACIÓN

A. Un sábado pesado. Dorotea is in a terrible mood. She is stuck at
home with the flu while her friends enjoy the afternoon. Number a
sheet of paper from 1 to 7. Using the illustrations, tell what she says
to her friend Olga over the telephone about everyone's plans.

MODELO   Beatriz y Ángela
                **Beatriz y Ángela van
                a dar un paseo en el
                parque.**

Beatriz y Ángela

1. Mi novio

2. Martín y Luis

3. Mis padres y mi tía

4. Tú

5. Mi hermana Susana

6. Mariela y Jorge

7. Yo

B. ¿Quién sabe hacer qué? Luisa is planning the upcoming talent show and bake sale. She needs help from different classmates who know how to do different things. Look at the following illustrations, and tell what notes she jots down in each case.

MODELO **Pedro sabe tocar el piano.** Pedro

1. Mariela

2. Manuel y yo

3. Tú

4. Los hermanos Borges

5. Elena y Pepe

6. El perro de Pamela

C. Planes para el baile. Susana and Lucila are in charge of finding a good place to have the annual choir banquet and dance and are lining up the entertainment. They are discussing who is acquainted with various entertainers and places. What do they say?

MODELO Felipe / a una persona que toca el piano
Felipe conoce a una persona que toca el piano.

1. Ángel / un restaurante italiano excelente

2. yo / a una chica que canta muy bien

3. Juan y Alfredo / otro restaurante que está cerca

4. tú / un hotel con un cuarto muy grande

5. Diana y Tito / a un chico que organiza bailes

6. yo / una tienda que tiene decoraciones de fiesta

D. Una carta a mis padres.   Tomás, an exchange student from Panamá, is writing his first letter home. Tell what he says by supplying the correct form of **saber** or **conocer**.

Queridos padres:

¡Hola! ¿Cómo están ustedes? Me va muy bien. Después de poco tiempo aquí __1__ hablar inglés un poco mejor y __2__ dónde queda la escuela, el supermercado, el cine y las casas de unos amigos.

Ya __3__ a todos los miembros de la familia Hayes. Son muy simpáticos y me quieren mucho. __4__ también a muchos chicos del colegio. Varios de ellos __5__ hablar español y me ayudan a veces con la tarea. Otra cosa, ¿ __6__ ustedes que ya __7__ hacer hamburguesas?

Ahora, un secreto. __8__ que una chica que se llama Shelley me encuentra muy guapo, pero no la __9__ todavía. No __10__ tampoco dónde vive porque no __11__ la ciudad muy bien. Pero no hay prisa. Acabo de llegar, ¿verdad?

Abrazos para todos, y los quiere su hijo,

Tomás

COMUNICACIÓN

A. Quiero saber.   Answer these questions, or use them to interview another student. Be prepared to report to the class.

1. ¿Conoces a una persona famosa? ¿A quién conoces? ¿Por qué es famoso(a)?
2. ¿Sabes tocar un instrumento? ¿Qué instrumento tocas? ¿Sabes tocarlo muy bien o regular?
3. ¿Sabes preparar un plato especial? ¿Qué plato? ¿Cuándo lo preparas?
4. ¿Conoces otros países americanos? ¿Conoces algunos países europeos?
5. ¿Conoces unas ciudades de México? ¿Cuáles? ¿Te gustan? ¿Por qué (no)?
6. ¿Conoces a alguien de un país extranjero? ¿Quién? ¿Qué idioma(s) sabe hablar?
7. ¿Sabes jugar un deporte muy bien? ¿Qué deporte?
8. ¿Sabes hacer algo que tus amigos no saben hacer? ¿Qué sabes hacer?

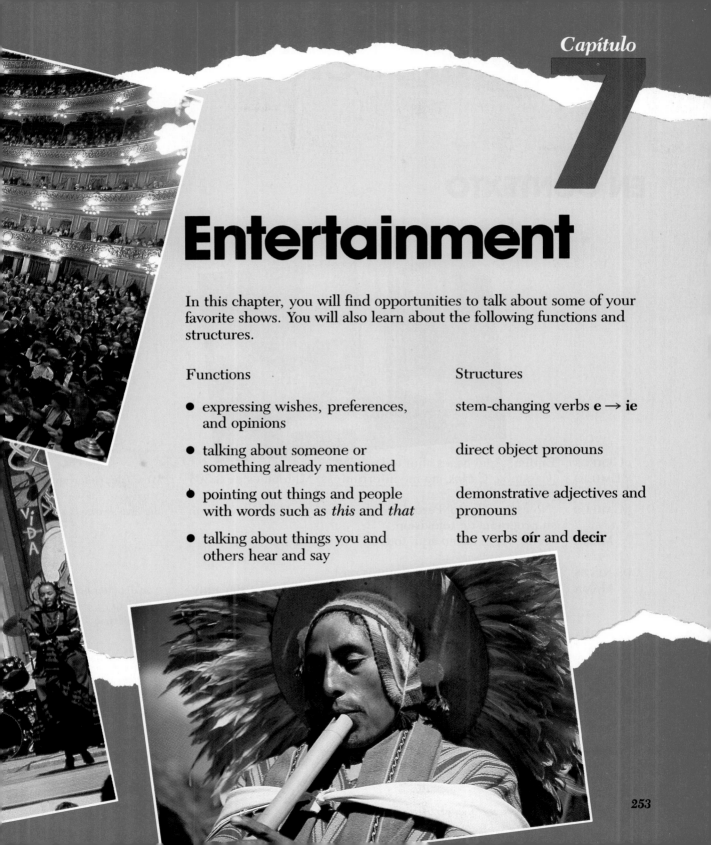

Entertainment

In this chapter, you will find opportunities to talk about some of your favorite shows. You will also learn about the following functions and structures.

Functions

- expressing wishes, preferences, and opinions

- talking about someone or something already mentioned

- pointing out things and people with words such as *this* and *that*

- talking about things you and others hear and say

Structures

stem-changing verbs **e → ie**

direct object pronouns

demonstrative adjectives and pronouns

the verbs **oír** and **decir**

253

EN CONTEXTO

CARLOS	Emilio, ¿qué haces aquí todavía?
EMILIO	¡Caramba, Carlos, no me interrumpas! Mi total es de 2.365 puntos.
CARLOS	¡No es para tanto! Pero debes bajar la voz. Mamá quiere oír su programa de televisión.
MAMÁ	Niños, ¿qué hacen aquí todavía? Ya son las nueve de la noche.
LOS NIÑOS	Mamá, por favor, unos minutos más.
MAMÁ	No, mejor no. Es hora de dormir. Mañana van a estar muy cansados. Además, ese juego a mí me parece una pérdida de tiempo.
LA ABUELA	Ay, Silvia, ¿la cansada* no eres tú, mi amor? En mi opinión, este juego enseña mucho.
MAMÁ	Bueno, está bien. Pero sólo un rato más—y después, a la cama, ¿eh?
LOS NIÑOS	Gracias, mamá. Gracias, abuelita.
LA ABUELA	De nada. Además, yo también quiero jugar... y ganar!

Right-hand glosses:
- Wow! / don't interrupt me
- Big deal! / voice / to hear
- (you'd) better not / It's time to
- waste of time
- love
- teaches
- while
- to bed!
- to win

*Spanish adjectives sometimes function as nouns. **La cansada** (*the tired one*) ends in -a because it refers to **mamá.**

Comprensión

Tell which members of the family would probably make the following statements.

1. No queremos hacer la tarea.
2. ¡Esta vez mi total es buenísimo!
3. Mañana van a tener sueño.
4. ¡Caramba! ¡Tú y tus puntos!
5. A mí también me gustaría jugar.
6. Jugar es aprender.

ASÍ SE DICE

los reportajes deportivos

los deportes

los concursos

los anuncios

los documentales

las telenovelas

las películas policíacas

las películas de ciencia-ficción

las noticias

los dibujos animados

las comedias

las variedades

el pronóstico del tiempo

A. Asociaciones. Test your television IQ. Each time you hear a type of TV show, say the name of a program that fits.

> MODELO   una comedia
> ***The Bill Cosby Show***

COMUNICACIÓN

A. ¿Qué programas prefieres? Find out which kinds of programs a classmate likes more, and tell which you like more when you are asked.

> EJEMPLO   las comedias / las variedades
> **Omar, ¿te gustan más las comedias o las variedades?**
> **Me gustan más las comedias.**

1. los reportajes deportivos / las noticias
2. las telenovelas / las películas policíacas
3. los dibujos animados / las comedias
4. los concursos / las variedades
5. las películas de ciencia-ficción / los documentales
6. las noticias / el pronóstico del tiempo

SABADO
[6 de junio]

TVE-1   16.05
PRIMERA SESION

HERBIE, UN VOLANTE LOCO

Película de humor sobre Herbie, un coche Volkswagen con vida propia, a modo de coche fantástico, pero más humano.

EXPLORACIÓN 1

Function: *Expressing wishes, preferences, and opinions*
Structure: *Using stem-changing verbs e → ie*

PRESENTACIÓN

You have already learned the endings for all three groups of regular verbs
(**-ar**, **-er**, and **-ir**). Some verbs have regular endings but have changes in
their stems.

A. Here is a model for **e** to **ie** stem-changing verbs. Study the forms of
preferir (*to prefer*).

preferir

prefiero	preferimos
prefieres	preferís
prefiere	prefieren

Note that **preferir** has regular endings, but the **e** of the stem becomes
ie in all persons except the **nosotros** (and **vosotros**) form.

B. Here are other **e** to **ie** stem-changing verbs.

verbo	yo	nosotros
empezar (a) *to begin, start (to)*	empiezo	empezamos
comenzar (a) *to begin, start (to)*	comienzo	comenzamos
pensar (en) *to think (about)*	pienso	pensamos
querer *to want, love*	quiero	queremos
entender *to understand*	entiendo	entendemos
perder *to lose, waste, miss* (bus, etc.)	pierdo	perdemos

1. **Comenzar** and **empezar** require **a** before an infinitive.

   Empieza a llover.   *It's starting to rain.*

2. **Pensar** followed immediately by an infinitive means *to plan on* or
   to intend to. **Pensar en** means *to think about* someone or something.

   ¿Piensas ver las noticias?   *Do you plan on watching the news?*
   Piensan en ella.   *They are thinking about her.*

3. Notice that **querer** means *to love* as well as *to want.*

El papá quiere a sus hijos.   *The father loves his children.*

C. Venir (*to come*) is also an **e** to **ie** verb. Like the verb **tener,** it has an irregular **yo** form, **vengo.**

Ellos vienen a las ocho pero yo vengo a las siete.

PREPARACIÓN

A. El fin de semana. Some friends are talking about how and when they really start off their weekend. What do they say?

> MODELO   Cecilia / el sábado / con un buen desayuno
> **Cecilia empieza el sábado con un buen desayuno.**

1. Federico / el viernes / con una película policíaca
2. tú / el viernes / con una fiesta
3. ustedes / el sábado temprano / con dibujos animados
4. Bárbara y yo / el viernes / con una cena especial
5. yo / el sábado por la tarde / porque me encanta dormir tarde
6. Manuel y Linda nunca / porque trabajan todos los días

B. ¡Qué pérdida de tiempo! Mr. Gamboa is exasperated because his family is so disorganized. What does he say as he complains about all the time they waste?

> MODELO   el abuelo / anteojos
> **El abuelo siempre pierde los anteojos.**

1. Mamá / llaves
2. Mariana / mochila
3. tú / libro de español
4. Luis y Anita / autobús
5. yo / dinero
6. nosotros / tiempo

C. La televisión. When the Gallardo family first moves to the United States, Mrs. Gallardo tells her neighbor about family members' trouble understanding some TV programs. What does she say?

MODELO **Mi familia no <u>entiende</u> bien los documentales.**

1. Nosotros no ===== todos los programas de televisión.
2. Ángel y Polo ===== muy bien las comedias.
3. Yo no ===== bien ni las telenovelas ni las películas.
4. Mi hija pequeña no ===== nada todavía.
5. A veces Víctor y yo ===== las noticias.
6. Y mi padre habla muy bien el inglés y ===== todo muy bien.

D. ¿Qué hacemos? Mr. Salinas, a teacher in Buenos Aires, asks his students about their plans for the upcoming holiday. Based on the illustrations, tell who plans to do what.

MODELO ¿Quiénes piensan ir a una fiesta?
Pablo y su familia piensan ir a una fiesta.

Pablo y su familia

1. Yo   2. Susana   3. Eduardo   4. Carmen, José y yo

5. Mario y Raúl   6. Beatriz y Andrés   7. Leticia y yo   8. Tú

E. El pastel. Mrs. Álvaro needs someone to pick up a birthday cake. She calls her sister to ask where the various party guests are coming from to see if anyone will pass by the downtown bakery. What does her sister say?

MODELO **Carlos <u>viene</u> de la oficina.**

1. No, yo no. Yo ===== del partido de fútbol.
2. No, Ana está conmigo. Nosotras ===== del estadio.
3. Carmen ===== del supermercado.
4. Creo que los abuelos ===== de la casa.
5. Un momento. ¡Estela! ¿Tú ===== de la biblioteca?
6. Sí, Estela dice que ===== de la universidad y pasa cerca del centro.

F. Preferencias. The members of the Ruiz family constantly disagree about what to watch on television. Complete their conversation using forms of the verbs **querer** and **preferir**.

ANALÍA	Yo __1__ (querer) ver *Es hora de ganar*, mi concurso favorito.
MIGUEL	¡Otro concurso, no! Yo __2__ (preferir) ver *Cine del sábado*.
LAS NIÑAS	Pero, mamá, nosotras __3__ (querer) ver dibujos animados.
SRA. RUIZ	Y a lo mejor Juanito __4__ (preferir) ver un reportaje deportivo, ¿verdad? Siempre es lo mismo.
SR. RUIZ	Los niños siempre __5__ (querer) ver programas ridículos. Yo tengo una buena idea, Victoria. Esta noche vamos a ver los programas que tú y yo __6__ (preferir). ¿Qué __7__ (querer) ver tú?
SRA. RUIZ	Bueno, mi amor, ¿qué te parece *Todos mis amores*?
SR. RUIZ	¡No me digas! ¿Una telenovela? Pero yo __8__ (preferir) las variedades...

COMUNICACIÓN

A. ¿Optimista o pesimista? Put yourself in these situations. Answer the questions. Are you optimistic, pessimistic, or a procrastinator?

1. Son las 2:15. Tu clase comienza a las 2:05 y la profesora no está ahí. ¿Pierdes el tiempo o empiezas la lección?
2. Quieres comprar una cámara pero no tienes dinero. ¿Prefieres trabajar para ganar dinero o esperar tu cumpleaños?
3. Estás en el parque para un concierto cuando comienza a llover. ¿Quieres regresar a casa o esperar un rato?
4. Mañana tienes un examen muy difícil. ¿Piensas estudiar o ir al cine?
5. Tu novio(a) está en Hawaii de vacaciones. ¿Crees que piensa en ti o no?
6. Invitas a 20 personas a comer paella valenciana el sábado a la una. ¿Empiezas a preparar la comida el viernes por la noche o el sábado al mediodía?
7. El equipo de tu escuela pierde cuatro partidos, uno después de otro. ¿A cuántos de los próximos partidos vienes?
8. Vas a una película sobre España y en los primeros cinco minutos no entiendes el español. ¿Prefieres esperar o salir?

B. ¿Qué te parecen...? Using the expression **Pienso que...**, write your opinion about five types of television shows. Explain your reasons.

EJEMPLO

Pienso que el pronóstico del tiempo es aburrido. Además casi siempre es incorrecto.

CULTURAL

Música y baile

Cuando vas a un baile, ¿hay una banda o discos? ¿Qué instrumentos hay? ¿Guitarras eléctricas, tambores (*drums*), saxofón, trompeta, piano? Todos estos instrumentos existen en Latinoamérica y son populares. Pero a los hispanos también les gusta escuchar otros instrumentos de origen indígena (*native origin*) y bailar al ritmo de esa música. Aquí ves algunos de estos instrumentos. ¿Ya conoces los sonidos (*sounds*) que producen?

el bongó

la marimba

la pandereta

la quena.

el güero

las maracas

las castañuelas

el guitarrón

EXPLORACIÓN 2

Function: *Referring to something or someone already mentioned*
Structure: *Direct object pronouns* **lo**, **la**, **los**, **las**

PRESENTACIÓN

A. Just as we use subject pronouns to avoid repetition of names, we can use direct object pronouns to refer to someone or something already mentioned. The direct object tells who or what receives the action of the verb.

SINGULAR	
him, it, you (formal)	lo
her, it, you (formal)	la

PLURAL	
los	*them, you* (formal)
las	*them, you* (formal)

B. The pronoun agrees in gender and in number with the noun replaced and comes right before the verb.

Raúl escucha **el disco**.   Raúl **lo** escucha.
Ella comprende **la lección**.   Ella **la** comprende.
¿Quieres **los libros**?   ¿**Los** quieres?
No veo **las noticias**.   No **las** veo.

The pronoun may also be attached to the infinitive.

¿Vas a buscar **las llaves**?   ¿**Las** vas a buscar?
                                    ¿Vas a buscar**las**?

C. When the pronoun replaces a person or persons as direct object, the personal **a** is no longer needed.

Manuel escucha **a Carlos**.   Manuel **lo** escucha.
¿Conoces **a mis hijas**?   ¿**Las** conoces?

D. **Lo, la, los,** and **las** are also used in place of **usted** and **ustedes** as direct objects.

La ayudo.   *I'm helping **you**.* (fem. sing.)
Lo vamos a invitar.   *We are going to invite **you**.* (masc. sing.)
Las llama.   *He calls **you**.* (fem. pl.)
Los necesitamos.   *We need **you**.* (masc. pl. or masc. and fem. pl.)

E. Los is used when referring to masculine and feminine nouns together.

¿Conoces **a Luis y a Elena**? Sí, **los** conozco.
¿Quieren ver **la revista y el periódico**? Sí, quieren ver**los**.

PREPARACIÓN

A. La chica baja. Claudia is trying to point out a girl in the crowd to Ernesto. What does Claudia ask, and how does Ernesto answer?

> MODELO Claudia: ¿Ves a José? (sí) ¿Ves a María? (no)
> Ernesto: **Sí, lo veo.** **No, no la veo.**

1. ¿Ves a Pedro? (no)
2. ¿Ves a Alejandra? (no)
3. ¿Ves a mi primo? (sí)
4. ¿Y ves la hamaca? (no)
5. Bueno, ¿y mi carro? (sí)
6. Entonces, ¿ves a la chica baja?
   (¡Ah sí! Ahora…)

B. Mi prima Ramona. Ramona is talking to her cousin Alejo about her friends María and José. Whom is she talking about—**María, José,** or **los dos** (*both*)? Check the right answer.

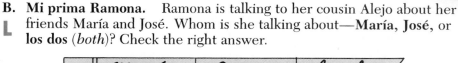

| María | José | los dos |

C. Una encuesta. Alfonso conducts a class survey to find out what his classmates like to watch on television. What are their answers?

> MODELO ¿Ves los anuncios? (sí) ¿Ves las variedades? (no)
> **Sí, siempre los veo.** **No, nunca las veo.**

1. ¿Ves las noticias? (no)
2. ¿Ves los concursos? (sí)
3. ¿Ves las películas de ciencia-ficción? (sí)
4. ¿Ves los dibujos animados los sábados por la mañana? (no)
5. ¿Ves los documentales? (sí)
6. ¿Ves los programas en inglés? (sí)

D. ¿Ya tienes todo? Carlos's grandmother wants to make sure he does not forget anything for his school trip. Look at the picture of the items he has prepared, and tell how Carlos responds to each of her questions.

MODELO   ¿Tienes tu reloj?   ¿Tienes tus libros?
              Sí, lo tengo.   **¡Caramba! No los tengo.**

1. ¿Tienes tu guitarra?
2. ¿Tienes tus anteojos?
3. ¿Tienes tus camisas?
4. ¿Tienes tu dinero?
5. ¿Tienes tu grabadora?
6. ¿Tienes tus cintas?
7. ¿Tienes tu suéter?
8. ¿Tienes tu cámara?
9. ¿Tienes tu rompecabezas?
10. ¿Tienes tus historietas?

E. Excursión. Some classmates try to convince their teachers that they will be cooperative enough to merit a trip for their Spanish Club. What do they promise to do?

MODELO   señor Silva / ayudar
              Pero, señor Silva, prometemos ayudarlo.

1. señor Barrios / escuchar
2. señora Ríos y señora Marín / ayudar
3. señorita Vallejo / escuchar
4. señor Torres y señor Yáñez / respetar
5. señor Ruiz y señora López / buscar
6. señora Miranda / esperar

COMUNICACIÓN

A. ¿Con qué frecuencia? Tell approximately how many times a week, month, or year you do the following things. Use a direct object pronoun in each of your statements.

> EJEMPLO   ver las noticias
> **Las veo una vez por semana.**
> **Nunca las veo.**

1. ver películas
2. lavar el carro
3. ayudar a tus padres
4. arreglar tu cuarto
5. visitar a tus abuelos
6. estudiar español

B. Entrevista. Answer the following questions, or use them to interview another student. Use a direct object pronoun in each of your answers.

> EJEMPLO   ¿Cuándo haces la tarea?
> **La hago por la noche.**

1. ¿Cuándo ves televisión?
2. ¿Cuándo lees revistas?
3. ¿A veces invitas a tus amigos a casa?
4. ¿Con qué frecuencia ayudas a tus padres en casa?
5. ¿A veces lavas los platos?
6. ¿A veces cuidas a tus hermanitos?
7. ¿Comes muchos dulces?
8. ¿Traes el almuerzo al colegio?
9. ¿Cuándo haces la tarea?
10. ¿Permiten tus padres música rock en tu casa?

C. Planes para el fin de semana. Copy the chart, and use it to plan your weekend schedule. You may substitute activities on the list according to your plans, but be sure to add at least two other favorite activities. Then write sentences telling when you will do each activity, as in the example. Use direct object pronouns in your sentences.

EJEMPLO   comprar discos
¿Comprar discos? Los voy a comprar el sábado por la mañana.

ACTIVIDADES	SÁBADO			DOMINGO		
	por la mañana	por la tarde	por la noche	por la mañana	por la tarde	por la noche
1. comprar [discos]	x					
2. practicar [el tenis]						
3. arreglar mi cuarto						
4. ver una película						
5. hacer la tarea						
6. leer el periódico						
7. visitar a los amigos						
8. ¿...?						
9. ¿...?						

RINCÓN CULTURAL

La televisión es universal. ¿Cuántas horas ves televisión cada día? ¿Una? ¿dos? ¿tres? ¿O no ves nunca televisión? ¿Cuáles son tus programas favoritos? ¿Te gusta ver comedias o prefieres los documentales? ¿Prefieres los deportes o los concursos? La televisión también es una diversión popular en Latinoamérica y en España. Allí los programas norteamericanos son populares y se presentan en español. ¿Cuántos programas reconoces (*do you recognize*)?

18.35   EL HIJO DE KONG
Estrenos TV
Película norteamericana (1933). Duración 66 minutos

19.45 EL MUNDO DE LOS DEPORTES

Automovilismo. Gran Premio de Mónaco de Fórmula 1
Desde Montecarlo. Duración 30 minutos

20.15 VACACIONES EN EL MAR
''El capitán se enamora''

El quinto episodio. Telenovela norteamericana
Duración 35 minutos

21.00 SÁBADO CINE
Harry, el fuerte

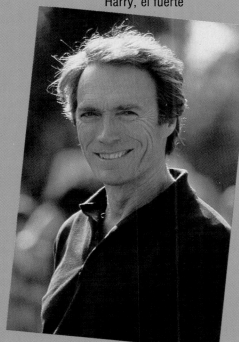

Policíaca***
Intérpretes: Clint Eastwood, Hal Holbrook,
David Soul. Duración 2 horas

23.00 ANTOLOGÍA DEL CINE
DE CIENCIA-FICCIÓN

Documental presentado por el actor
Leonard Nimoy. Duración 55 minutos

EXPLORACIÓN 3

Function: *Pointing out things or people*
Structure: *Using demonstrative adjectives*

PRESENTACIÓN

A. To point out a particular person, thing, or group in English, we use *this*, *that*, *these*, or *those*. Spanish demonstrative adjectives express these meanings, and like all other adjectives, they agree with the nouns they modify.

	SINGULAR				PLURAL	
	Masculino	Femenino			Masculino	Femenino
this	este chico	esta chica		*these*	estos chicos	estas chicas
that	ese chico	esa chica		*those*	esos chicos	esas chicas
that	aquel chico	aquella chica		*those*	aquellos chicos	aquellas chicas

B. Which demonstrative adjective is used depends on the location of the person or object with respect to the speaker.

Este and its forms refer to persons or things near the speaker (*this*, *these*).

Ese and its forms refer to persons or things not far from the speaker or person spoken to (*that*, *those*).

Aquel and its forms refer to persons or things that are far away from both the speaker and the person spoken to (*that*, *those* [*over there*]).

C. The adverb **aquí** (*here*) corresponds to **este, ahí** (*there*) to **ese**, and **allá** (*over there*) to **aquel**.

el bolígrafo que tengo aquí → este bolígrafo
el lápiz que tú tienes ahí → ese lápiz
el libro que está allá → aquel libro

D. To say *this one, that one, these,* or *those* without mentioning the object you have in mind, use a demonstrative pronoun.

SINGULAR		PLURAL	
Masculino	Feminino	Masculino	Feminino
éste	ésta	éstos	éstas
ése	ésa	ésos	ésas
aquél	aquélla	aquéllos	aquéllas

Me gusta ésta, pero no me gusta ésa.
I like this one, but I don't like that one.

The only difference between demonstrative pronouns and demonstrative adjectives is that there is an accent on the pronouns. Both agree in number and gender with the nouns they stand for.

Juan va a leer este libro. *Juan is going to read this book.*
Juan va a leer éste. *Juan is going to read this one.*

E. **Esto, eso,** and **aquello** are also demonstrative pronouns. They are referred to as neuter pronouns because they always end in **o** and are used without a specific object in mind.

¿Qué es esto? *What is this?*
No me gusta eso. *I do not like that.*
Aquello es muy interesante. *That is very interesting.*

RICITOS DE ORO Y LOS TRES OSITOS

Este osito está triste.

Esa osa está preocupada.

Aquel oso está furioso!

PREPARACIÓN

A. **En la tienda.** While shopping, Lucho and José talk about items on display. Listen, and write the missing words on a piece of paper.

1. Me gustan mucho ═══.
2. ¿También te gustan ═══?
3. No, pero sí me gusta ═══.
4. ═══ es muy bonito también.
5. Sí, y ═══ también son bonitos.
6. Vamos a comprar ═══, ¿sí?

B. El Corte Inglés. On a trip to Madrid, Sofía goes shopping and asks the prices of various items as she picks them up. What does she say?

MODELO   bolsa   dulces
            ¿Cuánto cuesta esta   **¿Cuánto cuestan estos**
                  bolsa?   **dulces?**

1. calculadora   3. discos   5. grabadora   7. álbum
2. radio   4. cintas   6. relojes   8. bolsa

C. En la heladería. Nicolás and Gregorio are at their favorite ice cream parlor and comment on what they see nearby. What do they say?

MODELO   carro / formidable
            Ese carro es formidable.

1. bicicletas / carísimas   5. perros / feos
2. chica / muy interesante   6. juegos electrónicos / emocionantes
3. cartel / formidable   7. motocicleta / grande
4. familia / simpática   8. supermercado / nuevo

D. Opiniones. A group of students is touring Mexico City by bus. What does their guide say about the sights they see from the windows?

MODELO   cine / popular
            Aquel cine es popular.

1. casas / caras   4. estadio / muy pequeño
2. parques / agradables   5. banco / nuevo
3. iglesia / bastante vieja   6. biblioteca / excelente

E. ¡Qué desorden! Manuel and his brother Samuel share a room. Samuel is annoyed about the mess Manuel has made and points out objects he needs to put away. Write six questions Samuel asks, usi... **este... aquí** for objects he is holding, **ese... ahí** for items near Manuel, and **aquel... allá** for those far away from both of them.

MODELO

Y estos libros, ¿qué hacen aquí?

COMUNICACIÓN

A. En el salón de clase. Ask your classmates to identify objects in the classroom. Ask, **¿Qué es esto?** for items you are touching and **¿Qué es eso?** for those you point to.

EJEMPLO   **Ana María, ¿qué es esto?**
              Es una billetera.

B. ¿Qué ves? Pick out three items in the classroom, and say something
about them, using demonstrative adjectives.

> EJEMPLO **Esta calculadora es nueva.**
> **Me gustan esos carteles.**
> **Aquel bolígrafo es pequeño.**

C. En la cafetería. You are at the cafeteria, and your partner is
the clerk. You greet the clerk and order several items from
the counter directly in front of you. The clerk asks you to
specify which items you want.

> EJEMPLO Tú: **Una ensalada, por favor.**
> Él / Ella: **¿Esta ensalada o ésa?**
> Tú: **Ésta, por favor.**

RINCÓN
CULTURAL

Where would you go to buy a new watch—to a jewelry store or to a depart-
ment store in a large shopping mall? In Latin America, there are other
possibilities. Although shopping malls and department stores do exist,
you would more likely look for a watch in a **relojería** (*watch shop*), or you
might even purchase one from a **vendedor en la calle** (*street vendor*). But
your most colorful choice would be **el mercado,** a large market, either
open or enclosed, where hundreds of vendors set up stands, selling items
ranging from watches and jewelry to guitars and fresh produce. There are
no store windows and often no display signs or cash registers. And al-
though haggling or bargaining (**regateo**) is becoming a lost art, you may
still get a better deal at the **mercado** than in the stores.

EXPLORACIÓN 4

Function: *Talking about things we hear and say*
Structure: *Using the verbs* **oír** *and* **decir**

PRESENTACIÓN

A. We often talk about things we hear or say. In Spanish, **oír** means *to hear*, and **decir** *to say* or *to tell*.

oír

oigo	oímos
oyes	oís
oye	oyen

decir

digo	decimos
dices	decís
dice	dicen

B. The **yo** form of both **oír** and **decir** is irregular. In addition, the **i** changes to **y** between vowels in **oír,** and the **e** changes to **i** in several of the forms of **decir**.

C. Here are some things we hear or say:

oír	el ruido *noise* el sonido *sound* la voz, las voces *voice(s)* la canción *song* los pájaros *birds*

decir	la verdad *truth* mentiras *lies* tonterías *nonsense* que sí *yes* que no *no*

PREPARACIÓN

A. ¡Pobrecita! While on vacation, Sofía has a hard time sleeping because of the noisy hotel surroundings. With each new sound that disturbs her, what does she say?

> MODELO un perro
> **¡Dios mío! Ahora oigo un perro.**

1. la radio
2. el teléfono
3. una telenovela
4. una máquina de escribir
5. voces de niños
6. el ruido de los carros

B. La inteligencia. Irma's elementary school teacher gives her class a quiz that requires them to distinguish between things that are heard and things that are both said and heard. How should they answer?

> MODELO los pájaros la verdad
> **Los oímos. La oímos y la decimos.**

C. En un campamento. Lina and some of her friends are camping out. As it gets dark, they hear a variety of noises. Tell what they hear.

> MODELO Elsa
> **Elsa oye unos animales.**

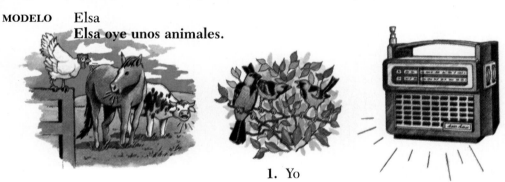

1. Yo

2. Emilio

3. Ana y Eva

4. Usted

5. Nosotros

6. Tú

D. ¿Quién tiene razón?   Marcelo and his friends have a disagreement about whether Argentina has the best soccer team. Tell who says what.

> MODELO   Raquel / que sí
> **Raquel dice que sí.**

1. Arturo / que no
2. nosotros / que sí
3. Celia y Juan / tonterías

4. tú / mentiras
5. yo / la verdad
6. ustedes / que no saben

E. Casa de fantasmas.   Tell what Juan Javier and his friends say while in an abandoned old house trying to scare each other. Complete the sentences, writing them on paper.

> MODELO   **José Antonio <u>dice</u> que <u>oye</u> voces.**

1. Marina ===== que ===== algo.
2. Roberto y Luis ===== que ===== ruidos raros.
3. Tú ===== que ===== un piano.
4. Nosotros ===== que ===== el viento.
5. Ustedes ===== que ===== unos gatos.

¿Y TÚ?

COMUNICACIÓN

A. Los ruidos. Using the elements below, tell what kinds of things you like and do not like to hear.

A mí no me gusta nada	oír	música de guitarra
A mí no me gusta mucho		las óperas de Mozart
A mí me gusta		ruidos en la noche
A mí me encanta		el sonido del agua
		las explicaciones de mis padres
		el pío-pío de los pájaros
		la música de los años sesenta
		el tictac del reloj
		la opinión de mi hermano(a)
		¿...?

B. ¿Dónde están? Tell where you imagine yourself, your friends, or your relatives to be when hearing these sounds.

EJEMPLO   el viento (yo)
Yo oigo el viento. Estoy en mi carro.

1. el ruido del agua (yo)
2. la radio (mis amigos y yo)
3. pájaros (mi amigo[a])
4. música (mi padre y mi madre)
5. voces de niños (mi abuela)
6. un piano (los estudiantes)
7. una máquina de escribir (el [la] profesor[a])

C. ¿Qué se dice? Tell what these people might say in the circumstances indicated.

EJEMPLO   Visitas a un tío que está muy enfermo. ¿Qué dice tu tío? ¿Qué dices tú?

**Mi tío dice, "Tengo mucha fiebre".
Yo digo, "¡Cuánto lo siento!"**

1. Tu mamá quiere lavar el carro pero tiene mucho que hacer. ¿Qué dice tu mamá? ¿Qué dices tú?
2. Ustedes nunca tienen tarea. ¿Qué dicen sus padres? ¿Qué dicen ustedes?
3. Un amigo los invita a ti y a tus amigos a una fiesta la noche antes de un examen importante. ¿Qué dicen ustedes? ¿Qué dice su profesor(a)?
4. No hay comida en la casa. ¿Qué dice tu hermano(a)? ¿Qué dices tú
5. Ves televisión con tu amigo(a), pero a ti no te gusta el programa. ¿Qué dices tú? ¿Qué dice tu amigo(a)?

PERSPECTIVAS

LECTURA

Un sueño

Mónica had a busy weekend. On Saturday afternoon she saw a movie
about a Martian (**un marciano**), and in the evening she went dancing. On
Sunday she went to a video-game sale, then watched television all after-
noon. Here she describes the dream she had that night.

¿Dónde estoy? ¿Qué es esto? Estoy en una casa muy rara. Oigo música
electrónica muy bonita y veo mucha gente que baila. Debe ser un baile
de disfraces. ¿Y aquellas computadoras? ¿Qué hacen allá? ¡Y ahí viene ese
marciano!

Oigo la voz del marciano que me dice "¿Quieres bailar?"

Yo le digo que sí y entonces bailamos. De repente él desaparece y veo
que está dentro de un juego electrónico, donde baila con el Comilón. (El
Comilón es un juego electrónico en que una figura que tiene hambre—
un comilón—come a las otras figuras.)

Un vendedor dice "¿Quieres comprar este juego?", yo digo "¿Cuánto
cuesta?" y el vendedor responde "Cien millones de pesos".

Ahora estoy en casa y veo al Comilón en el televisor. Primero toca la guitarra
y después canta una canción cómica. "¿Qué haces ahí?" pregunto.

El Comilón canta "Mañana es lunes. No olvides hacer la tarea. Mañana es
lunes, lunes, lunes…".

Después oigo otra voz que me dice "Mónica, levántate que ya es tarde.
Es hora de ir a la escuela." Abro los ojos y veo a mi madre que entra
alegremente* en mi cuarto.

*Adverbs are often formed by adding **-mente** to the feminine or invariable form of the adjective:
rápidamente, alegremente, fácilmente.

Expansión de vocabulario

alegremente happily		**entrar** (**en**) to enter	
el baile de disfraces costume ball		**la gente** people	
cómico comical		**No olvides…** Don't forget….	
el comilón glutton		**los ojos** eyes	
de repente suddenly		**preguntar** to ask	
dentro de inside of		**el sueño** dream	
desaparecer to disappear		**el vendedor** salesperson	

 # Comprensión

Answer the following questions based on **Un sueño**.

1. ¿Dónde está Mónica en su sueño?
2. ¿Por qué se llama *El Comilón* el juego electrónico?
3. ¿A quiénes oye Mónica durante su sueño?
4. ¿Con quiénes baila el marciano?
5. ¿Es barato el juego electrónico?
6. ¿A quién ve Mónica en la televisión?
7. ¿Por qué abre Mónica los ojos?
8. ¿Está enojada la mamá de Mónica? ¿Cómo sabes que sí o que no?

COMUNICACIÓN

A. Un sueño loco. Using **Un sueño** as a guide, describe a crazy dream
W as if you were having it now.

EJEMPLO

> Está nevando dentro de mi clase de
> mecanografía. Las máquinas de escribir
> tocan música electrónica…

B. Costumbres y preferencias. Answer the following questions about
your habits and preferences, or use them to interview another student.

1. ¿Ves televisión durante la semana? ¿Y durante el fin de semana?
2. ¿Qué clase de programa prefieres?
3. ¿Cómo se llama tu programa favorito? ¿Es cómico?
4. ¿Te gustan más las telenovelas o las películas?
5. ¿Ves las noticias todos los días? ¿Y el pronóstico del tiempo?
6. ¿Hay algo interesante en la televisión esta noche?
7. ¿Te gusta más ver televisión o ir al cine?
8. ¿Cuál es tu película favorita?
9. ¿A veces tienes sueños raros después de ver una película?
10. ¿Piensas que los sueños dicen la verdad, o sólo son tonterías?

C. **Juego de las 20 preguntas.**   Decide what your favorite television program is. Other students will try to guess what program you have chosen by asking you yes-or-no questions.

> EJEMPLO   **¿Es cómico ese programa?**
> **¿Es a las nueve de la noche los lunes?**
> **¿Es una telenovela?**

D. **¿Qué quieres ver?**   Listen to the TV station **El canal de Super-visión** announce its evening entertainment. Copy the chart and write the time the shows air and the kind of programs you think they are, based on their description. Finally, decide what one show you prefer to watch, and explain why in a sentence or two.

Título	Clase de programa	Hora
1. Los pitufos		
2. Adriana y yo		
3. El loco Luco		
4. Pablo Picasso		

PRONUNCIACIÓN

The letters **b** and **v** are pronounced alike by most Spanish speakers. At the beginning of a phrase and after the letters **m** or **n,** they sound like the letter *b* in the English word *bat.*

At the Beginning of a Phrase	After **m** or **n**
Voy mañana.	¡Caramba!
Víctor es de Chile.	en bicicleta
Bien, gracias.	con Vicente

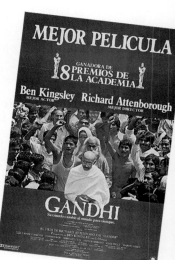

Between vowels and all other letters, **b** and **v** have a softer sound.

aburrido	muchas veces	la biblioteca	abuelita	Está bien
la bolsa	el volibol	televisión	otra vez	a veces

Now listen and repeat the following sentences.

1. Alberto va a la biblioteca.
2. Busca unos libros de volibol.
3. Habla con su amigo Víctor.
4. "Deben bajar la voz por favor," dice el bibliotecario.

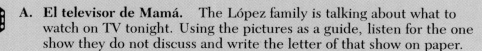INTEGRACIÓN

Vamos a escuchar

 A. **El televisor de Mamá.** The López family is talking about what to watch on TV tonight. Using the pictures as a guide, listen for the one show they do not discuss and write the letter of that show on paper.

a.

b.

c.

d.

e.

f.

g.

Vamos a leer

A. ¿Qué pasó?   Your Mexican friend tells you in this letter how he spends his time so that you will know what to expect when you visit him. Read his letter, then look at the statements that follow. Write **sí** if the statement is accurate, **no** if it is not, and **no sé** if you cannot tell from the reading.

¡Hola!

¡Qué bueno que vienes aquí para pasar dos semanas con nosotros! Esto es más o menos lo que hago durante la semana. Los lunes, miércoles y viernes por la mañana tomo un curso privado de inglés. Por la tarde, voy al cine o al parque con mis amigos o a veces jugamos juegos electrónicos. Por la noche, me gusta ver televisión. Sobre todo me encantan los programas deportivos y las comedias. Los otros días de la semana nado, practico deportes o escucho discos. Los sábados, mi madre trabaja y yo cuido a mi hermanito Toño. Toño tiene ocho años y a veces es muy antipático. Por ejemplo, todos los sábados por la mañana, quiere ver sus dibujos animados. A mí no me gustan nada, pero tengo que verlas con él porque insiste mucho. ¡Qué mañana más aburrida!, ¿no?

Bueno, y a ti, ¿qué programas te gustan? ¿A ti te gustan los dibujos animados?

Hasta pronto,
Ricardo

1. El deporte favorito de Ricardo es el baloncesto.
2. Ricardo aprende inglés.
3. Toño y Ricardo siempre tienen ganas de ver los mismos programas de televisión.
4. Toño quiere mucho a su hermano mayor.
5. Ricardo nunca está aburrido.
6. A Toño le gusta ver los dibujos animados.
7. Ricardo piensa que los norteamericanos son aburridos.

Vamos a escribir

A. Preguntas personales.   Answer these questions in complete sentences to reveal the truth about your Spanish class! The first five questions are addressed to you, and the second five to you and your classmates together. Use direct object pronouns in your answers when possible.

> **EJEMPLO**   ¿Prefieren ustedes hablar español con el profesor o con sus amigos?
> **Preferimos hablarlo con nuestros amigos.**

1. ¿Qué prefieres hacer en la clase de español?
2. ¿Piensas estudiar español el próximo año?
3. Además de ustedes, ¿quiénes vienen a la clase a veces?
4. ¿Con qué frecuencia pierdes tu tarea?
5. ¿Qué dices cuando no entiendes al profesor?
6. ¿Empiezan ustedes a hablar inglés cuando el profesor sale?
7. ¿Piensa el profesor que a veces ustedes pierden el tiempo?
8. ¿Siempre entienden ustedes la tarea?
9. ¿Cuándo comienzan a pensar en otras cosas durante la clase?
10. ¿Qué dicen ustedes cuando el profesor dice que hay examen?

B. Los efectos sonoros. You can often tell what kind of show is on TV just by its sound effects. The following sentences tell what you and others might watch on TV. Match each with the phrase indicating what everyone probably hears, then complete the sentences with forms of **oír.**

MODELO   Fernando ve un concierto de música rock. (él)
          g. <u>Oye</u> música de guitarra eléctrica.

1. Mi papá y yo vemos una película policíaca. (nosotros)
2. Tú escuchas las noticias. (tú)
3. Mi hermano ve un documental sobre los animales de África. (él)
4. Mis amigas ven una película de ciencia-ficción. (ellas)
5. Yo veo un partido de fútbol. (yo)
6. Tú y la abuelita siempre ven variedades. (ustedes)

a. ===== elefantes y leones.
b. ===== reportajes nacionales e internacionales.
c. ===== monstruos y rayos láser.

d. ===== comentarios deportivos y espectadores entusiasmados.
e. ===== música y canciones.
f. ===== pistolas y sirenas.

C. Quiero... You are a winner on a TV game show. You are standing in the winner's circle and can select one prize from each group. Tell what you want from each group, using forms of **este, ese,** and **aquel.**

EJEMPLO   Grupo 1   Grupo 2
          Quiero esta cámara.   **Quiero ese reloj.**

Círculo de los ganadores

D. Un fanático de televisión. Joaquín is a TV fanatic. Look at his schedule for the upcoming week, then write sentences that tell what he watches each day of the week and what you think about his choices.

> EJEMPLO **El lunes va a ver los deportes. A mí tambien me encantan los deportes.**

1. El lunes—Fin de semana deportivo
2. El martes—Los marcianos atacan el Imperio Galáctico
3. El miércoles—El Super Ratón
4. El jueves—La vida del mar
5. El viernes—Cine en su casa
6. El sábado—Cantar, bailar y ganar dinero
7. El domingo—La semana de noticias

Vamos a hablar

Situaciones

Work with a partner or partners and create short dialogues based on the following situations. Whenever appropriate, switch roles and practice.

A. Preferencias. You are talking about television. Tell each other what types of programs you do and do not like. Also tell each other about your favorite show—what type of program it is, what it is like, and when you watch it.

B. En el Rastro. You are at the flea market and want to buy several things. Look at the following picture, and pick at least three things you would like. Then greet the merchant and ask for what you want. Ask the price of each item and pay for it. Be sure to thank the merchant and say good-bye.

VOCABULARIO

NOUNS
el amor love
el baile de disfraces costume ball (dance)
la canción song
el comilón glutton
la figura figure
la gente people
la mentira lie
el minuto minute
la opinión opinion
el pájaro bird
el punto point
el rato a while
el ruido noise
el sonido sound
el sueño dream
el total total
el vendedor salesman
la vendedora saleswoman
la voz (*pl.* **voces**) voice

NOUNS RELATING TO TELEVISION
el anuncio commercial
la comedia comedy
el concurso quiz show, contest
el dibujo animado cartoon
el documental documentary
la película de ciencia-ficción science fiction film

la película policíaca detective film
el programa program
el pronóstico del tiempo weather forecast
el reportaje deportivo sports report
las variedades variety shows

ADJECTIVES
aquel that (over there)
cómico comical
ese that
este this
favorito favorite
ridículo ridiculous, absurd

ADVERBS
ahí there
alegremente happily, cheerfully
allá over there
dentro de inside of

VERBS AND VERB PHRASES
bajar la voz to lower one's voice
comenzar (e → ie) (a) to begin (to), to start (to)

decir to say, to tell
decir que no to say no
decir que sí to say yes
desaparecer to disappear
empezar (e → ie) (a) to begin (to), to start (to)
enseñar to teach
entender (e → ie) to understand
entrar (en, a) to enter
ganar to win
oír to hear
pensar (e → ie) (en) to think (about)
perder (e → ie) to lose, to miss, to waste
preferir (e → ie) to prefer
preguntar to ask (a question)
responder to answer
venir (e → ie) to come

OTHER WORDS AND EXPRESSIONS
¡A la cama! To bed!
¡Caramba! Wow!, Shoot!
de repente suddenly
Es hora de... It's time to....
Mejor no. Better not.
No es para tanto. Big deal.
una pérdida de tiempo a waste of time

Vacation and Travel

In this chapter, you will talk about some of your favorite vacation spots and activities. You will also learn about the following functions and structures.

Functions	Structures
• telling when things occur	seasons, months, and dates
• talking about countries and languages	uses of the definite article
• talking about location	prepositions and prepositional pronouns
• talking about people already mentioned	object pronouns **me, te, nos**

1NTRODUCCIÓN

EN CONTEXTO

🎧 Las vacaciones ideales

Todo el mundo tiene una idea del lugar perfecto para pasar unas vacaciones. — everyone / place

Hay personas que buscan el calor de la playa y la brisa del mar. Algunos quieren practicar el esquí acuático. Otros prefieren tomar el sol y escuchar música tropical en una isla del Caribe. — sea / some / island

Otras personas prefieren ir a las montañas para acampar o esquiar. Les gusta la naturaleza. — to camp / nature

Para otra gente, la vida agitada de las grandes ciudades es emocionante. Hay catedrales, monumentos, teatros... y tiendas turísticas con recuerdos de todo tipo. En muchas ciudades hispánicas también hay otra atracción... la famosa corrida de toros. En fin, hay mil cosas que hacer. — life / cities / souvenirs / bullfight / all in all

¿Qué clase de vacaciones prefieren estas dos personas?

Juan Carlos Casals López, España

Soy estudiante de la Universidad de Barcelona. A mí me gustan mucho los deportes acuáticos, sobre todo la natación. Mi idea de unas vacaciones perfectas es pasar unas semanas en la Costa del Sol con mis amigos. Y como soy un estudiante pobre, me gusta hacerlo sin gastar mucho dinero. — swimming / since / poor / without

Luisa Speroni Carreras, Argentina

Trabajo en un estudio de televisión en
Buenos Aires. Tengo mucha tensión
en el trabajo y la vida aquí es muy
agitada. Como no me dan* mucho
tiempo libre, prefiero hacer
<u>viajes cortos</u>, por ejemplo, a Bariloche.
<u>Llevo</u> unos buenos libros, descanso y
<u>olvido</u> mis problemas. Además, me
encanta esquiar en la <u>nieve</u>.

short trips
I take
I forget
snow

*Dar (<i>to give</i>) is irregular only in the yo form: doy, das, da, damos, dan.

Comprensión

Answer the following questions based on Las vacaciones ideales.

1. ¿Qué buscan las personas que van a la playa?
2. ¿Qué es posible hacer en la playa?
3. ¿Qué prefieren hacer las personas que van a las montañas?
4. ¿Por qué prefiere otra gente ir a las grandes ciudades?
5. ¿Qué hay en muchas ciudades hispánicas?
6. ¿Adónde prefiere ir de vacaciones Juan Carlos? ¿Por qué?
7. ¿Por qué no tiene Juan Carlos mucho dinero?
8. ¿Dónde trabaja y vive Luisa?
9. ¿Está Bariloche en las montañas o en la playa? ¿Cómo lo sabes?

ASÍ SE DICE

Medios de
transporte

a pie   en avión   en barco   en tren   en carro   en autobús

Lugares para
pasar las
vacaciones

la playa   las
montañas   un campamento
de verano   el
campo   la ciudad   el extranjero

A. Medios de transporte. Listen as some Spanish speakers living in the United States talk about their vacation plans. Respond as shown, selecting the most likely means of transportation in each case.

MODELO   You hear: Mañana salgo para Colombia.
You read: ¿A qué hora sale tu (tren / avión)?
You write: **¿A qué hora sale tu avión?**

1. ¿Vas en (avión / autobús), ¿verdad?
2. ¿Van a viajar en (carro / barco), entonces?
3. Sí, andar en (carro / bicicleta) es mucho más agradable, ¿no?
4. ¿Por qué no ves la ciudad en (autobús / carro) entonces?
5. ¿Vas al campo (en tren / a pie) entonces?

B. De vacaciones. Where do the people pictured go to participate in these popular vacation activities?

MODELO

Va a las montañas.

1.

2.

3.

4.

5.

COMUNICACIÓN

A. Entrevista. Use these questions and each of the places listed to find out about a classmate's vacation preferences. Then switch roles. Afterward, write a short report summarizing your partner's responses.

EJEMPLO   Tú: **¿Te gusta ir (al extranjero)?**
Él / Ella: **Sí.**
Tú: **¿Por qué?**
Él / Ella: **Me encanta visitar otros países.**
Tú: **¿Adónde quieres ir este año?**
Él / Ella: **A ver, este año quiero ir a México.**
Tú: **¿Cómo vas a ir?**
Él / Ella: **Voy en tren.**

1. al extranjero
2. a la playa
3. a las ciudades grandes
4. a los campamentos de verano
5. al campo
6. a las montañas

EXPLORACIÓN 1

Function: *Indicating when*
Structure: *Seasons, months, and dates*

PRESENTACIÓN

When talking about travel plans, you may need to mention seasons, months, and dates.

A. Las estaciones del año

| el otoño | el invierno | la primavera | el verano |

Es invierno.
La primavera es mi estación favorita.
Me encanta el otoño también.
En el verano vamos a la playa.

B. Los meses del año

enero	julio
febrero	agosto
marzo	septiembre
abril	octubre
mayo	noviembre
junio	diciembre

Febrero es el mes más frío en los Estados Unidos.
En junio mis primos van a las montañas.

C. La fecha.   To ask the date, use one of the following:

¿Qué fecha es hoy?   ¿Cuál es la fecha de hoy?

1. To give a particular date, use the following construction. Note that the preposition **en** is not used.

el	+	number	+	**de**	+	month	+	**de**	+	year
el		4		de		julio		de		1776

Vamos a ir a Roma el trece de diciembre de 1995.

2. The sequence in which the parts of the date appear is the same as the one used to write dates numerically.

Esta fecha es muy importante para los norteamericanos: 4/7/1776.

3. For the first day of the month, use **el primero (1º)**.

Vamos a Madrid el primero de abril.

PREPARACIÓN

A. El clima de Sudamérica.   An exchange student is telling a friend that the seasons in southern South America are the opposite of seasons in the United States. What does he say?

> MODELO   en Argentina / verano / diciembre
> **En Argentina es verano en diciembre.**

1. en Brasil / invierno / julio
2. en Chile / primavera / octubre
3. en Uruguay / otoño / abril
4. en Perú / verano / febrero
5. en Bolivia / primavera / noviembre
6. en Tierra del Fuego / invierno / agosto

B. Regresar a casa.   Students at an international school are planning to go home for the summer. Where are they going, and when do they plan to leave?

> MODELO   Marta / España / 2–8
> **Marta sale para España el dos de agosto.**

1. Esteban / Argentina / 17–7
2. tú / la República Dominicana / 3–6
3. Miguel y Roberto / Chile / 14–8
4. Susana y yo / Venezuela / 1–7
5. ustedes / Panamá / 6–8
6. Leonardo / Puerto Rico / 5–6

El santoral

¿Cuál es la fecha de tu santo?

Día	ENERO	FEBRERO	MARZO	ABRIL	MAYO	JUNIO
1	Sta Martina	Sta Brigida	San Albino	Sta Caterina	San José Obrero	San Justino
2	Sto Esteban	Sta Caterina	Beata Inés	Sta María	San Atanasio	San Eugenio
3	Sto Daniel	San Blas	San Mariano	San Ricardo	San Felipe	San Carlos
4	Beata Angela	San José	San Casimiro	San Benito	San Silvano	San Francisco
5	Sta Amelia	Sta Águeda	San Adrián	Sta Irene	San Eulogio	Sta Marcia
6	San Andrés	San Gastón	Sta Rosa	San Armando	Sto Domingo	San Norberto
7	San Raimundo	Sta Coleta	Sta Felicidad	San Juan Bautista	Sta Flavia	San Roberto
8	San Severino	San Jerónimo	San Juan	Beata Julia	San Víctor	San Maximiliano
9	Sto Adriano	Sta Apolonia	Sta Francisca	Sta Mónica	Sta Catalina	San Efrén
10	San Aldo	Sta Escolàstica	San Dionisio	San Miguel	San Mamerto	San Zacarías
11	San Higinio	Lourdes	San Ramiro	San Estanislao	San Ignacio	San Bernabé
12	Beato Bernardo	Sta Eulalia	San Maximiliano	San Julio	San Emilio	Sta Antonia
13	San Hilario	Sta Beatriz	San Rodrigo	San Hermenegildo	San Pedro	San Antonio
14	Beato Odorico	San Cirilo	Sta Matilde	San Lamberto	San Matías	San Eliseo
15	San Mauro	Sta Jovita	San Clemente María	San Marón	Sta Berta	San Abrahán
16	San Marcelo	San Isaias	San Heriberto	Sta Bernadette	Sta Margarita	San Aureliano
17	San Antonio	San Alejo	San Patricio	Beata Clara	San Pascual	Sta Marina
18	Sta Margarita	San Claudio	San Salvador	San Nebemias	San Félix	San Venancio
19	San Mario	San Conrado	San José	Sta Ema	San Teófilo	Sta Juliana
20	San Sebastián	Sta Amanda	San Guillermo	San Cesareo	San Bernardino	Beata Micaela
21	Sta Inés	San Jorge	San Sergio	San Conrado	San Timoteo	San Luis
22	San Vicente	San Pedro	San Basilio	San Teodoro	Sta Rita	San Juan
23	Sta Brigida	San Celso	San Toribio	San Jorge	San Miguel	San José
24	San Francisco	San Sergio	Beato Diego José	San Fidel	San Gerardo	San Juan Bautista
25	San Pablo	San Lucio	Sta Lucia	San Marcos	San Bede	San Guillermo
26	San Timoteo	San César	San Manuel	San Isidro	San Felipe	Beata Teresa
27	Sta Angela	Sta Honorina	San Mateo	San Pedro	San Agustin	San Cirilo
28	Sto Tomás de Aquino	San Román	San Juan	San Gerardo	Sta Maria Ana	Sta Alicia
29	San Constancio		Sta Gladys	Sta Catalina	Beato Ricardo	San Pablo
30	Sta Julieta		San Pedro	San Pio	Beato Bautista	Beato Raimundo
31	Sta Marcela		San Benjamín		Sta Angela	

Día	JULIO	AGOSTO	SEPTIEMBRE	OCTUBRE	NOVIEMBRE	DICIEMBRE
1	Sta Ester	San Alfonso Maria	Sta Beatriz	Sta Teresa	Sta Juliana	San Eloy
2	San Martin	San Alfonso	Beato Severino	San Cirilo	San Justo	Sta Bibiana
3	Sto Tomas	San Pedro Julian	San Gregorio	San Remigio	San Martin	San Francisco
4	Sta Isabel	San Juan Maria	San Rosa	San Francisco	San Carlos	San Clemente
5	Sta Filomena	San Osvaldo	San Justiniano	San Apolinar	Sta Beatriz	San Humberto
6	Sta María	Sto Esteban	San Fausto	Sta María Francisca	San Leonardo	San Nicolás
7	San Fermin	Sto Alberto	Sta Regina	Rosario	San Edalberto	San Ambrosio
8	San Gregorio	Sto Domingo	Sta Adela	San Nestor	San Godofeo	Inmaculada Concepción
9	San Nicolas	San Marcelino	San Pedro	San Luis Bertrand	San Alejandro	Sta Valeria
10	San Pedro	San Lorenzo	San Nicolás	San Francisco	San León	Sta Eulalia
11	San Benito	Sta Clara	San Vicente	Sta Soledad	San Martin	San Daniel
12	San Juan	San Macario	Nombre de Maria	San Serafin	San Josafat	Guadalupe
13	Beata Angelina	San Hipolito	Beato Francisco	San Eduardo	San Eugenio	Sta Lucia
14	San Rolando	Beato Antonio	San Juan	San Calixto	San Gerardo	San Juan
15	San Buenaventura	Sto Alfredo	Dolores	Sta Teresa	San Alberto	Sta Silvia
16	Carmen	San Roque	San Rogelio	San Gerardo	San Edmundo	Sta Adelaida
17	Sta Marcela	San Jacinto	San Justino	San Ignacio	Sta Isabel	San Lazaro
18	San Edmundo	Sta Elena	Sta Sofia	San Lucas	San Pedro	San Salvador
19	San Arsenio	San Luis	San Genaro	San Pedro	Sta Inés	Sta Juana
20	San Elias	San Bernardo	San Franciso Maria	Beato Contardo	San Gregorio	San Julio
21	San Lorenzo	Beato Gilberto	San Mateo	Sta Ursula	San Brocardo	San Pedro
22	Sta Maria Magdalena	San Andres	San Mauricio	Beata Josefina	Sta Cecilia	San Francisco
23	Sta Brigida	San Felipe	San Lino	San Ignacio	Sta Lucrecia	Sta Victoria
24	Sta Cristina	San Bartolome	Mercedes	San Antonio	San Alejandro	Sta Irma
25	Sta Valentina	San Luis	San Alberto	San Crispin	Sta Catalina	Natividad del Sr
26	Sta Ana	San Victor	San Cosme	Beato Buenaventura	San Leonardo	San Esteban
27	Sta Julia	Sta Mónica	San Wenceslao	San Florencio	San Alberto	San Juan
28	San Celso	San Agustin	Sto Rafael	Sto Simón	San Jaime	Stos Inocentes
29	Sta Marta	San Juan Bautista		San Narciso	Beato Federico	Sto Tomás
30	Beato Leopoldo	Sta Rosa	San Jerónimo	San Victor	San Andrés	Beata Margarita
31	San Ignacio	San Ramón		San Alfonso		San Silvestre

COMUNICACIÓN

A. Fechas especiales. Make a list of number clues for special dates. Then see if someone can guess the complete dates you have in mind.

> EJEMPLO   uno
> **¡el primero de abril!**

B. Donde vivo yo. Listen to some remarks about the weather and seasons, and respond **Es verdad** or **No es verdad,** depending on your point of view and where you live. Defend your answers.

> EJEMPLO   En general, el verano es muy desagradable.
> **No, no es verdad. Aquí en Denver el verano es agradable.**

C. Tu cumpleaños. Ask yes-or-no questions to find out in as few tries as possible the birthday of another student, who will say **Es antes** or **Es después** as clues to help you.

> EJEMPLO   **¿Tu cumpleaños es en el verano? ¡Sí!**
> **¿Es en julio? ¡No, es antes!**

D. Preguntas. Write the answers to these questions in complete sentences.

1. ¿Cuándo es tu cumpleaños?
2. ¿Cuál es tu mes favorito? ¿Por qué?
3. ¿Qué estación del año te gusta más? ¿Por qué?
4. ¿En qué mes(es) das muchos regalos?
5. ¿En qué estación bajas fácilmente de peso?

RINCÓN
CULTURAL

¿Sabes que las estaciones del año en el sur de Sudamérica son opuestas (*opposite*) a las estaciones de aquí? Por ejemplo, cuando nosotros estamos en verano, es invierno en Argentina. Para los argentinos octubre es un mes de primavera. También hay países que tienen, como los Estados Unidos, diferentes climas en una misma estación. Cerca del ecuador global, hay sólo dos estaciones—la temporada de lluvias (*the rainy season*) y la temporada de calor (*the dry season*).

¿Qué tiempo hace donde vives tú en las diferentes estaciones?

EXPLORACIÓN 2

Function: *Talking about languages and countries*
Structure: *Uses of the definite article*

PRESENTACIÓN

A. You can easily recognize the names of most countries.

Países	
el Portugal	*Portugal*
el Brasil	*Brazil*
la Italia	*Italy*
la Alemania	*Germany*
la Francia	*France*
el Japón	*Japan*
la Unión Soviética (Rusia)	*Soviet Union (Russia)*
la China	*China*
la Arabia Saudita	*Saudi Arabia*
la Inglaterra	*England (Great Britain)*
los Estados Unidos	*the United States*
el Canadá	*Canada*

It is not usually necessary to include the definite article when you talk about a country. However, the definite article is always used with **la Unión Soviética** and is often used with (**los**) **Estados Unidos**.

B. The names of most languages are also easy to recognize. However, there are a few things you need to know.

1. Languages are masculine.

Los idiomas	(*Languages*)
el portugués	*Portuguese*
el italiano	*Italian*
el alemán	*German*
el japonés	*Japanese*
el ruso	*Russian*
el chino	*Chinese*
el árabe	*Arabic*

2. The names of languages are not capitalized (**español, chino**) but names of countries are (**España, China**).

   Mis primos son de España. Hablan español y además francés.

3. The definite article **el** is required when a language is the subject of a sentence.

   El español es interesante.   El ruso es difícil.

4. The definite article **el** is not needed when a language immediately follows the verbs **aprender, hablar, enseñar, escribir, leer,** and **saber** unless a modifier is used.

   Este año aprendo español.   Mi primo habla muy bien el francés.
   Ella sabe árabe y chino.   Lucía escribe perfectamente el ruso.

PREPARACIÓN

A. **¿Dónde estudiamos?**   Maxi and Beto fantasize about studying in a foreign country someday and discuss whether or not they know the necessary languages. It turns out that besides Spanish, they know English and a little Italian. Act out their dialogue according to the countries you see represented.

MODELO   **¿Y si estudiamos en   ¿Y si estudiamos en
          Argentina?   la Unión Soviética?**
          **Buena idea. Ya sabemos   Mejor no. No sabemos
          español.   ruso.**

B. ¿Sí o no? Maxi and Beto try to decide on yet another language to study. With a classmate, read their conversation and decide when a definite article is needed.

MAXI   La profesora Márquez enseña __1__ chino y __2__ ruso. ¿Quieres tomar una clase con ella?

BETO   Mejor no. Ella da muchos exámenes. Además, __3__ chino y __4__ ruso son muy difíciles, ¿no te parece?

MAXI   Sí, yo prefiero aprender __5__ francés. ¿Y tú?

BETO   Me gustaría aprender __6__ alemán como Ramona y José.

MAXI   Sí, ellos hablan muy bien __7__ alemán, y además saben __8__ japonés.

C. ¿Qué saben? Ramiro's mother asks him about the languages his friends at the international school know. How does he reply?

MODELO   ¿Habla Eva francés?   ¿Estudia Pepe inglés?
                (sí)   (no / ruso)
                Sí, lo habla.   **No, pero estudia ruso.**

1. ¿Habla Alicia chino? (sí)
2. Elsa y Luis saben ruso, ¿verdad? (no / alemán)
3. ¿Víctor sabe inglés? (no / italiano)
4. Tu profesor enseña árabe, ¿no? (sí)
5. ¿Hablan Anita y Pablo portugués? (sí)
6. ¿Aprenden ellos a hablar chino también? (no / japonés)

D. ¿Qué hablan en...? Javier tries to do his geography homework, but his six-year-old sister keeps asking him what languages are spoken in each country she recognizes on his map. What does Javier patiently answer?

MODELO   ¿Qué idioma hablan en Italia?
                En Italia hablan italiano.

E. ¿De dónde es y qué habla? The 10th graders at the Colegio Ramón y Cajal act out a mock United Nations meeting, taking the parts of ficticious U.N. representatives. Write sentences, matching the country and native language to each representative's name.

MODELO   **Mohammed Nassar es de Arabia Saudita y habla árabe.**

Mohammed Nassar	los Estados Unidos	español
Paolo Oliveira	España	japonés
Felipe de la Fuente	Brasil	árabe
Wolfgang Schmidt	Arabia Saudita	italiano
Giovanni Rossi	Alemania	francés
Pierre Duval	Japón	alemán
Masumi Yamamoto	Italia	inglés
Dolly Youngblood	Francia	portugués

COMUNICACIÓN

A. Mis amigos. With a classmate, make a list of famous people who you
W know are from a foreign country and speak a foreign language. Share
your list with your classmates.

EJEMPLO

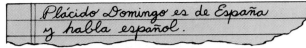

*Plácido Domingo es de España
y habla español.*

B. Los amigos de Marcos. Marcos has friends in many countries.
What can you say about these friends? Be sure to include the
country they are from and the language or languages spoken there.

EJEMPLO **Carmen es de España y habla español. Es muy
bonita y me parece inteligente. Vive en Toledo.
Le gusta leer.**

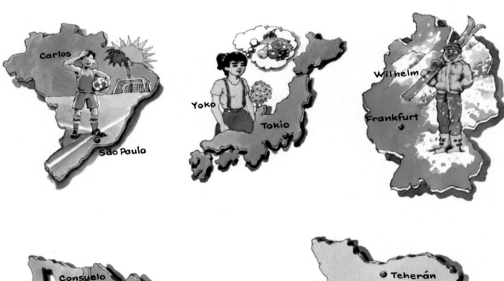

Have you ever seen **una corrida de toros** (*bullfight*) and felt the excitement as the crowd roared **olé**? **Olé** means *bravo* and is shouted out enthusiastically when the **matador** (*bullfighter*) makes a close pass with an angry charging bull.

Bullfighting is a ritual art. It symbolizes the victory of the weaker yet more intelligent human species over the force of nature, represented in the bull. Although this ritual has its roots in the ancient civilizations of the Mediterranean, Spain developed this art more than other nations and then brought it to the New World. It is still celebrated in Mexico, Colombia, Venezuela, and Peru.

Although not all Spaniards are interested in bullfighting, **plazas de toros** (*bullfighting rings*) are common in Spanish cities and towns—there are about 400 of them in Spain. The largest **plaza de toros** is in Mexico. It seats 35,000 spectators.

This ancient festival of a human against a beast came to the United States from Spain and Mexico in the form of the **rodeo,** which is the Spanish word for *roundup*. What similarities do you see between the American rodeo and the Spanish **corrida**?

EXPLORACIÓN 3

Function: *Talking about location*
Structure: *Using prepositions and prepositional pronouns*

A. To talk about where people or things are located, we often use the verb **estar** and a prepositional phrase. Learn these prepositions.

cerca de	*near, close to*	detrás de	*behind*
lejos de	*far from*	entre	*between, among*
al lado de	*next to, beside*	encima de	*on top of, above*
frente a	*facing, opposite*	debajo de	*under, beneath*
enfrente de	*in front of*	dentro de	*inside*

¿Está el hotel lejos del aeropuerto?
Hay un parque entre el museo y el teatro.

B. These prepositions are often followed by the same pronouns you have used with verbs like **gustar**.

mí	nosotros, nosotras
ti	ustedes
usted	vosotros, vosotras
él, ella	ellos, ellas, ustedes

Aquí tienes la foto, ¿ves? Enfrente de **mí** está mi mamá, al lado de **ella** están mis hermanos y detrás de **ellos** está mi perro Sultán.

C. Other prepositions like **de, en, para, por,** and **sin** also call for these pronouns. When **mí** and **ti** are used with **con**, however, they become **conmigo** and **contigo**.

¿Está Eva contigo o con Pablo?   *Is Eva with you or Pablo?*
No está con él. Está conmigo.   *She's not with him. She's with me.*

D. Here are some other useful expressions for asking or telling where people or things are located.

¿Dónde queda(n)... ?	*Where is (are)... located?*
Siga derecho.	*Go straight ahead.*
Doble a la derecha.	*Turn right.*
Doble a la izquierda.	*Turn left.*

PREPARACIÓN

A. **¿Dónde está mi pasaporte?** Fernando's grandmother has misplaced her passport and asks Fernando to help her find it. Where does she ask him to look?

> MODELO encima del televisor
> **¿No está encima del televisor?**

1. entre mis otros papeles
2. encima de mi mesa de noche
3. al lado del teléfono
4. detrás de la cama
5. debajo de mi bolsa
6. cerca del periódico

B. **Guardia civil.** Some confused tourists have their directions reversed. How does the Guardia Civil help them?

> MODELO el Hotel Emperador / lejos del aeropuerto
> **¿No queda el hotel Emperador lejos del aeropuerto?**
> **No. Queda cerca del aeropuerto.**

1. la catedral / cerca de aquí
2. el Cine Ducal / detrás del teatro
3. el correo / cerca del Banco Nacional
4. el museo / a la izquierda de la catedral
5. la biblioteca / frente a la escuela San Ignacio
6. la plaza de toros / lejos de aquí

C. Álbum de fotos. Caridad is describing some photos she took while on vacation at her aunt and uncle's home. Complete her statements by adding the appropriate prepositional phrases.

MODELO   Mi tío y mi tía viven en Valencia.
Valencia queda <u>lejos de</u> Madrid.

1. Aquí estamos ════ su casa.

2. Su casa está ════ correo.

3. Hay una tienda ════ la casa de mis tíos.

4. Aquí mi primo David está ════ mi tío y mi tía.

5. Mi prima está ════ mi tía Estela.

D. Un viaje a Europa. Yola's sister, Nuria, just won a trip for two to Europe, and Yola is very eager to know whom she plans to take along. How does Nuria answer Yola's questions?

MODELO   Pues, ¿con quién piensas ir? ¿Con Tomás? (no / él)
No, no pienso ir con él.

1. Pues, ¿piensas ir con Carina? (no / ella)
2. ¿Ah no? ¿Entonces piensas ir con mamá o papá? (no / ellos)
3. ¿Quieres ir con Bárbara o Susana? (no / ellas)
4. Eh... ¿Vas a ir con Reinaldo? (no / él)
5. Bueno, ¿no quieres ir conmigo, ¿verdad? (sí / tú)

E. En la parada del autobús. At a bus stop, several people ask Guillermo for directions. Guillermo, who is also new in town, does his best to help them. Indicate whether his directions are correct or incorrect according to the map by writing **sí** or **no**.

MODELO   —¿Dónde está la calle Dos de Mayo, por favor?
—Siga derecho y doble a la izquierda en la primera calle.
You write: **sí**

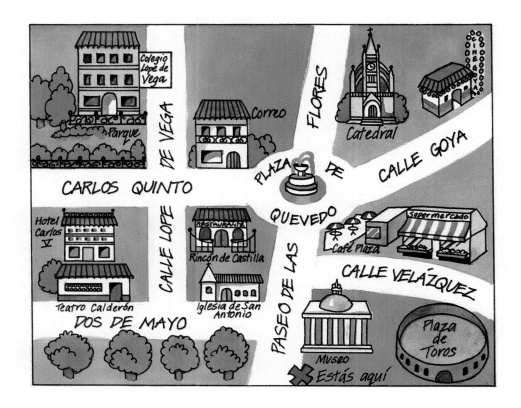

COMUNICACIÓN

A. ¿Dónde queda?   Using the map from the previous activity, ask your classmates to identify the building or spot on the map whose location you describe.

> EJEMPLO   **Queda en el Paseo de las Flores al lado del Cine Goya. La catedral.**

B. ¿Quién es?   Think of the name of another student in your class. The rest of the class will ask questions to find out whom you have in mind.

> EJEMPLO   **¿Está detrás de Gloria?**
> **¿Está entre Camilo y Lorenzo?**

C. ¿Cuál es el objeto?   Mentally select an object in the classroom. Answer **frío** if your partner's questions indicate he doesn't have any idea where the object is. Answer **caliente** if his questions indicate he does. Continue until he guesses the correct object.

> EJEMPLO   **¿Está frente a la pizarra?** frío
> **¿Está al lado de David?** caliente
> **¿Es el lápiz de Diana?** sí

D. ¿Dónde está el boleto?   A friend of yours has lost her airplane ticket (**boleto**). Working with a partner, come up with as many questions as possible based on this picture to help her to look for it. Compile your questions on the same sheet of paper, and place your name next to the questions you ask.

> EJEMPLO   **¿Está dentro de la mochila?**   (Susana)

RINCÓN
CULTURAL

Madrid es la capital y la ciudad más grande de España. Es también una de las capitales europeas más interesantes. Imagínate que es la primera vez que visitas Madrid. Tú le haces preguntas (*ask questions*) a tu guía (*guide*) sobre los puntos de interés turístico. ¿Qué contesta el guía a tus preguntas? Consulta el plano de la ciudad (*city map*) para contestar.

1. ¿Está la Plaza Mayor cerca de la Puerta del Sol?
2. Y el Museo del Prado, ¿está lejos del Parque del Retiro?
3. ¿Empieza la Gran Vía en la Plaza de Oriente?
4. ¿Es El Retiro un buen restaurante?
5. ¿Es moderna o antigua la Plaza Mayor?

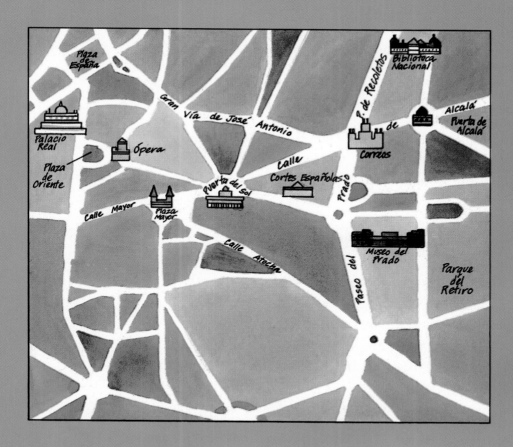

EXPLORACIÓN 4

Function: *Talking about people already mentioned*
Structure: *Object pronouns me, te, nos*

PRESENTACIÓN

You have already learned to use **lo, la, los**, and **las** as direct object pronouns to avoid repeating nouns.

Conozco a Juan.   **Lo** conozco.
Miran las revistas.   **Las** miran.

A. The pronouns for *me, you* (familiar), and *us* are **me, te,** and **nos**. They may replace nouns used as direct or indirect objects. Notice that object pronouns are placed before the conjugated verb.

Ella **me** llama.   *She calls **me**.*
Yo **te** comprendo.   *I understand **you**.*
Nuestros padres **nos** dan dinero.   *Our parents give **us** money.*

B. When the object pronoun is used with the infinitive alone, it is attached to the end of the infinitive.

Voy a tu casa para ayudar**te**.

C. If the infinitive is used with another verb, the pronoun may be attached to the infinitive or placed before the conjugated verb.

Quiero ver**la**.   **La** quiero ver.
Van a invitar**nos**.   **Nos** van a invitar.

D. When the pronouns are used as indirect objects, they often mean *to* or *for me, you, us*.

Ella siempre **me** trae recuerdos.   *She always brings **me** souvenirs.*
                                    *She always brings souvenirs **to me**.*
¿**Te** van a comprar un carro?   *Are they going to buy a car **for you**?*
                                    *Are they going to buy **you** a car?*

PREPARACIÓN

A. ¿Cómo te va?   Marisol is visiting the United States for the first time. When she calls home, her mother wants to make sure she is getting along with her new American friends. Listen to their conversation, and write the missing words.

MAMÁ   ¡Hola Marisol! ¿Qué __1__ Chicago?

MARISOL   ¡Mamá! Es fabuloso. Las dos chicas siempre __2__ a fiestas, y el hermano mayor __3__ inglés.

MAMÁ   ¿Y los padres? ¿__4__ más en español o en inglés?

MARISOL   __5__ en inglés.

MAMÁ   Bueno, Marisol, ¿y cuándo __6__ una carta?

MARISOL   Esta tarde, mamá. También __7__ unos recuerdos bonitos. ¡Hasta luego!

B. De regreso.   What do Marisol's friends and relatives ask her when she returns from her trip?

MODELO   hablar de tu viaje
¿Cuándo vas a hablarnos de tu viaje?

1. tocar unas canciones norteamericanas
2. dar noticias de los Estados Unidos
3. enseñar un poco de inglés
4. preparar una comida norteamericana
5. hablar de tus amigos norteamericanos
6. dar un recuerdo de tu viaje

C. ¡No es verdad!   Teresita has felt neglected since the birth of her baby brother. Eva thinks she is being overly sensitive. What does Eva say to Teresita?

MODELO   Mamá ya no me escucha.
¡Estás loca! Ella sí te escucha.

1. Abuelita ya no me llama por teléfono.
2. Papá ya no me trae recuerdos de sus viajes.
3. Mamá ya no me quiere.
4. Mis primos ya no me dan regalos de cumpleaños.
5. Tía Elsa ya no me escribe cartas.
6. Tú ya no me comprendes.

COMUNICACIÓN

A. Entrevista. Answer questions 1 through 6 about your friends and questions 7 through 10 about your teachers.

1. ¿Te ayudan tus amigos a hacer la tarea?
2. ¿Te comprenden siempre?
3. ¿Te buscan para salir los viernes por la noche?
4. ¿Te llaman mucho por teléfono?
5. ¿Te esperan después del colegio?
6. ¿Te dicen siempre la verdad?
7. ¿Te ayudan tus profesores cuando no entiendes algo?
8. ¿Te dan mucha tarea?
9. ¿Te permiten llegar tarde a clase?
10. ¿Te escuchan siempre?

B. ¿Me haces un favor? A brother or sister wants to know what you are willing to do in return for lending you $50.00. Act out questions and answers like those in the example with a classmate, who will decide in the end whether to lend you the money.

EJEMPLO   Tu hermano(a):   **¿Me arreglas el cuarto?**
                        Tú: **Está bien. Te arreglo el cuarto.**
           Tu hermano(a):   **¿Me permites tocar tus discos?**
                        Tú: **¡Eso no! No te permito tocar mis discos.**

permitir usar tu carro   preparar el desayuno
hacer la tarea   permitir usar tu ropa
lavar los platos   llevar contigo al concierto
permitir salir con tu novio(a)   dar tu radio nuevo

LECTURA

Un verano en México

Silvia Jiménez, a Mexican-American student, has visited Mexico for the first time. Here are some of the postcards she wrote her friends and family in Texas.

10 de junio

Querida Diana,
¡Por fin estoy en México! ¡Y hasta agosto — todavía no lo creo! ¡Las clases empiezan mañana! Ya entiendo bastante español, pero hablarlo — vivirlo — no es lo mismo que oírlo en casa de mis abuelos o estudiarlo en la escuela.
Por la noche estoy tan cansada que no puedo más. Pero estoy muy contenta. Un abrazo de tu amiga.

Silvia

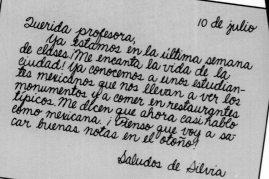

10 de julio

Querida profesora,
Ya estamos en la última semana de clases. ¡Me encanta la vida de la ciudad! Ya conocemos a unos estudiantes mexicanos que nos llevan a ver los monumentos y a comer en restaurantes típicos. Me dicen que ahora casi hablo como mexicana. ¡Pienso que voy a sacar buenas notas en el otoño!

Saludos de Silvia

16 de julio

Queridos abuelos,
Mañana salgo para Yucatán.
Si no pierdo el avión, llego temprano
por la mañana. ¡Qué suerte tener a
tía Elsa y tío Paco de vacaciones allí!
Este viaje es como un sueño.
Es el mejor regalo de mi vida.
¡Mil gracias!
Los quiere Silvia

21 de julio

Querido Rafael,
Después de un viaje de dos horas
en autobús, estamos en Chichén-Itzá.
¡Las ruinas son fabulosas!
Voy a comprar recuerdos, quizás
unas reproducciones de Quetzalcóatl
y del Chac-mool. Mañana vamos a
Uxmal para ver más ruinas mayas.
Te escribo desde la isla Cozumel donde
vamos a pasar unos días en la
playa. Pienso en ti. Hasta pronto.
Silvia

Expansión de vocabulario

el abrazo	hug	**No puedo más.**	I can't take any more
allí	there		
desde	from	**por fin**	finally
hasta	until	**quizás**	maybe
llegar	to arrive	**las ruinas**	ruins
maya	Mayan	**saludos**	regards
el (la) mejor	best	**temprano**	early

Comprensión

Based on **Un verano en México,** indicate **verdadero** or **falso** for each statement, and correct the false ones.

1. Silvia va a pasar dos meses en México.
2. No entiende nada de español.
3. Está muy cansada. Por eso, no está contenta.
4. Sus amigos mexicanos la llevan a ver la ciudad.
5. Ella piensa que este viaje la va a ayudar con sus clases.
6. Sus tíos están en Yucatán y ella va a verlos.
7. No tiene tiempo para ver las ruinas de Chichén-Itzá y Uxmal.
8. Va a la playa en Cozumel.

COMUNICACIÓN

A. Tarjetas mexicanas. One of Silvia's postcards got wet, and the ink ran. Help her parents read it by filling in the missing words. Refer to the **Perspectivas,** and use other words you know.

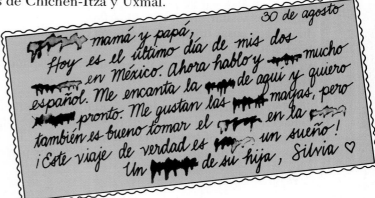

> 30 de agosto
>
> mamá y papá,
> Hoy es el último día de mis dos ___ en México. Ahora hablo y ___ mucho español. Me encanta la ___ de aquí y quiero ___ pronto. Me gustan las ___ mayas, pero también es bueno tomar el ___ en la ___. ¡Este viaje de verdad es ___ un sueño!
> Un ___ de su hija, Silvia ♡

B. Proyectos de viaje. Imagine you are planning a vacation. Using the questions below as a guide, write a paragraph about your trip.

1. ¿Cuándo sales de viaje?
2. ¿Cuántos días piensas estar de vacaciones?
3. ¿Adónde quieres ir?
4. ¿Cómo prefieres viajar?
5. ¿Con quién vas a viajar?
6. ¿Qué ciudades vas a visitar?
7. ¿Qué otras actividades quieres hacer?

C. Agencia de viajes. Imagine you are a travel agent. Based on the information the following people give, choose the vacation best suited to their situation. Also suggest an alternative for them.

1. Somos estudiantes pobres pero queremos hacer un viaje a Japón este verano.
   a. Deben buscar los hoteles y restaurantes más caros.
   b. Deben viajar en bicicleta y acampar.
   c. Deben olvidar este viaje.
   d. ¿. . .?

2. Me gusta el mar, el esquí acuático y la natación.
   a. Usted debe pasar las vacaciones en las montañas.
   b. Usted debe ir a una ciudad grande.
   c. Usted debe ir a una isla del Caribe.
   d. ¿...?

3. A nosotros nos gusta la historia, la música clásica, el arte y el teatro.
   a. Deben pasar sus vacaciones en una ciudad grande.
   b. Deben ir al campo.
   c. Deben pensar en la playa para sus vacaciones.
   d. ¿...?

4. Quiero viajar y hablar mejor español, pero no quiero ir al extranjero.
   a. Debes visitar una isla del Caribe.
   b. Debes pasar unos meses en una comunidad hispana en los Estados Unidos.
   c. Debes ver programas de televisión en español.
   d. ¿...?

D. Excursión preferida.   You hear a radio advertisement about a local travel agency's special offer for three travel tours. Jot down the destination and means of transportation in each case. Then indicate the tour you prefer, and explain the reason for your preference.

EJEMPLO

	Destino	Transporte	Preferencia	Explicación
1.	Alemania	avión	X	Me encantan las montañas y me gusta esquiar.

PRONUNCIACIÓN

The letter **ll** sounds much like the letter *y* in the English word *yes*.

ella   llamo   mantequilla   llave   pollo   tortilla

The letter **l** is similar to the clearly pronounced /l/ sound in the English word *learn*. The /l/ sound in Spanish is always pronounced crisply and distinctly, with the tip of the tongue touching the upper gum ridge.

el libro   naturaleza   dulces   Portugal   plátano   español

Now read this short paragraph aloud.

Me llamo Guillermo López Villa. / Soy familiar de Juan Carlos Casals López. / Él vive en Barcelona / y yo vivo en Sevilla. / Juan Carlos y yo somos muy diferentes. / A él le gustan los deportes / como la lucha libre, / pero a mí me gusta leer / literatura española. / Además, a mí me encanta / la tortilla española con papas, / pero él prefiere la tortilla mexicana con pollo.

INTEGRACIÓN

Here is an opportunity to test yourself to see what you can do. If you have trouble with any of these items, study the topic and practice the activities again, or ask your teacher for help.

Vamos a escuchar

A. En el aeropuerto. You and a friend have just arrived at an airport in a South American city and have plans to visit various places in and around town. Your friend asks a stranger at the airport some questions. Based on the map you see, decide whether the information he gives you is accurate. Write **sí** if his instructions are correct and **no** if they are not.

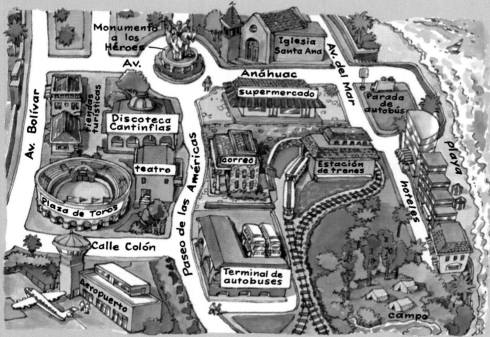

EJEMPLO   Tú: Perdón, señor, ¿queda lejos de aquí la plaza
                    de toros?
           Él: No, queda muy cerca.
      You write: **sí**

B. ¡Qué problema!   As Jorge and his friend Mario talk, Jorge discovers that Mario has a problem. Read the first set of questions, and answer them after listening to their conversation once. Then read the second set of questions, and answer them after hearing the conversation again.

Primer grupo

1. ¿De qué hablan los amigos?
   a. de sus vacaciones
   b. de sus planes para estudiar en el extranjero
2. ¿Cuál es el problema de Mario?
   a. No tiene dinero para ir a Río de Janeiro.
   b. Él quiere ir a Río, pero su papá quiere ir a Valencia.

Segundo grupo

3. ¿En qué fecha comienza el viaje de Jorge?
   a. el tres de octubre   b. el dos de julio   c. el dos de abril
4. ¿Adónde va la familia de Ramón?
   a. a Río de Janeiro   b. a San Francisco   c. a Valencia
5. ¿Quién no quiere ir a Río?
   a. Jorge   b. el padre de Mario   c. Mario
6. ¿Quién tiene más suerte en esta situación?
   a. Jorge   b. Ramón   c. Mario

Vamos a leer

A. Una carta de novios.   Guillermo writes to his girlfriend, Mariela, describing Spain's Costa del Sol. Based on his letter, respond with **cierto** or **falso** to the sentences that follow the letter. Write your answers on paper.

Querida Mariela,   1° de julio

   Por fin estoy en la famosa Costa del Sol. ¡Es maravillosa! Mi hotel queda un poco lejos de la playa, pero no importa, llego rapidísimo en autobús. Te digo, Mariela, la brisa del mar es muy agradable. Algunas personas pasan el día en botes y otras practican esquí acuático. Pero tú me conoces, Mariela. Yo prefiero tomar el sol, leer y admirar la naturaleza. ¡Y a las chicas bonitas también! No, no, mi amor, no es verdad. Tú sabes que sólo pienso en ti. Bueno, mañana voy a salir temprano para visitar la isla de Mallorca. No está lejos y todos dicen que es muy bonita.
   Esta tarde voy a la corrida de toros en la plaza central de la ciudad. Voy a sacar muchas fotos, y muy pronto tú y yo vamos a mirarlas. ¿Qué te parece?
   Pues, saludos a tu familia y un abrazo grande para ti, Mariela. Te voy a traer unos recuerdos muy bonitos. Te veo el 6 de julio.

                                        Te quiere mucho tu novio
                                        Guillermo

1. A Guillermo le encanta la Costa del Sol.
2. Guillermo es muy atlético.
3. Todos los días Guillermo va a la playa a pie.
4. La isla de Mallorca queda cerca de la Costa del Sol.
5. Guillermo sólo piensa en otras chicas.
6. La corrida de toros va a ser mañana.
7. Guillermo piensa comprar regalos para Mariela.

Vamos a escribir

A. Unas vacaciones ideales. Complete this paragraph to describe your ideal vacation. More than one word may be used in a blank.

Este año voy a pasar dos __1__ de vacaciones en __2__. Salgo el __3__ de __4__. Yo siempre prefiero viajar en __5__ porque __6__. Esta vez tengo mucha suerte: ¡Voy a viajar con __7__! Pensamos visitar __8__ y admirar __9__. Vamos a hacer muchas cosas divertidas. Por ejemplo, vamos a __10__ y __11__. ¡Qué bueno que hablo __12__!

B. Frases útiles. You are on vacation and find numerous opportunities to use your Spanish. Complete these sentences with words and phrases from this chapter that will help you make yourself understood. More than one word may go in the blank.

How do you

1. ask a traffic officer to help you and your sister?
   ¿====== ayuda, por favor?
2. ask the officer if you turn right or left on Goya Street?
   ¿Doblo a la derecha o a ====== en la calle Goya?
3. explain to a rather forward friend why you do not want to go out with him or her?
   Ya tengo novio(a). Por eso, no quiero salir ======.
4. tell your sister that behind her there is a very nice-looking boy or girl?
   ¡====== hay un chico(a) muy guapo(a)!
5. ask your dad to give you money to buy souvenirs?
   Papá, ¿====== dinero para comprar recuerdos?
6. ask where the post office is (located)?
   ¿====== el correo?
7. tell your tour guide that there is a cat under the bus?
   ¡Señor, ====== hay un gato!
8. tell a Portuguese waiter that you don't know Portuguese but that you do understand and speak Spanish pretty well?
   No sé ======, pero entiendo y hablo bastante bien ======.

C. ¿Qué pasa? Write a paragraph about each of the vacations pictured. Imagine that you are in the train in the first scene and that your neighbors, the Romeros, are the couple pictured in the second. Include as many words from this chapter as you can.

Yo...   El señor y la señora Romero...

Vamos a hablar

Work with a partner or partners and create short dialogues based on the following situations. Whenever appropriate, switch roles and practice both parts of your dialogue.

Situaciones

A. De vacaciones. You want to know a friend's idea of a perfect vacation. By asking questions, find out when, how, where, and for how long your friend likes to travel. Express your own opinion as well.

B. Climas diferentes. As you get acquainted with a new student from Chile, you tell him or her what the weather is like at various times of the year and find out about the weather in Chile.

C. El supermercado. A new friend asks you for directions from school to the nearest supermarket. After you give them, your friend repeats them to make sure he or she understands.

VOCABULARIO

NOUNS
el abrazo   hug
el autobús   bus
el avión   plane
el barco   boat, ship
la brisa   breeze
el campamento de verano
   summer camp
el campo   country (countryside)
la catedral   cathedral
la ciudad   city
la corrida de toros   bullfight
la estación   season
el idioma   language
la isla   island
el lugar   place
el mar   sea
el mes   month
la montaña   mountain
el monumento   monument
la natación   swimming
la naturaleza   nature
la nieve   snow
el recuerdo   souvenir
las ruinas   ruins
la tensión   tension, stress
el trabajo   work
el tren   train
la vida   life

PRONOUNS
algunos   some
todo el mundo   everyone,
   everybody

ADJECTIVES
acuático   water, aquatic
agitado   hectic, agitated

corto   short
fabuloso   fabulous
famoso   famous
hispánico   Hispanic
libre   free
(el / la) mejor   best
mexicano   Mexican
perfecto   perfect
pobre   poor
típico   typical, characteristic
tropical   tropical
turístico   tourist

VERBS AND VERB PHRASES
acampar   to camp
admirar   to admire
dar   to give
hacer un viaje   to take a trip
ir al extranjero   to go abroad
llegar   to arrive
llevar   to take (along)
olvidar   to forget
quedar   to be located
tomar el sol   to take a sunbath

PREPOSITIONS AND PREPOSITIONAL PHRASES
al lado de   next to, beside
cerca de   near, close to
debajo de   under, beneath
desde   from
detrás de   behind

encima de   on top of, above
enfrente de   in front of
entre   between, among
frente a   facing, opposite
hasta   until
lejos de   far from
sin   without

OTHER WORDS AND EXPRESSIONS
a pie   on foot
allí   there
como   since, as
¿Cuál es la fecha de hoy?   What
   is today's date?
de verdad   really, truly
Doble a la derecha.   Turn right.
Doble a la izquierda.   Turn left.
en fin   all in all
No puedo más.   I can't take any
   more.
por ejemplo   for example
por fin   finally
¿Qué fecha es hoy?   What is
   today's date?
quizás   maybe
saludos   regards, greetings
Siga derecho.   Go straight ahead.
temprano   early

Note: For the months of the year and
seasons, see **Exploración 1**. For languages
and countries, see **Exploración 2**.

Recreation and Hobbies

In this chapter, you will talk about your hobbies and what you do for recreation. You will also learn about the following functions and structures.

Functions

- discussing what we do

- referring to someone already mentioned

- expressing future and past time

- giving advice and orders

Structures

stem-changing verbs
o → ue, u → ue

indirect objects
le, les

ir a and acabar de

familiar affirmative and negative commands

INTRODUCCIÓN

EN CONTEXTO

El anuario

yearbook

Members of the Spanish Club have been asked to write about their extra-curricular activities for the school yearbook. Here is what some of them wrote.

Phil "Felipe" Williams
Yo soy coleccionista. Colecciono todo—
<u>monedas</u>, juegos electrónicos, his-
torietas. Juego también <u>ajedrez</u>, un
<u>pasatiempo</u> muy <u>exigente</u>. Para mí, es
importante estar en <u>buena forma</u>. No
me interesa mucho tener <u>músculos</u>
formidables, pero todas las mañanas
<u>corro</u> antes de ir a la escuela.

coins
chess
hobby / demanding
good physical condition
muscles

I run

fascinate

free time
to draw

Raquel Salamanca
A mí me interesan las artes. Tomo clases
de baile moderno y de jazz y soy miembro
del grupo de teatro. También me <u>fascinan</u>
las ciencias, sobre todo la programación
de computadoras. En los <u>ratos libres</u>
que tengo, me gusta leer, <u>dibujar</u> y pro-
gramar computadoras.

Frank "Paco" Anderson

En mi opinión la actividad física es muy buena para la <u>salud</u>. Por eso, me gustan mucho los deportes. Me interesan el baloncesto y la gimnasia. En el verano, siempre voy a acampar con los <u>exploradores</u>. Otro pasatiempo que me fascina es la música. Toco la guitarra y el piano y voy mucho a los conciertos de jazz y de rock.

health

Scouts

I just won

prize

member / cooking

to skate

Miriam "Mimi" Roth

Me encanta la fotografía y <u>acabo de ganar</u> un <u>premio</u> por una de mis fotos. También soy <u>miembro</u> del club de <u>cocina</u> internacional donde preparamos platos de otros países. No soy muy atlética, pero me encanta <u>patinar</u> y andar en bicicleta.

▌ Comprensión

Which of the four persons in **El anuario** does each statement refer to?

1. Le gusta programar computadoras.
2. Le interesa la cocina de otros países.
3. Le gusta pasar tiempo en el campo.
4. Colecciona muchas cosas.
5. Le gustan los libros.
6. Le interesan diferentes clases de conciertos.
7. A veces gana premios por sus fotografías.
8. Le gusta correr todos los días.

ASÍ SE DICE

Here are some pastimes and hobbies you may enjoy.

correr

patinar

levantar pesas

hacer yoga

dibujar

tocar un instrumento

coleccionar monedas

estampillas

muñecas

insectos

jugar ajedrez (*m*)

dominó (*m*)

damas (*f*)

participar en un
grupo de teatro

participar en un
equipo de debate

cantar en el coro

colaborar en el
periódico estudiantil

A. Palabras asociadas. Pablito is playing a word game and needs some help. For each of the following clues, he must pick the most closely associated answer. As you hear the two choices, repeat the one he should select.

MODELO la música
¿tocar un instrumento o levantar pesas?
tocar un instrumento

1. coleccionar
2. un piano
3. los niños pequeños
4. los músculos grandes
5. la naturaleza
6. los deportes
7. en casa
8. la paciencia

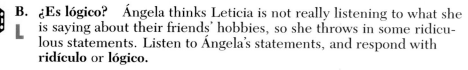

B. ¿Es lógico? Ángela thinks Leticia is not really listening to what she is saying about their friends' hobbies, so she throws in some ridiculous statements. Listen to Ángela's statements, and respond with **ridículo** or **lógico.**

MODELO Felipe corre todos los días en la piscina.

COMUNICACIÓN

A. Los ratos libres. Tell why you are or are not interested in various activities. Use pastimes from this chapter, as well as ones you already know. You may want to use some of the following reasons to explain your preferences.

EJEMPLO **Me gusta patinar porque es muy bonito.**
No me interesa el ajedrez porque es muy difícil.

emocionante	difícil	bonito	bueno para la salud
exigente	caro	pesado	interesante
aburrido	divertido	barato	bueno para bajar de peso

B. Una entrevista. Find out about the interests and activities of a classmate. Use the following questions as a guide.

1. ¿Cuánto tiempo libre tienes?
2. ¿Qué te gusta hacer en los ratos libres?
3. ¿Cuál es tu pasatiempo favorito?
4. ¿Qué actividades físicas te interesan?
5. ¿Te interesa coleccionar algo?
6. ¿Qué actividades de grupo te gustan?
7. ¿Hay algún pasatiempo que te fascina especialmente?

EXPLORACIÓN 1

Function: *Discussing what we do*
Structure: *Using stem-changing verbs o → ue and u → ue*

PRESENTACIÓN

A. You have already learned about one group of stem-changing verbs—
the **e** to **ie** type (**comenzar, pensar,** etc.). Another such group is the **o**
to **ue** type.

Study the forms of **recordar** (*to remember*), **volver** (*to return*), and
dormir (*to sleep*).

<table>
<tr><td colspan="2" align="center">recordar</td><td colspan="2" align="center">volver</td><td colspan="2" align="center">dormir</td></tr>
<tr><td>recuerdo</td><td>recordamos</td><td>vuelvo</td><td>volvemos</td><td>duermo</td><td>dormimos</td></tr>
<tr><td>recuerdas</td><td>recordáis</td><td>vuelves</td><td>volvéis</td><td>duermes</td><td>dormís</td></tr>
<tr><td>recuerda</td><td>recuerdan</td><td>vuelve</td><td>vuelven</td><td>duerme</td><td>duermen</td></tr>
</table>

1. Note that the verbs have regular endings, but the **o** of the stem
becomes **ue** in all persons except the **nosotros** (and **vosotros**) form.
Here are other **o** to **ue** stem-changing verbs.

almorzar	*to have lunch*	mostrar	*to show*
encontrar	*to find, to meet*	poder	*to be able, can, may*

¿Puedo ver televisión?　　　　　Los niños duermen mucho.
Encontramos a José después de clase.　Almuerzan a la una.

2. The verb **volver a** combined with an infinitive indicates that an
action is done again, either in the present or in the future.

Cuando le gusta un disco, siempre **vuelve a tocarlo**.
*When he likes a record, he always **plays it again**.*

Mañana **vuelvo a buscar** a María.
*Tomorrow I will **look for** María **again**.*

B. Jugar has a stem change from **u** to **ue**, except in the **nosotros** (and **vosotros**) form.

jugar

juego	jugamos
juegas	jugáis
juega	juegan

Juego fútbol los sábados.   Tú y yo nunca jugamos los domingos.

PREPARACIÓN

A. Dormilones. Marisol and her friends are telling how late they sleep on weekends. Tell what they say.

> MODELO   Enrique / 10:00
> **Enrique duerme hasta las diez.**

1. nosotros / 11:00	**3.** usted / 1:00	**5.** mis padres / 9:00
2. mi hermano / 9:30	**4.** tú / 10:45	**6.** yo / 11:15

B. ¿Quién puede? Chavela is planning a party and is trying to discover how each person can help. What does she find out?

> MODELO   Cristina / hacer un pastel
> **Cristina puede hacer un pastel.**

1. Rosa María y Paco / traer dulces
2. nosotras / tocar el piano
3. yo / llevar las bebidas
4. Mimi / preparar la comida
5. tú / escribir las invitaciones

C. Reunión de coleccionistas. Guillermo and his friends are having a Collectors Club meeting today. Tell what each person is showing.

MODELO   Luisa / sus carteles
          Luisa muestra sus carteles.

1. Felipe / su colección de insectos
2. Raquel y Clara / sus muñecas
3. tú / tus tarjetas de béisbol
4. nosotros / nuestros discos viejos
5. yo / mi colección de monedas

D. ¿Otra vez? Rogelio's friends are doing different things. Listen to the sentences, and decide whether these people will repeat their actions. For each, choose the most logical statement from those that follow.

MODELO   Elena llama a su hermana por teléfono, pero su hermana no está.
          a. Elena vuelve a llamar más tarde.
          b. Elena no tiene ganas de hablar con su hermana.

1. a. Rogelio no va a nadar más hoy.
   b. Rogelio vuelve a nadar esta tarde.
2. a. Mariela vuelve a comer a las tres.
   b. Mariela no come más.
3. a. Tatiana no vuelve a ver la película.
   b. Tatiana tiene ganas de volver a ver la película.
4. a. Jorge no dice nada porque ya comprende bien.
   b. Jorge vuelve a preguntar.
5. a. David vuelve a cantar.
   b. David no canta más.
6. a. Bárbara vuelve a salir con Carlos muy pronto.
   b. Bárbara no quiere salir más con Carlos.

E. ¿Cómo lo encuentras tú? Students are telling what they think of different pastimes. What do they say?

MODELO   Vicente / el yoga / difícil
          Vicente encuentra el yoga difícil.

1. Elena / el baile moderno / bonito
2. Paco / el ajedrez / exigente
3. Lucía y Tomás / los deportes / emocionantes
4. tú / levantar pesas / aburrido
5. tú y yo / participar en un grupo de teatro / divertido
6. yo / la cocina mexicana / interesante

F. Recreo. Alejandra is interviewing a student council member to find out which sports his family and friends are involved in. What does she ask, and how does he answer?

MODELO **¿Qué deporte practican tus hermanos?**
Ellos juegan baloncesto.

tus hermanos

1. María y Ángela

2. Tú

3. tus amigos

4. Raquel

5. Tu familia

6. Tú y tus primos

COMUNICACIÓN

A. ¿Y tú? Find out how similar you are to another person in your class. Reword each statement to make it true for yourself, then ask if the same is true for your classmate.

EJEMPLO **No puedo nadar muy bien. ¿Y tú?**
Yo sí puedo nadar bien.

1. Yo encuentro fácil el español. ¿Y tú?
2. Yo siempre duermo bien. ¿Y tú?
3. Yo encuentro difícil hacer yoga. ¿Y tú?
4. Cuando me gusta una tienda, siempre vuelvo a comprar ahí. ¿Y tú?
5. Yo juego ajedrez bastante mal. ¿Y tú?
6. Mis amigos y yo nunca recordamos los cumpleaños. ¿Y tú?
7. Yo vuelvo a casa temprano después de la escuela. ¿Y tú?
8. Cuando no comprendo la lección, vuelvo a estudiarla. ¿Y tú?

B. Tus planes de fin de semana. Using the suggestions below, make a
list of activities that you can and cannot do this weekend. Give reasons for those you are unable to do.

EJEMPLO   **Puedo ir al cine el sábado.**
**No puedo estar con mis amigos el domingo porque tengo
examen el lunes.**

Actividades
ir de compras
practicar un deporte
estudiar
levantar pesas
comprar algo para mi colección
patinar
ir a un partido de fútbol
volver a medianoche
ir a una fiesta con mis amigos
dormir hasta el mediodía
ir a un concierto de rock
esquiar
salir con mis amigos

Razones
No tengo tiempo.
Mis padres no lo permiten.
No tengo dinero.
Hace mal tiempo.
Va a llover.
Estoy cansado(a).
No tengo ganas de hacerlo.
Para mí es muy pesado.
Tengo mucho que hacer.
Tengo que estar en casa.
Cuesta mucho.
Tengo mucha tarea.

RINCÓN CULTURAL

En Europa y en Latinoamérica, el fútbol es el deporte más popular y
todos lo practican—ricos y pobres, jóvenes y viejos. Hay toda clase de
equipos: escolares (*school*), de clubes privados y, por supuesto, profesionales. La competencia (*competition*) entre los equipos profesionales es
feroz (*fierce*). El fútbol es realmente una pasión nacional. Cuando hay un
partido entre dos países, como entre Brasil y Uruguay, por ejemplo, todos
consideran a su equipo como un símbolo nacional y todo el mundo habla
del partido con mucho entusiasmo patriótico. Aquí están las banderas
de los países que participaron en la Copa Mundial en México en 1986.
¿Puedes identificar los países?

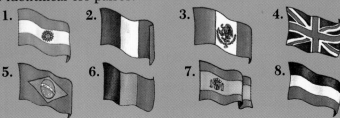

EXPLORACIÓN 2

Function: *Referring to someone already mentioned*
Structure: *Indirect object pronouns le and les*

PRESENTACIÓN

You have used **lo, la, los,** and **las** to replace direct objects. You have also used **me, te,** and **nos** as both direct and indirect objects to refer to people already mentioned.

A. The third person object pronouns have different forms, depending on whether they are direct or indirect objects.

INDIRECT OBJECT PRONOUNS		DIRECT OBJECT PRONOUNS	
me	nos	me	nos
te	os	te	os
le	**les**	**lo, la**	**los, las**

B. The indirect object pronouns meaning *to* or *for him, her,* or *you* are **le** and **les.** Like the other indirect object pronouns, they tell *to whom* or *for whom* the action of the verb is performed. The meaning of **le** and **les** is usually clear from the context.

Le escribo.   *I write* $\begin{cases} \textbf{\textit{to him.}} \\ \textbf{\textit{to her.}} \\ \textbf{\textit{to you.}} \end{cases}$

Indirect objects, like direct objects, may also be attached to an infinitive.

Va a comprar**les** las muñecas.

He is going to buy the dolls $\begin{cases} \textbf{\textit{for them.}} \\ \textbf{\textit{for you}} \text{ (m / f pl.).} \end{cases}$

C. When the meaning is not clear or when we wish to add emphasis, a phrase with **a** plus a prepositional pronoun may be used in addition to the indirect object pronouns.

me... a mí	nos... a nosotros / nosotras
te... a ti	os... a vosotros / vosotras

le... { a él / a ella / a usted }　les... { a ellos / a ellas / a ustedes }

For clarity:	Quiere dar**les** las noticias **a ustedes**.
	A ella no **le** muestro mis fotos.
For emphasis:	**A mí** no **me** interesa.
	¿**Nos** traen algo **a nosotros**?

D. In Spanish an indirect object is commonly expressed twice in the same sentence. Even though it would not be translated, the indirect object pronoun cannot be omitted.

Le digo la verdad **a Daniel**.　　*I tell **Daniel** the truth.*
¿**Les** hablas español **a tus**　　*Do you speak Spanish **to your***
　amigos?　　　　　　　　　*friends?*

PREPARACIÓN

A. Mi cuarto. Six-year-old Cristina is telling everyone what she is going to show the new exchange student who is arriving at her house today. What does Cristina say?

MODELO　　mis libros y discos
　　　　　Voy a mostrarle mis libros y discos.

1. mis juegos electrónicos
2. mis anillos y pulseras
3. mi perro
4. mis fotos
5. mi colección de muñecas
6. mi osito de peluche

B. Hermano mayor. Felipe has little time to learn his role in the school play because of what he does for his younger brothers. What does he tell his drama coach?

MODELO   arreglar el cuarto / todos los días
             Les arreglo el cuarto todos los días.

1. leer libros / por la noche
2. preparar el almuerzo / todas las mañanas
3. enseñar inglés / los fines de semana
4. tocar canciones / muchas veces
5. comprar muchas cosas / siempre
6. enseñar a jugar fútbol / los sábados

C. Poco cooperativo. Diego is complaining to a friend about the new Spanish tutor. What comments does Diego make?

MODELO   a Carlos / no explicar la tarea
             A Carlos no le explica la tarea.

1. a nosotros / no enseñar nada
2. a Marcos / no ayuda nada con los problemas
3. a mí / no dar tiempo para practicar los verbos
4. a ti / nunca responder a las preguntas
5. a Elena / no repetir las explicaciones
6. a nosotros / decir que necesitamos nuevos programas

D. Las hijas. Sara's parents are talking with some friends about whether Sara and her younger sister should do their own shopping. Listen to each sentence, and decide if they are talking about one daughter (**una hija**) or both daughters (**las dos**).

MODELO   Le permitimos comprar ropa para las fiestas. | *una hija*

COMUNICACIÓN

A. ¿A quién? Find out to or for whom a classmate usually does the following things.

> EJEMPLO escribir cartas
> **¿A quién le escribes cartas?**
> **Les escribo cartas a mis amigos.**

1. comprar un regalo
2. cantar una canción
3. hablar mucho
4. decir la verdad
5. dar dinero
6. preguntar la hora
7. preparar el desayuno
8. traer chocolates

B. El cumpleaños de mi papá. A friend of yours is making plans for his father's birthday. As a classmate plays the part of your friend, interview him or her to find out what the party is going to be like.

> EJEMPLO **¿Le vas a dar una fiesta grande?**
> **No, voy a darle una fiesta pequeña.**

1. ¿Qué le van a comprar tú y tus primos?
2. ¿Tu mamá va a darle una tarjeta?
3. ¿Qué comida le vas a preparar?
4. ¿Le vas a cantar una canción?
5. ¿Crees que sus amigos le van a llevar regalos?
6. ¿Y sus amigos van a decirle que él tiene muchos años?

C. Una descripción de la fiesta. Write a short paragraph describing the party your classmate talked about in Activity B.

> EJEMPLO *Le va a dar una fiesta pequeña.*
> *Sus primos y él le van a*
> *comprar un reloj y...*

CULTURAL

Los latinoamericanos practican toda clase de deportes al aire libre (*outdoors*) porque la geografía del continente es muy diversa. Hay costas con playas fabulosas para la pesca o el esquí acuático en casi todos los países, desde México hasta Argentina, y especialmente en el Caribe. Hay ríos (*rivers*) grandes como el Amazonas, el Orinoco y el Río de la Plata. Hay montañas altísimas, como los Andes, donde es posible esquiar todo el año, y hay desiertos, como el Atacama en Chile, donde hace un calor imposible. Hay llanuras (*plains*) como la pampa argentina, buenas para la agricultura; y hay selvas (*jungles*) enormes con ciudades grandes como Iquitos en Perú.

Consulta los mapas en las páginas 22, 23 y 24. ¿Dónde crees que practican estos deportes en Latinoamérica?

el buceo *skin diving*	el acuaplanismo *surfing*
el esquí *skiing*	la pesca *fishing*
la equitación *horseback riding*	la caza *hunting*

1.

2.

3.

4.

EXPLORACIÓN 3

Function: *Talking about the future and the immediate past*
Structure: *ir a* and *acabar de*

PRESENTACIÓN

You have used a form of **ir a** plus an infinitive to express the future tense. This form may refer to actions in the near or distant future.

Van a viajar a Costa Rica en abril.

Vas a comer a las siete.

A. Another common way to express actions in the future is to use the simple present tense. A time phrase such as **mañana** or **más tarde** is sometimes used for greater clarity.

Te encuentro en la cafetería mañana.	*I'll meet you in the cafeteria tomorrow.*
¿Le pregunto si quiere ir?	*Shall I ask him if he wants to go?*
Tenemos examen el miércoles.	*We are having an exam on Wednesday.*

B. The present tense is also used in Spanish to express **Shall I / we...?** and **Will you...?**

¿Bailamos?	*Shall we dance?*
¿Te llamo esta noche?	*Shall I call you tonight?*
¿Me das un vaso de agua?	*Will you give me a glass of water?*

C. To talk about events in the immediate past, use **acabar de** plus an infinitive.

Acabo de llamar a Pablo.	*I just called Pablo.*
Pero parece que él **acaba de salir**.	*But it seems he has just left.*
Sus padres **acaban de llegar** al aeropuerto.	*His parents just arrived at the airport.*

PREPARACIÓN

A. Cómo, cuándo y dónde. Fernando is trying to talk Lucinda into going out with him sometime soon. What kind of excuses does she make?

> MODELO   Vamos a salir el lunes, ¿sí? (tener una clase de baile)
> **No puedo, el lunes tengo una clase de baile.**

1. ¿Y el martes? (ayudar en casa)
2. ¿Y el miércoles, entonces? (jugar damas con mi tío)
3. Entonces el jueves, ¿sí? (mirar las estrellas con mi prima)
4. ¿Y qué te parece el viernes? (sacar fotos de insectos)
5. ¿El sábado, pues? (trabajar)
6. ¿Y el domingo? (cantar en el coro)

B. Itinerario. Diana, a tour guide in Mexico City, is taking notes as her boss reads aloud the plans of a group of students who will be arriving soon. What does Diana write?

> MODELO   Los profesores van a llegar a México el 25 de junio.
> **Los profesores llegan el 25 de junio.**

1. El avión va a salir de Nueva York a las cuatro de la tarde.
2. Algunos de los estudiantes van a viajar con los profesores.
3. Algunos van a llegar más tarde.
4. Tú y yo vamos a preparar unas actividades divertidas para ellos.
5. El 6 de julio van a visitar las ruinas.
6. Tú vas a hablar de la historia de los mayas.

C. El accidente. Esteban has sprained his arm skateboarding over a patch of ice. Different members of his family want to know how they can help him. What do they ask?

> MODELO   Mamá: ayudarte a caminar
> **¿Te ayudo a caminar?**

1. Jorge: darte mi suéter
2. Mamá: comprarte medicina para el dolor
3. Ángela y Jorge: ayudarte con la tarea
4. Papá: traerte algo de tomar
5. Matilde: hacerte la cama
6. Ángela y Matilde: llevarte los libros a la escuela

D. Consecuencias. Listen as Ana describes her own and others' physical states, then choose the answer that most logically completes each description.

1. **a.** Acaba de comer cuatro helados.
   b. Va a comer unos dulces.
2. **a.** Va a un concierto muy bueno esta noche.
   b. Acaba de hacer la tarea.
3. **a.** Victoria va a salir con sus amigos.
   b. Victoria acaba de llegar a casa.
4. **a.** Acaba de participar en un debate corto y fácil
   b. Va a participar en un debate en cinco minutos
5. **a.** Acaba de tomar un vaso de agua mineral.
   b. Va a tomar un vaso de agua.
6. **a.** Van a correr esta tarde.
   b. Acaban de correr diez kilómetros.
7. **a.** Acabamos de comer mucho.
   b. Vamos a comer una cena grande.
8. **a.** ¿Acabas de ganar un premio?
   b. ¿Vas a darle un premio a un amigo?

Música y Danza
La zarzuela en todo su esplendor: la zarzuela española y la zarzuela latinoamericana . . . clásica y moderna, cómica y dramática. Además conciertos y espectáculos de danza, música y canto.

Drama
El drama romántico, el drama de costumbres, el drama psicológico y el satírico. Drama para todos los públicos.

Latinoamericano
Obras dinámicas y vitales de la actualidad latinoamericana. Lo mejor de lo mejor para los latinos de Nueva York.

Español
Desde el teatro renacentista de Fernando de Rojas, pasando por García Lorca, hasta lo más representativo de la escena española de hoy.

E. Un día de vacaciones. Elena is describing a day of her family's summer vacation. For each picture, tell what she and her family have just finished doing or are about to do.

MODELO   **Aquí mi familia acaba de salir de la casa y va a hacer un viaje en carro.**

Mi familia

Yo

Mis abuelos

David y yo

Mi otro hermano

Yo

COMUNICACIÓN

A. **Planes para un viaje.** Make an itinerary describing several things
you and your family will do on a week-long trip you are planning. Tell
the day and the place you plan to do each activity. Use the following
list as a guide, but feel free to include your own ideas.

> EJEMPLO **El sábado almorzamos en un restaurante famoso en
> Monterrey.
> El domingo por la tarde yo nado en la piscina del hotel.**

acampar en...	comer en...
ver un(a)...	jugar...
visitar un(a)...	andar en...
hacer un viaje a...	dar un paseo por...
tomar...	¿...?

B. Análisis de la personalidad. You are giving a newly developed personality test. Read these statements about feelings to another student, and ask for two or three activities the person could have just completed to bring about each mood. When you have all your partner's responses, come up with his or her personality profile.

EJEMPLO **1.** Estás contento(a).
Acabo de mirar un partido de fútbol.
Acabo de jugar boliche.
Análisis: A Silvia le gustan los deportes.

1. Estás contento(a).
2. Estás deprimido(a).
3. Estás aburrido(a).
4. Estás nervioso(a).
5. Tienes sueño.

6. Tienes miedo.
7. Estás enojado(a).
8. Estás emocionado(a).
9. Tienes sed.
10. ¿...?

RINCÓN
CULTURAL

¿Te gustan las películas extranjeras? Hoy en día España y varios países de Latinoamérica, sobre todo México y Argentina, producen películas que son famosas en el mundo entero. Además de tener excelentes industrias cinematográficas, los españoles y latinoamericanos ven muchas películas francesas y norteamericanas. Esta es una buena manera de aprender a hablar francés o inglés. ¿Reconoces el título español de estas películas?

1. *El extraterrestre*
2. *Regreso al futuro*
3. *El imperio contraataca*
4. *Splash: La sirena*
5. *Blancanieves*
6. *Lo que el viento se llevó*

EXPLORACIÓN 4

Function: *Giving advice or orders*
Structure: *The familiar commands*

PRESENTACIÓN

A. To give advice or orders, to request, or to tell someone not to do something, we use the command forms. The familiar commands are used for people with whom you would use the **tú** form of the verb.

The affirmative **tú** command of regular and stem-changing verbs is the same as the **tú** form of the verb minus the final **s**.

¡Ayuda a tu hermano!	*Help your brother!*
¡Vuelve pronto!	*Come back soon!*
¡Abre el libro!	*Open your book!*

B. The following verbs have irregular affirmative **tú** commands.

decir	**di**	ir	**ve**
salir	**sal**	tener	**ten**
hacer	**haz**	poner	**pon**
ser	**sé**	venir	**ven**

C. To form a negative **tú** command, use the following formula.

yo form minus **o**	plus opposite vowel **-ar → e, -er → a, -ir → a**	plus s
no mirø	e	no mires
no veø	a	no veas
no duermø	a	no duermas
no salgø	a	no salgas

D. The following verbs have irregular negative **tú** commands.

dar	**no des**	ir	**no vayas**
estar	**no estés**	ser	**no seas**

Mira la revista.   No mires la revista.
Piensa en mí.   No pienses en ella.
Di la verdad.   No digas mentiras.
Sé buena.   No seas mala.

E. Verbs that end in **-zar, -car,** and **-gar** have spelling changes in the familiar negative command forms. In **-car** and **-gar** verbs, these changes are made to maintain the original sound of the last consonant in the stem. In **-zar** verbs, the change is made because **z** never precedes **e** or **i** in Spanish.

yo form minus **o**	plus spelling changes $z \rightarrow c,\ g \rightarrow gu,\ c \rightarrow qu$	plus **es**
no almuerzø	c	No almuerces
no llegø	gu	No llegues
no buscø	qu	No busques

Saca una foto de Mariela.   No sa**qu**es una foto de Luisa.
Comienza ahora.   No comien**c**es mañana.
Llega temprano.   No lle**gu**es tarde.

PREPARACIÓN

A. Mandatos. Amelia Santos is worried that her niece Sara is spending too much time with her friends and not studying enough. Write what Amelia says as she and Sara rush around Monday morning.

> MODELO   <u>**No llegues**</u> tarde a la escuela.

1. ═══ ═══ tarde hoy.
2. ═══ ═══ tus libros y tu tarea.
3. ═══ ═══ con Julio hoy.
4. ═══ a Luisa que no puedes salir esta noche.
5. ═══ pronto a la casa esta tarde.
6. ═══ el cuarto bien.
7. ═══ el piano treinta minutos.

B. En el estadio Cibao.   While the school band is on tour, its members go to a baseball game. The band director wants to keep things organized. What does she say to each student?

> MODELO   Polo / comprar los programas, por favor
> **Polo, compra los programas, por favor.**

1. Alma / sacar una foto del grupo / ¿sí?
2. Toño / hablar con las chicas más tarde / por favor
3. Nacho / buscar unos helados para nosotros / ¿quieres?
4. Guille / traer los refrescos ahora / por favor
5. Margarita / mirar el partido / ¿sí?
6. Nora / poner la cámara aquí / por favor

C. Precauciones.   Miguel is about to leave for his first performance with the **tuna,** and his parents are giving him some last-minute advice. Tell what they say.

> MODELO   no olvidar tus llaves
> **¡No olvides tus llaves!**

1. no olvidar la guitarra
2. no ir en la moto
3. no comer antes del concierto
4. no estar nervioso
5. no olvidar mirar a la gente
6. no tener miedo
7. no salir con los amigos después
8. no volver a casa muy tarde

D. Dos puntos de vista. Débora is in a jam. Her friend Silvia wants her to neglect the household chores and go to the movies. Débora's mother, on the other hand, feels quite strongly that Débora should do her chores first. What do the two of them say to Débora?

MODELO **Mamá:** **Arregla el cuarto antes de salir hoy.**
          Silvia: **No arregles el cuarto. Ven conmigo al cine.**

E. ¿Qué voy a hacer? Teresa, who cannot go with Mónica on her vacation, nevertheless knows just how to have a great one. What advice does she offer in reply to each of Mónica's questions?

MODELO ¿Dónde paso el verano? (en la playa / no en el campo)
        Pasa el verano en la playa. No pases el verano en el campo.

1. ¿Adónde voy? (a la Florida / no a Colorado)
2. ¿Cómo viajo? (viajar por avión / no viajar en carro)
3. ¿Nado en la piscina del hotel? (nadar en la piscina / no nadar en el mar)
4. ¿Qué hago por las mañanas? (dar paseos por la playa / no tomar mucho sol)
5. ¿Y por las tardes? (practicar esquí acuático con los amigos / no pasar el día en el hotel)
6. ¿Y por las noches? (bailar todas las noches / no ir al cine)
7. ¿Crees que van a ser unas vacaciones caras? (olvidar los problemas / no pensar en el dinero)
8. Y cuando estoy aburrida, ¿qué hago? (llamar a tu amiga Teresa por teléfono / no llamar a tu novio)

COMUNICACIÓN

A. Consejos. A new friend is asking you whether to participate in certain classes or extracurricular activities. What advice would you give your friend?

EJEMPLO   ¿Debo ser miembro de muchos grupos?
No, no seas miembro de muchos grupos. Es muy exigente.
Sí, sé miembro de muchos grupos. Es divertido.

1. ¿Debo estudiar programación de computadoras?
2. ¿Debo cantar en el coro?
3. ¿Debo participar en el grupo de teatro?
4. ¿Debo tomar una clase de guitarra?
5. ¿Debo participar en el equipo de debate?
6. ¿Debo hacer yoga?
7. ¿Debo coleccionar monedas?
8. ¿Debo ir a los conciertos?
9. ¿Debo colaborar en el periódico?
10. ¿Debo patinar por la noche?

B. ¡Vamos a San Juan! Your school soccer team has been invited to play in San Juan. Listen to the situations. Then, using the following list or your own ideas, create two suggestions for each student, one positive and one negative.

EJEMPLO   Situación: Hay un jugador que no quiere ir en avión.
Sugerencia: ¡No vayas en avión! ¡Ve en barco!

Sugerencias

hablar español con el
  equipo puertorriqueño
pasar mucho tiempo con
  los amigos americanos
estudiar el español antes
  de ir
comprar recuerdos en las
  tiendas del centro
comer en restaurantes
  americanos
ir de compras en el
  mercado

sacar fotos
comer en la escuela
salir con los jugadores
  puertorriqueños
visitar los museos de
  San Juan
llevar la cámara
comer en restaurantes
  típicos
vivir con una familia
  puertorriqueña
¿...?

PERSPECTIVAS

LECTURA

La vida al aire libre

Los muchachos exploradores y las muchachas guías de aquí y de los países hispánicos tienen más o menos las mismas experiencias. Por ejemplo, si eres explorador o guía, probablemente conoces la vida al aire libre. Vamos a ver si sabes las reglas que observa un buen acampador o una buena acampadora.

1. Lleva tu equipo en una mochila. ¡No lleves demasiado! ¡No olvides tu saco de dormir!
2. Levanta la tienda cuando todavía es de día. No esperes hasta la noche.
3. Haz una fogata, pero ten cuidado con el fuego.
4. Aprende a cocinar sobre la fogata. No tengas miedo de comer algo nuevo.
5. Respeta la naturaleza. Observa los animales, los pájaros y las plantas, pero no les hagas daño.
6. Muestra consideración por los otros acampadores y los animales. No hagas ruido.

7. Explora el bosque. Da caminatas, pero ten cuidado de no perder el camino.
8. No nades solo ni camines solo en el bosque. Ve siempre con otra persona.
9. Conserva nuestros recursos naturales.
10. Al volver a casa, deja todo limpio. No dejes basura en el campamento.

Con estas reglas puedes pasar unas semanas muy agradables al aire libre, conocer nuevos amigos y aprender a ser responsable de ti mismo. ¡Buena suerte!

Expansión de vocabulario

al aire libre outdoors
el acampador, la acampadora camper
la basura garbage
el bosque woods
el camino way
caminar to walk
dar caminatas to go for hikes
dejar to leave
demasiado too much
el equipo equipment

la fogata campfire
el fuego fire
hacer daño to do harm
limpio clean
más o menos more or less
el muchacho explorador Boy Scout
la muchacha guía Girl Scout
la regla rule
el saco de dormir sleeping Bag
tener cuidado to be careful
la tienda tent

Comprensión

A Boy Scout leader is checking to see that his Scouts know the procedures for safe camping. He quizzes them with the following statements. Complete their responses by choosing a phrase from the list given.

1. ===== es buena para llevar el equipo en la espalda.
2. Hacemos ===== para cocinar y para no tener frío.
3. Debemos conservar =====.
4. Un buen acampador observa =====.
5. Levantamos ===== para dormir en el campo.
6. Observamos ===== y no les hacemos daño.
7. Caminamos en ===== pero nunca solos.

a. la fogata
b. la mochila
c. el bosque
d. la tienda
e. las reglas
f. los recursos naturales
g. los animales, los pájaros y las plantas

COMUNICACIÓN

A. **Cartel de tareas.**   Imagine that your group leader is making a chart of camp chores. Tell what you can do, what you prefer to do, and what you do not want to do.

> EJEMPLO   **Puedo levantar la tienda, pero prefiero cocinar. No quiero traer agua.**

levantar la tienda
hacer la fogata
cuidar el fuego
cocinar
lavar los platos

traer agua
arreglar el campamento
llevar el equipo durante la caminata
hacer el almuerzo para la caminata
sacar la basura

B. **Un día de lluvia.**   It is a rainy day at camp. Tell what you and your friends do to pass the time. Use the following list, or create some of your own ideas.

> EJEMPLO   **Les escribo tarjetas a mis amigos. Jugamos damas.**

jugar ajedrez
jugar damas
dibujar
cantar
arreglar el equipo

escribir tarjetas
leer un libro
hacer gimnasia
hacer una comida especial
¿ . . . ?

C. Perfil de un acampador. Use the questions below to find out your own or another student's point of view about camping.

1. ¿Cuesta mucho ir a un campamento de exploradores o guías?
2. ¿Hay un bosque cerca de tu ciudad?
3. ¿Prefieres dormir en un saco de dormir o en casa?
4. ¿Sabes hacer una fogata?
5. ¿Tienes miedo de perder el camino cuando das caminatas?
6. ¿Coleccionas insectos o plantas cuando vas a acampar?
7. Cuando das una caminata, ¿siempre vuelves cuando todavía es de día?
8. ¿Te gusta dibujar plantas o animales?
9. ¿Siempre dejas limpio el campamento?
10. ¿Encuentras divertida la vida de un acampador?

D. Los exámenes. Listen to the following dilemmas people have with regard to tests. Give advice to each person and reasons for your suggestions.

EJEMPLO   Tengo examen el lunes, pero mi grupo de exploradores va al campo este fin de semana.

No vayas al campo porque...

PRONUNCIACIÓN

The single letter **r** is usually pronounced as a flap sound, in which the tip of the tongue makes brief contact with the roof of the mouth. The pronunciation of this sound is similar to the pronunciation of the English double *d* or *t*, as in *ladder* or *litter*.

caro	dinero	toro	señora	centro	escribe

The double **r** in Spanish is pronounced as a trilled or rolled sound, in which the tongue rests against the roof of mouth and makes several rapid flaps as air flows forcefully through the mouth. This trilled **r** is also pronounced in words that begin with a single **r**.

arreglar	revistas	repitan
arroz	razón	ropa
perro	radio	robo

Listen, and repeat the following sentences.

1. Me gusta la radio porque es interesante.
2. Los programas son raramente aburridos.
3. Me gusta escuchar siempre los conciertos de música rock.
4. Mis padres no nos permiten escuchar la radio durante el almuerzo.

Find out how much you know by doing the following exercises. If you have trouble with any of them, study the topic and practice the activities again, or ask your teacher for help.

Vamos a escuchar

A. Una caminata. Listen as Carlos and Teresa make plans to go hiking with friends. If the statements that follow describe the excursion accurately, answer **cierto**. If not, answer **falso** and correct the statement.

1. Teresa va a traer pan y frutas para la caminata.
2. Teresa prefiere ir al campo sola.
3. Carlos tiene la mochila de Teresa.
4. El sábado, todos los amigos van a la casa de Teresa a las ocho de la mañana.
5. Carlos va a llevar comida.
6. Carlos le pregunta a Teresa si puede invitar a Laura también.

B. Un día en casa. When Carlos's father is sick, Carlos does everything for him. Listen to the statements that follow, and answer **sí** or **no** to tell whether they describe what Carlos does.

EJEMPLO   Carlos le trae jugo y pan a su papá.

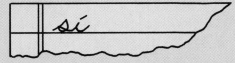

Vamos a leer

A. El Popo. John Emerson has made a trip to Puebla, Mexico. He is staying with two brothers, Rogelio and Silvio, whom he met in San Antonio the summer before. Read about his trip to the second highest mountain peak in Mexico. Then answer the questions that follow.

Por fin, aquí estoy en Puebla. Mañana va a ser un día muy emocion-ante. Voy con Rogelio y Silvio a acampar al Popocatépetl (o "el Popo", como dice todo el mundo). Me encanta la idea porque en Texas no hay montañas tan grandes. Primero, vamos con un grupo de explo-radores hasta Tlamacas, donde empieza la nieve. De Tlamacas vamos a caminar hasta la nieve con nuestro equipo y los sacos de dormir en la espalda. Ahí vamos a hacer una fogata y levantar las tiendas para dormir. Dicen que la caminata es exigente, y es necesario estar en buena forma. Yo soy atlético porque levanto pesas y corro todos los días. Esa caminata al aire libre no va a ser difícil para mí. Dicen que la naturaleza en la montaña es muy bonita. ¡Creo que va a ser una excursión fabulosa!

1. En tu opinión, ¿John está en buena forma? ¿Por qué?
2. ¿Por qué es importante estar en buena forma?
3. ¿Quiénes van con los chicos hasta Tlamacas?
4. ¿Crees que los chicos van a llevar mochilas?
5. ¿Qué tiempo hace donde los chicos van a acampar?

Vamos a escribir

A. El almuerzo.   Sergio and Esteban are meeting for lunch tomorrow. Fill in the blanks to complete their conversation.

ESTEBAN   Oye, Sergio, ¿por qué no __1__ (almorzar) en "Los hermanos" mañana? Yo te __2__ (mostrar) mi carro nuevo.

SERGIO   Sí, me gustaría mucho verlo ¡Dicen que es formidable! ¿(nosotros) __3__ (poder) comer tarde? Sabes que trabajo durante las noches y __4__ (dormir) hasta las dos.

ESTEBAN   Sí, por supuesto. ¿Te __5__ (encontrar) ahí en el restaurante a las tres?

SERGIO   Perfecto. ¿(Tú) __6__ (volver) a casa ahora?

ESTEBAN   No, unos amigos y yo __7__ (jugar) boliche esta tarde. Voy a comprar unas cosas antes de ir.

SERGIO   Bueno, nos __8__ (encontrar) mañana. Hasta entonces.

ESTEBAN   Excelente. Nos vemos.

B. Una foto secreta.   Marta has a photo of her secret love, Luis, but she will not show it to her friends. Fill in the blanks with the indirect object that describes what each of her friends says about the photo.

ELENA   A nosotras __1__ permites ver la foto ¿verdad, Marta?

MARTA   No, no __2__ puedo permitir eso.

ELENA   Pero, ¿por qué?

MARTA   Porque ustedes siempre __3__ dicen todos los secretos a Chuy o a Beto.

ANA   ¿Entonces __4__ vas a mostrar la foto a Luis?

MARTA   ¡No, a mí no __5__ parece bien mostrar __6__ la foto a Luis!

C. ¿Puedo hacerlo?   Francisco, a friend from Venezuela, is coming to spend the summer with you. He writes you a letter asking what he should bring on his trip and what he should do once he gets here. Write him a letter giving him the following suggestions.

1. Don't bring a lot of things.
2. Bring a sweater.
3. Don't buy a camera in Venezuela.
4. Wait and buy a camera in the United States.
5. Don't forget to bring your English books.
6. Call my parents on Tuesday.

Vamos a hablar

Situaciones

Work with a partner or partners and create dialogues using the situations described below. Whenever appropriate, switch roles and practice both parts of your dialogue.

A. **El partido final.**   You are a soccer coach for a large school. In the middle of the season, you get a transfer student from another school. You advise the student when to arrive for practice and how long to run, and you mention some things he or she needs to buy. Remind the student not to forget certain things and not to eat or drink before practice. Give five positive and five negative instructions.

B. **En el campo.**   You and your friend are talking about a camping trip. You discuss where and when to go, and your friend asks you about three things you might take. You ask your friend about three activities you might do. Then decide when to return.

VOCABULARIO

NOUNS RELATING TO CAMPING

el acampador, la acampadora camper
la basura garbage
el bosque woods, forest
el camino way, path
el equipo equipment
la fogata campfire
el fuego fire
la (muchacha) guía Girl Scout
el (muchacho) explorador Boy Scout
el saco de dormir sleeping bag
la tienda tent

OTHER NOUNS

el ajedrez chess
el anuario yearbook
la cama bed
la cocina cooking, cuisine
el coleccionista collector
el coro chorus, choir
las damas checkers
el debate debate
el dominó domino, dominoes
el esquí acuático water ski
la estampilla stamp
el grupo group
el insecto insect
el instrumento instrument
el miembro member
la moneda coin

la muñeca doll
el músculo muscle
el país country
el pasatiempo pastime, hobby
las pesas weights
el premio prize
el recurso natural natural resource
la regla rule
la salud health
el yoga yoga

ADJECTIVES

estudiantil student
exigente demanding
limpio clean
varios several

VERBS

acabar de + *inf.* to have just
acampar to camp
almorzar (o → ue) to have lunch
caminar to walk
colaborar to collaborate
coleccionar to collect
conservar to conserve
correr to run, to jog
costar (o → ue) to cost
dejar to leave (something or someone behind)
dibujar to draw
encontrar (o → ue) to find, to meet

explicar to explain
fascinar to fascinate
interesar to interest
mostrar (o → ue) to show
observar to observe
participar (en) to participate (in)
patinar to skate
poder (o → ue) to be able to, can, may
programar to program
recordar (o → ue) to remember
repetir (e → i) to repeat
respetar to respect
volver (o → ue) to return

ADVERBS

demasiado too much
probablemente probably
solo alone

EXPRESSIONS

al aire libre outdoors
dar caminatas to go for hikes
estar en buena forma to be in good shape
hacer daño to do harm
levantar una tienda to pitch a tent
levantar pesas to lift weights
más o menos more or less
ratos libres free time
tener cuidado (de) to be careful (to)

GACETA

Nº 3

Pasatiempos

This **Gaceta** gives you techniques for previewing books, magazines, and other publications. Previewing techniques are valuable skills for learning the basic content areas of a work, how authors organize their information, and what their purpose is.

Preview for Content and Organization

The first goal of previewing is to determine what a text is about. To do this, identify and scan the important parts, including the title page, the table of contents, the preface, the appendix, and chapter and paragraph headings. This step gives you information about content areas and how the material is organized. Practice previewing for content and organization by scanning the following selections.

Ilustres hispanos de los EE.UU.

Carmen Rosa Maymi ● Para servir a las
mujeres americanas
Roberto Clemente ● La muerte de un
hombre orgulloso
José Feliciano ● Una voz, una guitarra

Autor
Warren H. Wheelock

Adaptación
J.O. "Rocky" Maynes, Jr.

Consultantes
Jorge Valdivieso
Amalia Pérez
Fabiola Franco

A. Famous people.   Preview the preceding title page. Decide which of the following tells what the book is about, and copy it on paper.

1. three famous Hispanics—Carmen Rosa Maymi, Roberto Clemente, and José Feliciano
2. three famous Hispanics—Jorge Valdivieso, Amalia Pérez, and Fabiola Franco
3. three famous guitar players
4. three famous Hispanic illustrators

¿Cuáles son las especias y hierbas que usa Rosita para cocinar?

• Leyendas • Historia • Orígenes
• Propiedades • Usos medicinales • Usos en la cocina
• Usos comerciales e industriales
• Usos en el hogar

B. Herbs and spices.   Skim the text entitled **¿Cuáles son las especias y hierbas que usa Rosita para cocinar?** Make an intelligent guess as to what part of the book the text is from.

1. a chapter heading that tells what the chapter is about
2. an index that tells where to find different topics in the book
3. an appendix containing supplementary material not introduced in the main body of the book

Preview for the Author's Purpose

Once you have previewed for content and organization, you can use previewing skills to determine the purpose of a work. Try reading passages of varying length throughout the work—chapters, paragraphs, and even parts of a paragraph. Glide your finger over the lines as you combine skimming, scanning, and other reading strategies. This will help you recognize whether the author's aim is to convince the reader, ask for information, give information, or carry out some other function. If you know the author's aim and method of organizing information, you can find the main idea and supporting ideas more easily. The following selections give you a chance to preview for author's purpose.

¿A QUE RITMO DUERMES?

Apuntes

Si todos los días te despiertas con sueño… ¡eleva el número de horas que duermes!
Acuéstate 30 minutos antes de lo acostumbrado. ¿Necesitas más? Entonces ve a la cama una hora antes… ¡hasta que sepas cuántas horas de sueño necesita tu organismo!

A. Wake up! Skim the selection entitled **Apuntes,** paying particular attention to nonlinguistic information such as punctuation marks, numbers, and the style of type used. Then decide which phrase below describes the author's aim, and write it on paper.

1. to ask for information
2. to give advice
3. to promote a product
4. to support a cause

B. Images. Skim **Apuntes** once more, then pick out the sentence below that best expresses the main idea, and copy it on a piece of paper.

1. If you feel restless, go to bed earlier.
2. If you wake up in the morning feeling tired, go to bed a half hour or an hour earlier.
3. You should force yourself to go to bed a half hour or an hour earlier every night.

5 TACTICAS PARA LEVANTARSE AGIL EN LA MAÑANA

La mejor manera de levantarse en cuanto el reloj suena—con vitalidad y de buen humor—es durmiendo las horas reglamentarias que el organismo necesita. Pero si un día, por cualquier problema, no puedes dormir las horas que te hacen falta, pon en práctica estas sugerencias al pie de la letra:

1. No apagues la alarma del reloj para dormir unos minutos más, porque éste será un sueño interrumpido que en vez de hacerte descansar, te hará sentirte torpe todo el día.

2. Levántate en cuanto apagues el despertador y haz un poco de ejercicios que te hagan sentirte activa y con agilidad durante todo el día.

3. Duerme con las persianas subidas para que la retina del ojo reciba la claridad del día cuando amanezca; esto le avisará al hipotálamo—región del encéfalo donde se encuentra el centro de la actividad simpática del sueño, donde está tu reloj biológico—que ya es hora de empezar a despertarse.

4. Abre las ventanas para respirar profundamente el aire fresco de la mañana.

5. Después de darte una ducha, ingiere un desayuno ligero, pero a base de cereales, carbohidratos complejos y café (a ésta es a la única hora que se admite la cafeína).

C. Picture words. Skim **5 tácticas** several times, gliding your forefinger over the text in a sweeping S motion. Each time a concrete image occurs to you, stop briefly and draw it simply (stick figures and short-hand symbols work well). Repeat the process until you have at least 10 images or until you can see a pattern develop. Now scan the paragraph for specific information, and supply words or phrases to describe the drawings you made. Imagine you are a journalist, and based on your drawings, provide on a piece of paper a new heading for the article.

D. Tips. Working with a partner, match the following English versions of the five tips in **5 tácticas** to the Spanish. On a sheet of paper, write the number of each Spanish tip and the letter of its English version.

a. Eat a light, cereal-based breakfast after you shower.
b. Sleep with unshaded windows to allow your eyes to get used to daylight gradually.
c. Do not turn off the alarm and go back to sleep for a few minutes, as you will not get quality rest.
d. Open your windows and breathe fresh morning air.
e. Get up right away and do some exercises if you want to feel fit all day.

"SUPERESTRELLA DEL GOLF"

¿Otro trofeo? Pero caramba, Nancy, ¡ya no hay lugar en la casa! Nancy López, una de las mejores golfistas del mundo, agrega otro triunfo a su colección. Por otro lado, Penny Hammel parece pensar que ella todavía tiene lugar para dos o tres más en la suya.

E. Golf champions. Preview this photograph, the heading, and the text below it, and decide what the author's aim is. Write the correct answer on paper. More than one phrase may apply.

a. to convince the reader   d. to give advice
b. to give information   e. to entertain the reader
c. to ask for information   f. to ask for advice

F. Trophies. Based on the decision you made about its aim, skim the text and decide which of the following statements best expresses the main idea.

1. Nancy López and Penny Hammel are the two best golf players in the world.
2. Nancy López's latest prize proves once more that she is one of the best golfers in the world.
3. Penny Hammel is unhappy because her trophy is smaller than Nancy López's.
4. Nancy López has no place to keep yet another trophy.

XAVIER SERBIA, el popular ex-MENUDO, está muy contento, porque la película que filmó recientemente en Venezuela (titulada *Tesoro*) está al ser estrenada de un momento a otro. La cinta es de acción y fue rodada en Cuba, Venezuela, y otros países de América del Sur. "Ha sido una gran experiencia," dice Xavier, quien está más guapo que nunca. ¡Uy, si vieras sus músculos! ¡Mmmmmm! ¡No te pierdas el film!!!

G. Rock star. Preview the text about Xavier Serbia, and decide which two purposes the text seeks to fulfill. Write your answers on paper. Next to each, write sentences from the text that support your conclusions.

1. to inform and entertain
2. to inform and promote a product
3. to support a cause
4. to convince and educate

H. Movies. On a piece of paper, write these statements in the order in which the ideas appear in the story, then write statements from the text that support your choices.

1. Don't miss that movie!
2. Xavier is very happy because *Tesoro* will be released soon.
3. Filming the movie was a great experience for Xavier.
4. The movie was filmed in Cuba and in many countries of South America.
5. Xavier is more handsome than ever and has remarkable muscles.

I. Muscles and movies. Make an intelligent guess as to the main idea of the story on Xavier Serbia.

1. Xavier traveled all over South America to film *Tesoro*.
2. Xavier is a former member of the group Menudo.
3. Xavier starred in *Tesoro* because he is handsome and has great muscles.
4. Xavier's movie will be released soon, which makes him very happy.

Looking Good

In this chapter, you will talk about yourself and about past events. You will also learn about the following functions and structures:

Functions	Structures
• discussing what we buy	stem-changing verbs **e → i**
• talking about physical characteristics	parts of the body and uses of the definite article
• talking about yourself	reflexive verbs
• talking about past events	the preterite form of **-ar** verbs

NTRODUCCIÓN

EN CONTEXTO

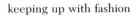 Seguir la moda: ¿a qué precio?

keeping up with fashion

Inés, a new student from Chile, and Rita are shopping for school clothes in Los Angeles.

RITA	Mira, esta tienda tiene mucha ropa <u>en venta</u>.	on sale
INÉS	¡Qué bueno! Me gustan mucho esos jeans <u>franceses</u>, que <u>lleva</u> el <u>maniquí</u>.	French wear / mannequin
	Señorita, ¿tiene usted estos jeans en la <u>talla</u> treinta y ocho?	size
VENDEDORA	¿Treinta y ocho? ¡No puede ser! Usted es delgada.	
RITA	Señorita, creo que ella habla de las tallas europeas y no de las americanas.	
VENDEDORA	¡Ah, ya entiendo! La señorita debe <u>usar</u> la talla diez. Aquí los tiene.	wear
RITA	¿Qué tal? ¿Te <u>quedan</u> bien?	fit
INÉS	Sí, me quedan muy bien. ¿Cuánto son?	
VENDEDORA	Cuarenta y cinco dólares.	
INÉS	¿Cuarenta y cinco? Me quedan bien, pero a ese precio, ¿quién quiere estar <u>a la moda</u>?	in style

Comprensión

Match the letter of the most appropriate answer to each numbered item, based upon **Seguir la moda: ¿a qué precio?**

1. Es la ropa de precios más bajos.
2. Estos jeans le gustan mucho a Inés.
3. Ésta es la talla europea que usa Inés.
4. Ésta es la talla que usa Inés en los Estados Unidos.
5. Así dice Inés que le quedan los jeans.
6. Éste es el precio de los jeans en dólares.

a. Le quedan bien.   c. ropa en venta   e. diez
b. treinta y ocho   d. cuarenta y cinco   f. los franceses

ASÍ SE DICE

Here are some articles of clothing you might buy.

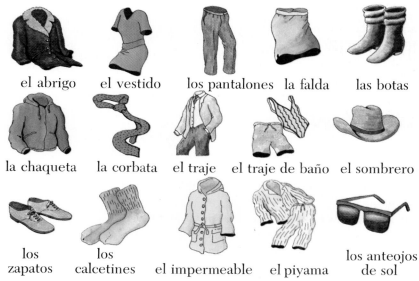

el abrigo   el vestido   los pantalones   la falda   las botas

la chaqueta   la corbata   el traje   el traje de baño   el sombrero

los zapatos   los calcetines   el impermeable   el piyama   los anteojos de sol

A. **La manera de vestir.**   Listen as someone describes what the main character of a TV comedy wears in various situations. If the type of clothing is appropriate to the situation, respond with **sí**; if not, respond with **no**.

MODELO   Hace mucho frío y usa un traje de baño.

no

Los colores

verde   azul   rojo   gris   amarillo

marrón   rosado   blanco   anaranjado   negro   morado

B. **¿De qué color?** Luisa is teaching her younger brother Carlos what colors different items are. Luisa answers **sí** or **no** according to whether the color matches the object in his descriptions. Listen, and tell what her responses would be for the following statements.

> MODELO   La mantequilla es roja.
>
>

COMUNICACIÓN

A. **Mis colores preferidos.** Write what your favorite color is and what other colors you like. Write what colors you prefer in clothes and the color of car you like. Then ask another student the same, and report your findings to the class.

> EJEMPLO   **Mi color favorito es el azul. ¿Cuál es tu color favorito?**
> **¿Qué otros colores te gustan? ¿Qué color de ropa**
> **prefieres?**

B. **La ropa apropiada.** Choose a partner to pose as a foreign friend, and tell him or her what you you would wear in the following situations.

> EJEMPLO   Para ir a la playa,...
> **Para ir a la playa, llevo un traje de baño.**

1. Para ir a la escuela,...
2. Para salir a bailar,...
3. Cuando hace mucho calor,...
4. Cuando hace mucho frío,...
5. Para ir a acampar en las montañas,...
6. Cuando está lloviendo,...
7. Para hacer un viaje en tren,...
8. Para ir a una fiesta formal,...

EXPLORACIÓN 1

Function: *Discussing what we buy*
Structure: *Stem-changing verbs e → i*

PRESENTACIÓN

A. You have already learned three types of stem-changing verbs: **e** to **ie**, **o** to **ue**, and **u** to **ue**. Another group of stem-changing verbs is the **e** to **i** type.

Study the forms of the verb **pedir** (*to ask for, to order, to request*).

pedir

pido	pedimos
pides	pedís
pide	piden

Pedir has regular endings, but the **e** of the stem becomes **i** in all forms except the **nosotros** (and **vosotros**) form. Note that *for* is not expressed because it is included in the meaning of the verb.

Siempre piden bistec.	*They always order steak.*
A veces le pido dinero a mi papá.	*Sometimes I ask my dad for money.*
¿Siempre pides ropa para tu cumpleaños?	*Do you always ask for clothes for your birthday?*

B. Here are other **e** to **i** stem-changing verbs.

repetir	*to repeat*
servir	*to serve*
servir para	*to be good for*
seguir	*to follow*

repetir		servir		seguir	
repito	repetimos	sirvo	servimos	sigo*	seguimos
repites	repetís	sirves	servís	sigues	seguís
repite	repiten	sirve	sirven	sigue	siguen

El profesor **repite** la pregunta.
Sirven paella en este restaurante.
Estos zapatos no **sirven para** jugar tenis.
Siempre **seguimos** el mismo camino.

*The teacher **repeats** the question.*
*They **serve** paella in this restaurant.*
*These shoes **are** not **good for** playing tennis.*
*We always **follow** the same road.*

*The letter **u** does not appear in the **yo** form of **seguir**, as the hard g sound is preserved before the letter **o**.

ME ENCANTA EL MORADO. ME GUSTA EL VERDE. ESTOY LOCO POR EL AMARILLO.

ME APASIONA EL ROJO. SIEMPRE SIGO LA MODA.

PREPARACIÓN

A. ¿Quién sigue la moda?   Adán and Lupe are discussing who keeps up with the latest styles. What do they say about the following people?

> MODELO   Julia (sí)
> **Julia sigue la moda.**

1. el señor Montero (sí)
2. Emilia y tú (no)
3. Yolanda y Alba (sí)
4. todos nosotros (sí)
5. tú (no)
6. yo (no)

B. Una tienda exclusiva. Mr. Luengo is the manager of an exclusive clothes store. He is explaining to a relief clerk what he and various customers are asking for. What does he say?

MODELO   el señor Martín / traje marrón
El señor Martín le pide un traje marrón.

1. esta señora / un impermeable
2. yo / ayuda
3. esos niños / unos calcetines cortos
4. la señorita rubia / una blusa de la talla doce
5. las señoras Hidalgo / unos vestidos largos formales
6. nosotros / unas billeteras

C. La cena. Susana is organizing a potluck dinner and is telling her friend María what she and others are to serve. What is each person's task?

MODELO   José Luis / el agua
José Luis sirve el agua.

1. Gonzalo y yo / el té y el café
2. tú / el pan
3. Santiago / la sopa
4. Manolo y Pepe / la ensalada
5. ustedes / el plato principal
6. yo / los postres

D. El verano en España. Elena is thinking aloud about what clothes to take on a six-month exchange program to Spain. Combine the numbered items with an appropriate phrase from the right-hand column to describe the purpose of each item. Use each letter only once.

MODELO   **Un vestido sirve para ir a la iglesia.**

1. una blusa blanca y una falda azul
2. un vestido formal
3. un traje de baño
4. el piyama
5. un impermeable
6. una camiseta y unos pantalones cortos
7. las botas

a. asistir a la escuela
b. asistir a un concierto de piano
c. ir al campo cuando hace sol
d. nadar en el mar
e. caminar en la nieve
f. los días en que está lloviendo
g. dormir

E. Los martes. Inés and her brother go to a restaurant together every Tuesday. Listen to the passage, and fill in the blanks with the words that are missing.

Mi hermano y yo __1__ al restaurante Caballo Blanco todos los martes. Carlos es el camarero que nos __2__ . Siempre __3__ agua mineral y mi hermano __4__ jugo de naranja. Siempre __5__ la misma orden: sopa, bistec y después __6__ el postre. Esta visita al restaurante __7__ para darnos tiempo de hablar.

COMUNICACIÓN

A. Comidas familiares. Who serves the family meal at your home? Do you often want to ask for a larger or smaller portion or a second helping? Use the following suggestions to describe meals in your home.

Sugerencias: pedir—mucho, (un) poco, más, bastante
repetir—siempre, nunca, dos veces

carne asada, pollo, pescado, bistec, frijoles, papas, pastel, manzanas, fresas, ¿...?

EJEMPLO **Cuando mi mamá sirve bistec, siempre repito. Si mi papá sirve tortilla, sólo pido un poco.**

B. La moda. Answer the following questions about fashion, or use them to interview another student.

1. En general, ¿sigues la moda? ¿Qué tipo de ropa prefieres?
2. ¿A quién le pides dinero para comprar ropa?
3. ¿Qué pides para ir de compras? ¿Dinero? ¿El carro? ¿A quién?
4. ¿Sirve la ropa a la moda para hacer buenos amigos?
5. ¿Te queda bien la ropa del año pasado?
6. ¿En qué tienda te gusta comprar ropa? ¿Por qué?

C. Un sueño. Imagine that you and your ideal date go to the ideal restaurant. Write about what you wear, what you order, and who serves your meal.

EJEMPLO **Uso un vestido elegante. Pido paella, y nos sirve un camarero español.**

A los jóvenes hispanos les gusta vestir (*to dress*) bien. Los blue-jeans son muy populares en España y en Latinoamérica, pero los jóvenes se visten más elegantemente para ir al cine o a una fiesta o para ir de compras. Y para ir a la escuela muchos tienen que usar uniforme. Generalmente, consiste en una blusa blanca, una falda oscura (*dark*) y calcetines para las chicas. Para los chicos, consiste en una chaqueta y pantalones oscuros, una camisa blanca y una corbata.

Imagínate que estás de visita en casa de unos amigos en Colombia. ¿Qué usas para estas ocasiones?

para pasar un fin de semana
  en el campo
para ir al colegio
para ir de compras

para ir a la fiesta de quinceañera
  de una amiga
para ir a un restaurante
para ir al cine

EXPLORACIÓN 2

Function: *Talking about physical characteristics*
Structure: *Parts of the body and uses of the definite article*

PRESENTACIÓN

A. To talk about looks and health, you have to know the parts of the body. Below, **el hombre mecánico,** a Spanish-speaking mechanical man, describes the parts of his body.

El hombre mecánico and his sweetheart, La mujer mecánica
(*the mechanical woman*), are made up of the following parts.

la boca *mouth*	el cuello *neck*	la nariz *nose*
el brazo *arm*	el dedo *finger, toe*	el ojo *eye*
la cabeza *head*	el diente *tooth*	la oreja *outer ear*
la cara *face*	el estómago *stomach*	el pelo *hair*
el corazón *heart*	la garganta *throat*	el pie *foot*
el cuerpo *body*	la mano *hand*	la pierna *leg*

B. Instead of the possessives, the definite articles **el, la, los,** and **las** are used with parts of the body when it is clear whose body you are talking about.

Tengo **el** pelo largo.	*My hair is long.*
¿Te duelen* **los** ojos?	*Do your eyes hurt?*
Tienes **las** manos frías.	*You have cold hands.*

However, to avoid confusion, a possessive adjective can be used.

Mis ojos son azules.	*My eyes are blue.*

C. To talk about hair color and length, use these adjectives.

Tiene el pelo	rubio.	*He / she has*	*blonde*	
	castaño.		*brown*	
	negro.		*black*	*hair.*
	largo.		*long*	
	corto.		*short*	
Es pelirrojo(a).		*He / she is redheaded.*		

* **Doler** (*to hurt*) is an **o** to **ue** stem-changing verb that follows the same pattern as **gustar: Me duele el estómago. ¿Te duelen los pies?**

PREPARACIÓN

A. El hombre perfecto. Julia and Melisa are arguing about what the "perfect man" looks like. What do they say?

> MODELO   El hombre perfecto tiene el pelo negro. (rubio)
> **No, tiene el pelo rubio.**

1. Tiene los músculos grandes. (regulares)
2. Tiene los ojos verdes. (azules)
3. Tiene el pelo largo. (corto)
4. Tiene la nariz larga. (pequeña)
5. Tiene el estómago un poco gordo. (delgado)
6. Tiene la cara guapa. (guapísima)

B. ¡Ay qué dolor! People with all kinds of aches and pains are at the doctor's office. For each of the doctor's questions you hear, write the name of the person he might have been talking to.

> MODELO   ¿Te duele la cabeza?
> **Olivia**

Olivia   Miguel   Clarita

Srta. Navarro   Jesús y Adán   Silvia   Sr. Torres

C. Las quejas. Rita's friends have a bad habit of complaining constantly about their various aches and pains. Complete the statements by or about each of them in writing.

> MODELO   Cuando tengo catarro, **me duele la garganta.**

1. Cuando Viqui y Chela escriben por mucho tiempo, ===== .
2. Cuando levanto cosas pesadísimas, ===== .
3. Cuando comes algo muy frío o muy dulce, Tulio, a ti ===== .
4. Cuando Celia lee por muchas horas, ===== .
5. Cuando Gil y yo practicamos la guitarra, ===== .

COMUNICACIÓN

A. El marciano.   One night, Julio dreams that he is driving down the road and sees a spaceship land and a being from another planet get out. He rushes to a telephone and calls a news station. How does he describe the being he sees?

B. Imaginación sin límites.   Create your own robot. Describe its body or clothing to another student, who will try to draw it.

> EJEMPLO   **Tiene un cuerpo muy grande.**
> **No tiene orejas. . .**

C. ¿Sabes quién es?   Describe a famous person to see if a partner can guess who it is. Give three clues about the person's appearance. Your partner may ask yes-or-no questions. Reverse roles and have your partner give the clues.

> EJEMPLO   **Es actriz. Tiene el pelo castaño. Tiene la nariz larga.**
> **¿Es Barbra Streisand?**

D. Entrevista.   Answer the following questions about one of your friends.

1. ¿De qué color tiene el pelo?
2. ¿De qué color tiene los ojos?
3. ¿Cómo tiene la boca, grande o pequeña?
4. ¿Cómo tiene la nariz?
5. ¿Tiene las piernas largas o cortas?
6. ¿Tiene los pies grandes o pequeños?

E. ¿Cómo eres tú?   Imagine that it is five years from now. Write the
W answers to the following questions about yourself. Use complete
sentences.

1. ¿Eres bajo(a) o alto(a)?
2. ¿Tienes el pelo largo o corto?
3. ¿De qué color tienes el pelo?
4. ¿De qué color tienes los ojos?
5. ¿Usas anteojos?

6. ¿Tienes la nariz grande or pequeña?
7. ¿Tienes los dedos largos o cortos?
8. ¿Tienes las piernas largas o cortas?
9. ¿Tienes un "corazón grande"
   o eres tacaño(a)?

Como en inglés, en español usamos muchas expresiones con las partes
del cuerpo para describir situaciones y la personalidad o la conducta de
las personas. ¡Pero no son siempre las mismas partes del cuerpo! ¿Puedes
asociar cada dibujo con una expresión en inglés?

a. to perk up your ears
b. to lend a hand
c. to stick your nose in
   somebody else's business
d. to cost an arm and a leg

e. to give someone the cold shoulder
f. to put your foot in your mouth
g. from head to toe
h. to be armed to the teeth
i. to wear your heart on your sleeve

EXPLORACIÓN 3

Function: *Talking about yourself*
Structure: *Reflexive verbs*

PRESENTACIÓN

In Spanish, to talk about things you do to or for yourself, like combing your hair, you use reflexive verbs.

A. A reflexive verb requires a reflexive pronoun that refers back to the subject: *I wash **myself***. The reflexive pronouns have the same form as direct and indirect object pronouns except in the third person, where **se** is used. Like other object pronouns, they either are placed before the verb or are attached to the end of the infinitive.

lavarse

me	lavo	**nos**	lavamos
te	lavas	**os**	laváis
se	lava	**se**	lavan

Él se lava las manos antes de comer. *He washes his hands before eating.*

Voy a lavarme los pies. *I am going to wash my feet.*

B. Learn the following reflexive verbs.

acostarse (o → ue) *to go to bed*	levantarse *to get up*
bañarse *to take a bath*	peinarse *to comb one's hair*
despertarse (e → ie) *to wake up*	ponerse *to put on*
dormirse (o → ue) *to fall asleep*	probarse (o → ue) *to try on*
lavarse los dientes *to brush* one's teeth*	quitarse *to take off*
	vestirse (e → i) *to get dressed*

Me acuesto a las diez. *I go to bed at ten.*

José se baña por la mañana. *José takes a bath in the morning.*

¿A qué hora te despiertas?	*What time do you wake up?*
Él siempre olvida lavarse los dientes.	*He always forgets to brush his teeth.*
¿Te gusta levantarte tarde?	*Do you like to get up late?*
Cuando entro a la casa me quito el abrigo.	*When I come into the house, I take off my coat.*
Nos vestimos antes del desayuno.	*We get dressed before breakfast.*

C. To talk about grooming, Spanish uses a reflexive verb with a definite article and the particular body parts. In this case, the reflexive pronoun (*myself, yourself*, etc.) is not translated in English.

¿Quieres lavar**te** las manos?	*Do you want to wash your hands?*
Me quiero lavar las manos.	*I want to wash my hands.*

D. The reflexive pronouns **se** and **nos** may be used in reciprocal constructions. Reciprocal constructions in English usually contain the expressions *each other* or *one another*.

Se miran.	*They look at each other.*
Nos escribimos.	*We write to each other.*

Abrazar (*to embrace*) and **besar** (*to kiss*) are commonly reciprocal.

Al oír las buenas noticias, nos abrazamos.	*Upon hearing the good news, we hugged each other.*
Mis padres se besan antes de salir para el trabajo.	*My parents kiss each other before leaving for work.*

PREPARACIÓN

A. Un día típico. Rita's brother Luis Alberto is describing his typical morning activities. Tell what he says.

> MODELO   despertarse a las seis y media
> **Me despierto a las seis y media.**

1. levantarse a las siete
2. bañarse con agua fría
3. lavarse los dientes
4. peinarse un poco
5. vestirse en cinco minutos
6. ponerse la mochila

B. La escuela primaria. Mariela, a first grader, arrives at school on a rainy winter day. She tells what articles of clothing she and her classmates take off as they come in from the cold. What does she say?

> MODELO   nosotros / los impermeables
> **Nos quitamos los impermeables.**

1. Luisa y yo / los guantes
2. Carmelita / la chaqueta
3. Manuel y Ana / los abrigos
4. tú / las botas
5. yo / el suéter

C. Carmen, la dormilona. On weekends, Carmen avoids doing what she has to do during the week. Tell what she does not do on weekends.

> MODELO   levantarse temprano
> **No se levanta temprano.**

1. despertarse a las seis y media
2. levantarse a las siete
3. vestirse rápidamente
4. peinarse bien
5. ponerse perfume
6. acostarse temprano

D. El drama. Isabel is organizing a class play. As Isabel tells how each person is supposed to dress, her friend Sara objects and again asks unbelievingly what each will wear. Listen to Isabel's statements, and determine what Sara asks.

> MODELO   Marta tiene que ponerse los pantalones cortos.

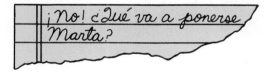

¡No! ¿Qué va a ponerse Marta?

E. La fotonovela. As the author reads the captions of a new **fotonovela** over the telephone, Susana matches them to the corresponding artwork. Write the letter of the appropriate frame for each of the phrases you hear.

MODELO Se abrazan antes de salir para las vacaciones de verano.

a.

b.

c.

d.

e.

f.

COMUNICACIÓN

A. Obligaciones y preferencias. Using the following suggestions, tell your classmates how you feel about some of the things you have to do and about some of the things you like to do.

Obligaciones:	tengo que	debo	necesito
Preferencias:	me encanta	me gusta	prefiero

EJEMPLO **Tengo que levantarme a las seis de la mañana, pero no me gusta.**
No tengo que bañarme todos los días, pero prefiero hacerlo.

1. acostarse temprano / tarde
2. vestirse bien para salir
3. peinarse todos los días
4. bañarse por la mañana / noche
5. probarse ropa en las tiendas
6. lavarse los dientes después de comer
7. despertarse temprano el fin de semana
8. ¿...?

B. Día tras día. At what time do you do the following activities on a typical school day? Write your answers on a sheet of paper.

EJEMPLO

En general, me despierto a las seis y media.

Más que cualquier (*any*) otro continente, Latinoamérica es un verdadero crisol (*melting pot*) de razas. Por eso se habla de un mestizaje (*mixture*) racial y cultural. En la base de este mestizaje figuran tres razas: la indígena (*native American*), la negra y la blanca (principalmente españoles y portugueses). En países como México, Guatemala, Perú, Ecuador, Bolivia y Paraguay, gran parte de la población (*population*) es indígena. En otros, como Panamá, Brasil y las islas del Caribe, gran parte de la población es negra. Al mismo tiempo, además de los españoles y portugueses, hay mucha gente de otros países europeos—Alemania (*Germany*), Italia e Inglaterra (*England*)—que viven sobre todo (*for the most part*) en Argentina, Uruguay y Chile. Hay, pues, una gran variedad de razas en Latinoamérica. Por eso no podemos hablar de unas características raciales "típicas" con referencia a los latinoamericanos.

Function: *Talking about past events*
Structure: *The preterite of -ar verbs*

PRESENTACIÓN

You have learned to talk about the present, the future, and the immediate past.

El avión **sale** ahora.	*The plane **is leaving** now.*
Enrique **va a salir** este fin de semana.	*Enrique **is going to leave** this weekend.*
Patricia **sale** el jueves.	*Patricia **will leave** on Thursday.*
Mis hermanos **acaban de salir**.	*My brothers **just left**.*

A. To talk about events completed sometime in the past, you may use a past tense called the **preterite**. To form the preterite of **-ar** verbs, drop the **-ar** of the infinitive, and add the endings shown in the chart. Note that the endings for the first and third person singular have accents.

comprar

compré	compramos
compraste	comprasteis
compró	compraron

B. Most verbs that have a stem change in the present (**e** to **ie**, **o** to **ue**) do not have a stem change in the preterite.

pensar

pensé	pensamos
pensaste	pensasteis
pensó	pensaron

C. Verbs that end in **-car**, **-zar**, and **-gar** have a spelling change in the **yo** form. In the case of **-car** and **-gar** verbs, this change occurs to keep the original sound of the **c** and **g**. Verbs ending in **-zar** change because **z** never precedes **e** or **i** in Spanish.

					yo	él
bus**car**	-car	c	→	qu	bus**qué**	bus**có**
comen**zar**	-zar	z	→	c	comen**cé**	comen**zó**
ju**gar**	-gar	g	→	gu	ju**gué**	ju**gó**

Here are some verbs that have spelling changes in the preterite.

-car: sacar, tocar, practicar	Saqué la foto.
-zar: empezar, almorzar, comenzar	Almorcé a las dos.
-gar: llegar, pagar, jugar	Llegué temprano.

D. Here are some expressions frequently used with the preterite.

anoche	*last night*	el año pasado	*last year*
ayer	*yesterday*	el verano pasado	*last summer*
anteayer	*day before yesterday*	la semana pasada	*last week*
esta mañana	*this morning*	el mes pasado	*last month*

Ayer compré una corbata nueva.	*Yesterday I bought a new tie.*
¿Pensaste en ellos anoche?	*Did you think about them last night?*
Comenzó a llover esta mañana.	*It started to rain this morning.*
No toqué el piano el mes pasado.	*I did not play the piano last month.*

¿Y TÚ?

PREPARACIÓN

A. ¡Qué mala suerte! Julia went to a sale at Almacenes El Conde but did not find anything. Her friends try to find out why. What do they ask?

MODELO   mirar bien   **¿Miraste bien?**

1. preparar una lista
2. llegar temprano a la tienda
3. mirar en el segundo piso
4. hablar con las vendedoras
5. pasar mucho tiempo en la tienda
6. buscar con cuidado

B. Gran venta. Graciela and her friends went to the same sale and are talking about all the things they bought. What do they say?

MODELO   Alicia / un traje de baño negro
           Alicia compró un traje de baño negro

1. yo / un impermeable azul
2. tú / un sombrero de playa
3. ellas / unos anteojos de sol
4. Rosita y yo / unos zapatos blancos
5. los muchachos / unas corbatas rojas
6. Emilia / un vestido verde

C. Un sábado típico. Here is a description of Elena's day last Saturday. Fill in the blanks with the appropriate form of the verbs in parentheses.

El sábado pasado yo (despertarse) __1__ tarde. (levantarse) __2__ a las diez y media, (buscar) __3__ el periódico y (empezar) __4__ a leerlo. Después de leerlo (preparar) __5__ el desayuno y (hablar) __6__ con unos amigos por teléfono. Luego (sacar) __7__ unas fotos viejas de la familia y las (mirar) __8__. A las dos de la tarde (jugar) __9__ tenis con mi amigo, Diego. Después de jugar yo (bañarse) __10__ y (lavarse) __11__ el pelo en el club. (regresar) __12__ a casa a las seis.

D. Quejas. Gabriel has been taking care of his three younger cousins. What complaints does he have for their parents when they return?

MODELO   Tito / no jugar con sus hermanos
           Tito no jugó con sus hermanos.

1. Luisa / no practicar el piano
2. Juanito y Luisa / no almorzar
3. ellos / no arreglar su cuarto
4. Tito / no sacar la basura
5. Juanito / no bañarse
6. los niños / no acostarse temprano
7. Luisa / no lavarse los dientes
8. yo / no descansar ni un minuto

E. Detective. Sergio is a police detective. Listen as Esteban tells Sergio what he and his wife, Noemí, were doing on the day of the crime. Then write what Sergio would record in his report after each of Esteban's statements.

MODELO   Nos despertamos a las seis.

Ellos se despertaron a las seis.

COMUNICACIÓN

A. Entrevista.   Answer the following questions, or use them to interview another student.

1. ¿Escuchaste discos o la radio anoche? ¿Qué discos? ¿Qué programa?
2. ¿Hablaste por teléfono con un amigo anoche? ¿De qué hablaron?
3. ¿Ayudaste en casa anoche? ¿Qué ayudaste a hacer?
4. ¿A qué hora te acostaste?
5. ¿A qué hora te levantaste esta mañana?
6. ¿Alguien te preparó el desayuno hoy, o lo preparaste tú?
7. ¿Alguien sacó la basura esta mañana? ¿Quién?
8. ¿A qué hora llegaste a la escuela hoy?
9. ¿Dejaste algo en casa esta mañana?
10. ¿Tú y tus amigos practicaron un deporte ayer? ¿Qué deporte practicaron?

B. Ayer.   Describe what you and your friends did or did not do yesterday at various times.

EJEMPLO   **Me levanté a las siete.**
            Bárbara y yo escuchamos discos durante la tarde.

Sugerencias

ayudar a los padres	hablar con los amigos
lavarse el pelo	escuchar discos / la radio
pensar en mis (los) problemas (de...)	visitar las tiendas
mirar la televisión	trabajar mucho
practicar un deporte	tocar un instrumento
regresar tarde a casa	¿...?

C. Situaciones problemáticas.   People sometimes find themselves in difficult situations. Listen to the two situations, and answer the questions that follow.

En tu opinión,

1. ¿cómo va a responder Angélica a David?
2. ¿cómo debe responder Angélica a David?
3. ¿debe Angélica hablar con Carlos antes del baile?
4. ¿qué debe hacer Carlos? ¿David?

En tu opinión,

1. ¿qué debe hacer Jaime?
2. ¿debe decirle o preguntarle algo a Martín?
3. ¿cómo va a responder Martín?

LECTURA

México de ayer y hoy

Ricardo Estévez, a young Californian, is in Mexico City with his family. He is writing to a friend about the excitement he felt during his first few days.

Querido Emilio,

Mi familia y yo llegamos a México el domingo pasado. Desde el primer momento me impresionó la mezcla de cosas modernas y antiguas que hay en esta ciudad. Caminar por ella es como viajar a través del tiempo. Primero llegamos a un aeropuerto ultramoderno, y después para ir al hotel tomamos un taxi—un carro del año 60 creo—que nos llevó a la zona colonial. Nuestro hotel está cerca del zócalo, una plaza del siglo XVI.

Ayer por primera vez caminé solo por la ciudad. Comencé por visitar la Plaza de las Tres Culturas. Allí me encontré con tres culturas diferentes: las ruinas de un gran mercado azteca, una iglesia colonial y un edificio moderno que representa el México de hoy. ¡Qué pena que no llevé la cámara para sacar fotos!

También visité la Lagunilla, un mercado de ropa, artesanía, libros y muchas otras cosas a precios baratos. ¡Esto realmente me encantó! Allí compré un vestido típico mexicano para mi hermana. ¡Qué colores tan bonitos usan en la ropa—morados con amarillos y rojos! Ya sabes que a mí casi no me gusta comprar ropa, pero me compré una camisa fabulosa con cabezas de pájaros aztecas. También busqué el disco que quieres, pero no lo encontré. Regresé al hotel tarde y muy cansado. Mañana pienso levantarme temprano para ir al Museo de Antropología. Bueno, me voy a acostar ahora.

Saludos a todos,
Ricardo

Expansión de vocabulario

a través de	through
la artesanía	crafts
el edificio	building
encontrar	to find
la mezcla	mixture
el siglo	century

Comprensión

Answer the following questions based on the letter you have just read in **México de ayer y hoy**.

1. ¿Dónde está Ricardo?
2. ¿Qué le impresionó desde el primer momento?

3. ¿Cómo llegaron al hotel?
4. ¿Cuál es el primer lugar que visitó?
5. ¿Qué representa la Plaza de las Tres Culturas?
6. ¿Es La Lagunilla una tienda muy elegante?
7. ¿Cómo son los vestidos típicos de México?
8. ¿Qué se compró Ricardo?
9. ¿Qué buscó para su amigo Emilio?
10. ¿Adónde quiere ir Ricardo mañana?

COMUNICACIÓN

A. La semana pasada. Write a letter to a friend, relating some activities you did recently with your friends or family.

EJEMPLO **Ayer gasté mucho dinero. El domingo visitamos a mi abuela.**

Sugerencias

esta mañana	jugar	buscar
ayer	empezar (a)	invitar a
anoche	arreglar	levantarse
la semana pasada	ayudar a	encontrar
el mes pasado	acostarse	comprar
el lunes, (jueves, etc.)	visitar	viajar
un día	llamar	¿...?

B. Vacaciones. Use the following questions to interview another student or to tell about a recent vacation of your own.

1. ¿Cómo viajaron tú y tu familia?
2. ¿Que ciudades o países visitaron? ¿Qué te impresionó más de estos lugares?
3. ¿Te gustó la gente que vive ahí?
4. ¿Tú y tu familia se levantaron temprano por las mañanas?
5. ¿Las cosas costaron mucho o poco? ¿Compraste algo muy especial? ¿Qué compraste?
6. ¿Caminaste por una playa o un parque agradable? ¿Dónde?
7. ¿Olvidaste algo en el hotel? ¿Qué olvidaste?
8. ¿En qué restaurantes almorzaron tú y tu familia? ¿Desayunaron en el hotel?

C. En la tienda de ropa. Listen to a conversation between Marta and a salesclerk. Then read the following statements, and answer **cierto** if they are true according to the dialogue and **falso** if they are not.

1. Luisa mira varios vestidos antes de comprar uno.
2. La vendedora es muy impaciente.
3. Luisa compra un vestido largo y formal.
4. La talla correcta para Luisa es la 10.
5. Luisa tiene el pelo castaño.
6. Luisa no quiere comprar más ropa.
7. Luisa sigue la moda.
8. La vendedora ve el vestido negro antes que Luisa.

PRONUNCIACIÓN

In Spanish spoken in the United States and Latin America, the letter **c** before an **e** or **i** produces an /s/ sound much like that in English: **centro**, **cien**.

cena	centro	precio	cerca
cine	ciudad	francés	hacer
estación	cien	cinta	baloncesto

The letter **c** before **a**, **o**, or **u** has a hard sound like an English *k*. Unlike the /k/ sound in English, however, the Spanish sound has no accompanying puff of air.

acostarse	camarero	campo	corbata
cuarto	cuaderno	sacar	camisa

In Spanish, **ch** is treated as one letter. It sounds much like the *ch* in the English *chore* or *chime*, but the Spanish sound is somewhat crisper and more tense.

chico	chuleta	boliche	chaqueta
chocolate	lucha	muchacha	mochila

Listen and repeat the following paragraph:

Carlos y Conchita quieren comer comida francesa. Van a un restaurante caro en el centro. El camarero es francés pero los chicos que cocinan son americanos. Carlos pide chuletas de cerdo y pastel de chocolate. Después de comer van al cine en la Calle Cinco.

INTEGRACIÓN

Find out how much you know by doing the following exercises. If you have trouble with any of them, study the topic and practice the activities again, or ask your teacher for help.

Vamos a escuchar

A. La ropa. Gabriela is talking to one of her friends about Linda's predicament. Listen to Gabriela's description, then determine whether the statements you hear after the narration are true (**verdadero**) or false (**falso**).

EJEMPLO   A Linda no le gusta ir de compras.   **falso**

B. Una fiesta de disfraces. Elisa is remembering what people wore at a masquerade party she went to last month. Below is a picture of the party. On a sheet of paper numbered 1 to 10, write **sí** if Elisa accurately remembers what each person wore and **no** if she does not.

Vamos a leer

A. Las rutinas. Linda is describing her routines and pastimes and those of her family. Read each statement and choose the most logical completion.

1. Mañana tengo que levantarme bien temprano porque necesito llegar a la escuela una hora antes para ayudar a la profesora.
   a. Necesito acostarme ya para dormir bastante.
   b. Tengo que lavarme los dientes antes de acostarme.
2. Muchas de las personas en mi casa se bañan por la mañana.
   a. Yo prefiero bañarme por la noche para no tener prisa.
   b. Me lavo la cara y me peino antes de vestirme.
3. A mí no me gusta dormir hasta tarde los fines de semana.
   a. Siempre tengo que hacer muchas cosas los sábados por la mañana.
   b. Prefiero descansar bien por las mañanas y divertirme por las tardes.
4. Me gusta mucho buscar ropa nueva en las tiendas del centro.
   a. Me pongo zapatos nuevos cuando voy al teatro.
   b. Me despierto bien temprano para llegar cuando se abren las tiendas.
5. Mis hermanas se probaron mucha ropa en las tiendas ayer y encontraron varias cosas que les quedaron bien.
   a. Hoy van a ponerse mucha ropa porque hace mal tiempo.
   b. Hoy regresan para comprar unas blusas.
6. Rodolfo no se viste bien.
   a. Necesita nuevos anteojos.
   b. No sigue la moda.

B. Una carta de amor. José Luis, who is on vacation in Mexico City, writes a letter to his girlfriend, María Elena. He tells her about Ricardo, a friend he met at the market. Read his letter, then determine who would make the statements that follow—María Elena, José Luis, or Ricardo.

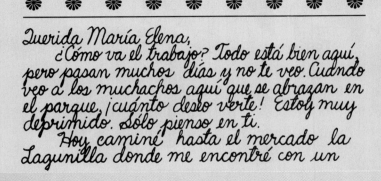

Querida María Elena,
    ¿Cómo va el trabajo? Todo está bien aquí, pero pasan muchos días y no te veo. Cuando veo a los muchachos aquí que se abrazan en el parque, ¡cuánto deseo verte! Estoy muy deprimido. Sólo pienso en ti.
    Hoy caminé hasta el mercado la Lagunilla donde me encontré con un

muchacho que se llama Ricardo. Él le
compró un vestido lindísimo a su
hermana. Y yo pensé comprarte uno a ti
también. El problema es que no sé qué
color te gusta más. Hay de rojo, azul claro,
verde, amarillo, rosado y blanco. ¿Cuál
prefieres? A mí me encantó el blanco.
Ay, María Elena. Nos queremos mucho,
¿verdad? Nos vemos en dos semanas.

Con mucho amor,

José Luis

1. Yo sé que este vestido es de su color favorito. Voy a comprarlo.
2. Yo sé que él quiere estar conmigo.
3. No sé cuál es mejor. Debo preguntarle a ella.
4. Me gustaría ir de vacaciones como José Luis pero tengo que trabajar.
5. Voy a regresar en catorce días.
6. ¡Qué bueno! ¡Encontré un vestido bonito!

Vamos a escribir

A. Los sobrinos problemáticos. Dolores Peña writes to Dr. Sabelotodo
about a problem she has with her brother's children. Complete the
sentences with the verb phrases that best fit each person's actions.

se pone   se bañaron   se acostaron   se quita
se levantan   se quitan   se lava   se duerme

Querido Dr. Sabelotodo,

¡No sé qué hacer! ¡Los hijos de mi hermano son malísimos!
Siempre cuando me visitan, ellos __1__ muy temprano por
las mañanas. Antes de vestirme empiezan los problemas.
Ana __2__ mi ropa. Jorge no __3__ los dientes. David __4__ los
zapatos en la sala y __5__ frente al televisor. El viernes
pasado, ellos no __6__ hasta las once y no __7__ hasta la
medianoche.
¡Estoy loca! Por favor, ¿qué debo hacer?

Sinceramente,

Dolores

B. Una especialista. You are just entering the job market. A wardrobe specialist is going to help you determine which items to wear together and what to buy. Make a list for the specialist of at least 10 items you have in your closet, including colors.

EJEMPLO

Tengo un impermeable anaranjado

C. Un día desorganizado. The following is a description of Lola's day yesterday, including a conversation she had with her teacher. Rewrite the description, filling in the blanks with the correct form of the verbs in parentheses.

Ayer Lola (levantarse) __1__ a las diez de la mañana y (llegar) __2__ tarde a su primera clase. Antes de la clase hoy (hablar) __3__ con su profesora.

LOLA   Señora Ruiz, yo (despertarse) __4__ tarde. Después (buscar) __5__ mi libro y no lo (encontrar) __6__. Lo siento mucho.

Ms. RUIZ   Bueno, Lola, pero...¿ (estudiar) (tú) __7__ la lección?

LOLA   Sí, (estudiar) __8__ por tres horas y estoy preparada para el examen.

Ms. RUIZ   Bueno, Lola, pero los otros estudiantes ya (empezar) __9__.

Lola (terminar) __10__ el examen en treinta minutos, y después de todo, (sacar) __11__ una nota excelente.

Vamos a hablar

Situaciones

Work with a partner or partners and create dialogues using the situations described below. Whenever appropriate, switch roles and practice both parts of your dialogue.

A. Una tienda de ropa. You are a salesclerk in a clothing store. A customer comes into the store looking for several items. She tells you what sizes and colors she is looking for and where she plans to wear these items. You respond by telling her what you do or do not have, looking for the correct sizes and colors and making alternative suggestions.

B. Las llaves perdidas. A friend's keys were lost yesterday, and you are trying to help reconstruct the day's activities. Your friend got up, walked to a store, and came home. You ask your friend several questions, such as when he or she woke up and ate breakfast, if he or she bought anything or talked to or called anyone, and what time he or she arrived home.

VOCABULARIO

NOUNS RELATING TO THE BODY
la **boca**   mouth
el **brazo**   arm
la **cabeza**   head
la **cara**   face
el **corazón**   heart
el **cuello**   neck
el **cuerpo**   body
el **dedo**   finger
el **diente**   tooth
la **garganta**   throat
la **mano** (*f*)   hand
la **nariz**   nose
el **ojo**   eye
la **oreja**   ear
el **pelo**   hair
el **pie**   foot
la **pierna**   leg

NOUNS RELATING TO CLOTHING
el **abrigo**   coat
los **anteojos de sol**   sunglasses
las **botas**   boots
los **calcetines**   socks
la **corbata**   necktie
la **chaqueta**   jacket
la **falda**   skirt
los **guantes**   gloves
el **impermeable**   raincoat
los **pantalones**   pants
el **piyama**   pajamas
el **sombrero**   hat
la **talla**   size
el **traje**   suit
el **traje de baño**   swimsuit
el **vestido**   dress
los **zapatos**   shoes

OTHER NOUNS
la **artesanía**   handcrafts
el **color**   color
el **edificio**   building
el **hombre**   man
el **lugar**   place
el **maniquí**   mannequin
la **mezcla**   mixture
la **mujer**   woman
el **siglo**   century
el **tipo**   kind, type

ADJECTIVES OF COLOR
amarillo   yellow
anaranjado   orange
azul   blue
blanco   white
castaño   brown (*hair, eyes*)
gris   gray
marrón   brown
morado   purple
negro   black
pelirrojo   redheaded
rojo   red
rosado   pink
rubio   blond
verde   green

OTHER ADJECTIVES
antiguo   ancient, old
dulce   sweet
europeo   European
largo   long
oscuro   dark
pasado   last, past

REFLEXIVE VERBS
acostarse (o → ue)   to go to bed
bañarse   to take a bath
despertarse (e → ie)   to wake up
dormirse (o → ue)   to fall asleep
lavarse   to wash, to get washed
levantarse   to get up
peinarse   to comb one's hair
ponerse   to put on
probarse (o → ue)   to try on
quitarse   to take off
vestirse (e → i)   to get dressed

OTHER VERBS AND VERB PHRASES
abrazar(se)   to hug (each other)
besar(se)   to kiss (each other)
doler (o → ue)   to hurt
estar a la moda   to be in style
impresionar   to make an impression on
llevar   to take, to wear
llover (o → ue)   to rain
pagar   to pay
quedar   to fit
sacar la basura   to take out the garbage
seguir (e → i)   to follow, to continue
servir (e → i)   to serve
servir para   to be good for, to be useful for
usar   to use, to wear

ADVERBS
anoche   last night
anteayer   day before yesterday
a través de   through
ayer   yesterday

OTHER WORDS AND EXPRESSIONS
alguien   somebody
en venta   on sale

Choosing a Career

In this chapter, you will talk about different professions. You will also learn about the following functions and structures.

Functions	Structures
• describing people, places, things, and situations	ser and estar
• talking about the past	preterite of regular -er verbs and -ir verbs
• talking about the past	preterite of -ir stem-changing verbs
• telling someone to do something	formal commands

1NTRODUCCIÓN

EN CONTEXTO

Profesión para una mujer moderna

Isabel va a <u>acabar</u> pronto sus <u>estudios</u> de <u>escuela secundaria</u>. Ella le habla a su papá sobre sus planes para el futuro.

finish / studies / high school

Señor Celis	Bueno, hija, ¿Ya sabes qué quieres hacer después de <u>graduarte</u> en junio?
Isabel	Sí, papá. Quiero estudiar para <u>ingeniera electricista</u>.
Señor Celis	¿Ingeniera...? ¿Lo dices en serio? ¡Ya sé! Quieres <u>tomarle el pelo</u> a tu papá, ¿verdad?
Isabel	No papá, hablo muy en serio.
Señor Celis	Vamos, Isabel, sé que te fascinan todas las cosas eléctricas, ¡pero la ingeniería no es profesión para una mujer!
Isabel	¿Y por qué no? Hay buenos <u>puestos</u>, es un trabajo interesante y paga bien.
Señor Celis	Las mujeres no sirven para eso.
Isabel	Ah, ¿no? ¿Y quién te arregló el televisor ayer?
Señor Celis	Pues, es cierto que tú...
Isabel	¿Y la computadora?
Señor Celis	Bueno, sí, pero tú no eres como las otras mujeres.
Isabel	¿Por qué, papá?
Señor Celis	Eres excepcional. ¡Eres mi hija!

you graduate
electrical engineer

to kid

jobs

:: Comprensión

Indicate whether each of the following statements is true (**cierto**) or false (**falso**). If a statement is false, reword it to make it true.

1. Isabel le habla a su mamá sobre sus estudios.
2. Ella quiere ser profesora.
3. Isabel es una mujer moderna.
4. Su papá piensa que las mujeres no sirven para ser ingenieras.
5. Isabel le arregló la computadora a su papá.
6. Los puestos de ingeniero no pagan mucho.
7. Su papá cree que Isabel es como las otras mujeres.

ASÍ SE DICE

Here are some jobs and professions you might be interested in. Note that these professions have different masculine and feminine forms.

el abogado, la abogada	*lawyer*
el actor, la actriz	*actor, actress*
el director, la directora	*director*
el hombre (la mujer) de negocios	*businessperson*
el enfermero, la enfermera	*nurse*
el ingeniero, la ingeniera	*engineer*
el jefe, la jefa	*supervisor, boss*
el médico, la médica	*doctor*
el piloto, la pilota	*pilot*
el policía, la mujer policía	*police officer*
el programador (la programadora) de computadoras	*computer programmer*
el secretario, la secretaria	*secretary*
el farmacéutico, la farmacéutica	*pharmacist*
el veterinario, la veterinaria	*veterinarian*
el escritor, la escritora	*writer*

For other professions, the masculine and feminine forms of the noun are the same.

el, la dentista	*dentist*
el, la pianista	*pianist*
el, la periodista	*journalist*
el, la artista	*entertainer*
el, la gerente	*manager*

A. Las profesiones de los familiares. Elena is describing the professions of different members of her family. Number from 1 to 10. As you hear each description, write the profession from the list that corresponds to each person.

ingeniero(a)	secretario(a)
dentista	enfermero(a)
actor / actriz	pianista
veterinario(a)	piloto(a)
artista	(mujer) policía

COMUNICACIÓN

A. Tele-examen. Imagine that you are your favorite television or movie character. Give your profession, and see if the class can guess who you are by asking other questions.

> EJEMPLO **Soy periodista.**
> **¿Dónde trabajas?**
> **En el *Daily Planet*.**
> **Eres Clark Kent.**

B. ¿Qué haces? Think of an occupation that you might like to pursue. Imagine yourself in the position you have chosen, and describe to a classmate what you do. Your partner will guess the profession. Then reverse roles. Talk to several students. Afterward, write a report telling what profession different members of your class chose.

> EJEMPLO **Trabajo en un hospital.**
> **¿Eres médico?**
> **No, yo les ayudo a los médicos.**
> **¿Eres enfermero?**
> **Sí**

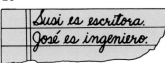

Susi es escritora.
José es ingeniero.

EXPLORACIÓN 1

Function: *Describing people, places, and things*
Structure: *ser* and *estar*

PRESENTACIÓN

A. **Ser** indicates an identifying trait, such as:

identification	Yo soy María Cristina. Buenos Aires es una ciudad grande.
origin	Es de La Habana.
profession	Usted es periodista, ¿no?
personality	¿Eres muy exigente?
characteristic traits	Juan es joven y guapo. La casa es grande y muy bonita.
possession	Estas cosas son de Rosa.
time	¿Qué hora es? Son las tres.
material	La muñeca es de papel.

B. **Ser** is also used to express nationality.

Soy norteamericano, pero mi padre es francés.

Here are various nationalities:

alemán	alemana
norteamericano	norteamericana
español	española
francés	francesa
inglés	inglesa
italiano	italiana
mexicano	mexicana
venezolano	venezolana

C. Estar indicates location or changeable conditions—how something or someone looks, seems, or feels. **Estar** is used when talking about the following:

location	El médico ya está en casa.
physical condition	{Los actores están cansados. {El agua está fría.
feelings	Pablo está preocupado.
health	Nuestra abogada está enferma.
appearance	Mi tío está gordo en esta foto.

PREPARACIÓN

A. Expedición. Mrs. Solís has formed an expedition to go to Machu Picchu for a week. At an organizational meeting, she introduces everyone by name and mentions their professions. What does she say?

> MODELO   el señor Muñoz / fotógrafo
> **El señor Muñoz es fotógrafo.**

1. la señora Aponte / ingeniera
2. el señor Frías / periodista
3. Julia y Manuel / enfermeros
4. la señora Moreno / científica
5. Amelia y Pablo Ríos / médicos
6. y yo / profesora de biología

B. La prueba final. Some of Isabel's friends have auditioned for *El hombre de la Mancha*. As they wait for the results, how do they feel?

> MODELO   María / nerviosa
> **María está nerviosa.**

1. David / deprimido
2. tú / seria
3. ustedes / emocionados
4. yo / cansada
5. ellos / preocupados
6. Lola / aburrida
7. Rita / contenta
8. Elena y Esteban / nerviosos

C. Las características. Esteban De Silva is describing some of the people he works with at an international export company. Listen to each of his statements, and write a sentence that describes each of Esteban's co-workers, using the list given.

> MODELO El señor Fonseca nunca gasta dinero y nunca les da regalos a sus amigos.
> **El señor Fonseca es tacaño.**

celoso(a)   viejo(a)   antipático(a)   tacaño(a)
aburrido(a)   alegre   nervioso(a)   inteligente

D. Presentación. Antonio Vargas, Isabel's boyfriend, is at an international youth conference. Tell how he introduces himself to the other delegates, by writing the correct form of **ser** or **estar.**

Muy buenas noches a todos. Me llamo Antonio Vargas. __1__ de Lima, Perú, pero mis padres __2__ de Ayacucho. Ayacucho __3__ una ciudad pequeña pero muy bonita.

Tengo 21 años, __4__ estudiante de la Universidad de San Marcos y quiero __5__ periodista. Hablo inglés, español y quechua. Mi pasatiempo favorito __6__ seguir las noticias internacionales y de mi país.

Ahora __7__ secretario para el periódico *La prensa*. Este puesto __8__ exigente pero muy interesante. Para mí, los deportes __9__ muy divertidos. Cuando mi familia y yo __10__ de vacaciones, practico deportes acuáticos.

__11__ muy contento de __12__ aquí con ustedes.

E. Amigos del extranjero. At the same international conference, Antonio calls his parents and tells them about the delegates from foreign countries he has met. What does he say about the following people?

> MODELO Mario (Estados Unidos)
> **Mario es norteamericano.**

1. Brigitte (Francia)
2. Hans (Alemania)
3. Sofía (Italia)
4. José María (México)
5. Paco (España)
6. Antonio (Venezuela)
7. James (Inglaterra)

COMUNICACIÓN

A. Descripciones. Using the following suggestions, make up sentences to describe yourself or other people you know well.

EJEMPLO **Estoy ocupado(a) cuando estoy en el trabajo.**
Soy delgado(a) y alto(a).

yo
mi mejor amigo(a)
mi papá   ser
mi mamá   estar
mi profesor(a) de...
mi familia y yo
¿...?

rubio(a)
pelirrojo(a)
enfermo(a)
simpático(a)
nervioso(a)
aquí
serio(a)
ocupado(a)
guapo(a)
malo(a), bueno(a)
en la clase
gordo(a), delgado(a)
en casa
loco(a)
en el trabajo
preocupado(a)
antipático(a)

B. Entrevista. Answer the following questions, or use them to interview another student.

1. ¿Estás contento(a) hoy? ¿Por qué? ¿Por qué no?
2. En general, ¿eres simpático(a)? ¿Eres serio(a)? ¿Eres paciente?
3. ¿Qué quieres ser en el futuro? ¿Por qué?
4. ¿De dónde es tu familia?
5. ¿Te gustaría estar en otros países? ¿En qué país? ¿Por qué?
6. ¿Cuándo estás nervioso(a)?
7. ¿Cuándo estás muy enojado(a)?
8. Cuando estás enfermo(a), ¿qué prefieres hacer o no hacer?
9. ¿Qué haces cuando estás deprimido(a)?

En los países hispanos, las mujeres no tienen todavía las mismas oportunidades que los hombres en el mundo profesional. Pero gracias al desarrollo (*development*) económico e industrial de España y Latinoamérica, esta situación ahora comienza a cambiar (*to change*). Más y más mujeres asisten a la universidad para seguir profesiones que no se limitan a la enseñanza (*teaching*), la enfermería o la asistencia social (*social work*). Hoy en día podemos encontrar un mayor número de mujeres en las ciencias, la abogacía (*law*) y los negocios, pero estas profesiones continúan principalmente en manos de los hombres.

Ahora que las mujeres empiezan a trabajar fuera (*outside*) de la casa, la familia tiene que pensar en un nuevo problema: ¿quién va a cuidar a los hijos? Esto puede representar un obstáculo (*obstacle*) para la mujer que trabaja. Pero ahora existen guarderías (*day-care centers*) y los hombres también participan más y más en el cuidado (*care*) de los hijos. Sin embargo, la verdad es que esta responsabilidad todavía es de la mujer. Si el hombre y la mujer trabajan fuera de la casa, ¿qué crees tú que uno puede hacer con respecto al cuidado de los hijos y las tareas de la casa?

EXPLORACIÓN 2

Function: *Talking about the past*
Structure: *The preterite of regular -er and -ir verbs*

PRESENTACIÓN

A. You have already learned to talk about the past using **-ar** verbs. Now you will learn to use the past tense of regular **-er** and **-ir** verbs. Study the forms of **comer** and **abrir**.

comer

comí	comimos
comiste	comisteis
comió	comieron

abrir

abrí	abrimos
abriste	abristeis
abrió	abrieron

El señor Campos comió aquí.   *Mr. Campos ate here.*

¿Ya abrieron los regalos?   *Did they open the presents yet?*

B. Here are some other regular **-er** and **-ir** verbs you have already learned.

aprender	insistir (en)
asistir	permitir
comprender	prometer
correr	recibir
decidir	salir
escribir	vivir

Prometí ayudarte a estudiar.   *I promised to help you study.*

Recibimos muchos regalos   *We received a lot of gifts for*
   para la Navidad.   *Christmas.*

¿Asististe a la clase?   *Did you attend class?*

Ellos decidieron salir.   *They decided to leave.*

C. Like stem-changing **-ar** verbs, stem-changing **-er** verbs are regular in the preterite.

perder

perdí	perdimos
perdiste	perdisteis
perdió	perdieron

Volver, **doler**, and **entender** are like **perder**.

Perdí mi trabajo de verano.	*I lost my summer job.*
¿A qué hora volviste a casa?	*What time did you return home?*
Me dolió la cabeza ayer.	*I had a headache yesterday.*
No entendimos al profesor.	*We didn't understand the teacher.*

PREPARACIÓN

A. **Una entrevista difícil.**   Alberto is interviewing for a job with Iberia, the national airline of Spain. What does the personnel officer ask him?

> MODELO   cuándo / vivir en los Estados Unidos
> **¿Cuándo vivió en los Estados Unidos?**

1. cuándo / aprender inglés
2. dónde / asistir a la universidad
3. qué / aprender ahí que puede ayudarnos
4. cuándo / aprender programación
5. cuándo / salir de la universidad
6. por qué / decidir venir aquí

B. ¡Qué profesor!   Mrs. Gómez is asking her friend, a retired science
professor, about his career days. What does she ask?

> MODELO   aprender biología en el instituto
> **Aprendiste biología en el instituto, ¿verdad?**

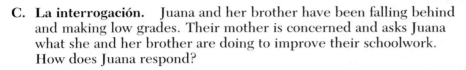

1. escribir algunos libros de ciencia
2. decidir no enseñar más de 25 años
3. asistir a muchos programas especiales
4. recibir un premio de física
5. vivir en Buenos Aires por unos años
6. volver a la universidad

C. La interrogación.   Juana and her brother have been falling behind
and making low grades. Their mother is concerned and asks Juana
what she and her brother are doing to improve their schoolwork.
How does Juana respond?

> MODELO   ¿Salieron para la escuela temprano?
> **Sí, salimos temprano.**

1. ¿Tú y tu hermano asistieron a todas las clases hoy?
2. ¿Ya escribieron las lecciones para las clases de mañana?
3. ¿Comprendiste la lección de biología hoy?
4. ¿Te permitió tomar el examen otra vez el profesor de historia?
5. ¿Insistió tu profesora en darte un examen de matemáticas hoy?
6. ¿Aprendiste algo nuevo en la clase de arte hoy?

D. Reunión.   Mr. Maldonado has just returned from his high school
W reunion, where the graduates talked about what happened to every-
one. He writes a letter to a classmate who was unable to attend. Write
the statements he makes about the following people.

> MODELO   Rodrigo / decidir ser ingeniero
> **Rodrigo decidió ser ingeniero.**

1. Úrsula / volver a España para estudiar
2. Julia / aprender inglés en Inglaterra
3. ellos / vivir tres años en el extranjero
4. yo / asistir a dos universidades
5. María Elena / recibir un premio de química
6. tú / abrir una tienda de regalos
7. Carlos y yo / escribir un libro de historia
8. Jacinto / perder su puesto en el laboratorio

E. Un día en el trabajo. Read the questions below, and then listen as Maribel tells about a typical day at work. Answer the questions in complete sentences after you have heard the passage.

1. ¿A qué hora salió de la casa Maribel?
2. ¿Por qué tomó un taxi?
3. ¿A qué hora entró a la oficina?
4. ¿Qué empezó antes de almorzar?
5. ¿A qué hora volvió a la oficina en la tarde?
6. ¿En qué actividad participó después del almuerzo?
7. ¿Cómo pasó la noche?

COMUNICACIÓN

A. ¿Qué pasó en la clase? Ask your teacher and other students what they did in class this past week. Change or make additions to the expressions in the list if you wish.

> EJEMPLO   asistir a clase
> **Ricardo, ¿asististe a la clase todos los días?**
> perder la tarea
> **Profesor, ¿perdió usted nuestra tarea?**

escribir los ejercicios
aprender el vocabulario nuevo
dormir en clase
comprender todas las lecciones
perder la tarea
asistir a clase
insistir en hablar inglés
recibir buenas notas

B. ¿Qué hiciste? Answer the following questions, or use them to interview another student about what he or she did this weekend. Be prepared to report your findings to the class.

1. ¿Saliste con tus amigos el fin de semana pasado?
2. ¿A qué hora volviste a casa el sábado?
3. ¿Comiste en un restaurante?
4. ¿Viste una película buena? ¿Qué película? ¿Te gustó?
5. ¿Corriste este fin de semana? ¿Te dolieron los pies después?
6. ¿Dormiste hasta muy tarde el sábado? ¿Hasta qué hora?
7. En general, ¿te divertiste? ¿Por qué (no)?

CULTURAL

INGENIERO DE MINAS

Para trabajos en Cerro de Pasco; sueldo 800,000 soles; pagamos viaje, vivienda, alimentación, servicios médicos. Currículum vitae a Domingo Ponte 573, Magdalena. 9 a 11 de la mañana.

ELECTRICISTA: reparar instalaciones, televisores, cables, cocinas. Huascarán 1057, telf. 245174.

RECEPCIONISTA, mayor de 25 años, para atender público; sueldo y comisión. Arica 373, Miraflores.

SECRETARIA DE VENTAS; escribir a máquina, educación secundaria, experiencia en trabajo similar; presentarse a Rufino Torrico N° 882-401.

URGENTE Necesitamos hombres y mujeres jóvenes y de buena presencia para propaganda televisión; Av. Arenales 1487.

JEFE DE VENTAS

Compañía importadora necesita para su Departamento de Ventas Jefe de Ventas con experiencia en el negocio de libros. Presentarse con currículum documentado al Jirón Puno 485 en horas de oficina.

DETECTIVE PRIVADO
(CONFIDENCIAL)

Experto profesional. Banca, industria, comercio, cuidado de residencias, casos difíciles. Coche necesario. Operativo las 24 horas. Telf. 366323.

ADMINISTRADOR-PORTERO DISCOTECA

Excelente presencia, estudios secundarios, fuerte, atlético, documentos en orden. Telf. 366174.

Which of the following qualifications would be required of applicants for each of these positions?

- **a.** advanced degree
- **b.** pleasant speaking voice
- **c.** good typing skills
- **d.** minimum age of 25
- **e.** willingness to work odd hours
- **f.** previous sales experience
- **g.** pleasant appearance
- **h.** high school diploma

EXPLORACIÓN 3

Function: *Talking about the past*
Structure: *The preterite of* **-ir** *stem-changing verbs*

PRESENTACIÓN

A. The **-ir** stem-changing verbs have a change in the preterite as well as in the present tense. In the preterite tense, however, this change occurs only in the forms for **él, ella, usted,** and **ellos, ellas,** and **ustedes.** Study the following forms.

dormir (o → ue, u)

dormí	dormimos
dormiste	dormisteis
du**r**mió	du**r**mieron

pedir (e → i, i)

pedí	pedimos
pediste	pedisteis
pidió	pidieron

Se duerme fácilmente. Anoche se du**r**mió frente al televisor.
A veces pido pollo, pero anoche no lo pedí.

B. Here are some stem-changing **-ir** verbs you already know. Compare the **yo** form with the forms for **él, ella,** and **usted.**

	yo	él / ella / usted
preferir (e → ie, **i**)	preferí	prefirió
seguir (e → i, **i**)	seguí	siguió
repetir (e → i, **i**)	repetí	repitió
servir (e → i, **i**)	serví	sirvió
vestirse (e → i, **i**)	me vestí	se vistió

C. Here are some additional **-ir** stem-changing verbs.

conseguir (e → i, i)	*to get, obtain*	conseguí	consiguió
divertirse (e → ie, i)	*to have fun*	me divertí	se divirtió
sentirse (e → ie, i)	*to feel*	me sentí	se sintió

divertirse (e → ie, i)

me divertí	nos divertimos
te divertiste	os divertisteis
se divirtió	se divirtieron

Eduardo consigue trabajo. El profesor consiguió una computadora
  para nuestra clase.
Se siente mal hoy. Ayer también se sintió mal.
Siempre se divierten, pero no se divirtieron anoche.

¿VES? POR ESO PEDÍ UN COCHE MÁS GRANDE.

PREPARACIÓN

A. ¡Qué sueño tengo!   Belinda DeSoto, a doctor, tells the nurse how
her patients slept last night. What does she say?

> MODELO   **El señor Ortega sólo _durmió_ tres horas.**

1. Jorge ═══ sin problemas toda la noche.
2. La señora Pino y el señor Torres no ═══ porque se sintieron mal.
3. ¿Sabes? Yo no ═══ mucho el martes porque tomé tanto café.
4. ¿Y tú? Parece que tú no ═══ mucho anoche.
5. Pues, así es nuestro trabajo, ¿no? ¡Nosotros no ═══ nada!

B. Diferentes reacciones.   Using **sentirse,** tell what Carmen says about
how the members of her high school newspaper felt when they first
arrived in Madrid.

1. Carlos / contentísimo
2. Pedro y Jesús / nerviosos
3. Elena / emocionada
4. tú / fantástico
5. nosotros / alegres
6. ustedes / cansados

C. **¡Qué divertido!**   After their first day in Madrid, members of the newspaper team told their teacher where they went sightseeing and how much they enjoyed it.

> MODELO   Carlos / bastante / el parque del Retiro.
> **Carlos se divirtió bastante en el parque del Retiro.**

1. Micaela / mucho / la Casa del Campo
2. yo / bastante / el Escorial
3. tú / muchísimo / el Museo del Prado
4. Pedro y Jesús / un poco / el centro
5. nosotros / mucho / el Jardín Botánico
6. usted / más que todos / la Real Academia

D. **¡Qué pérdida de tiempo!**   Roberto asked his brother Mario to go with him Saturday morning to buy some jeans. Did Roberto find what he wanted? Listen to the narration, and on a piece of paper, write the missing verb for each number.

Roberto y Mario __1__ tarde el viernes por la noche. El sábado se levantaron temprano, __2__ rápidamente y llegaron a la tienda a las diez. Roberto le __3__ la talla veintiocho al vendedor. El vendedor le __4__ los jeans, pero Roberto __5__ otro color. Los dos chicos __6__ al vendedor, que buscó otros jeans de la misma talla. Pero los nuevos jeans no __7__ . Ellos __8__ ir a otra tienda, donde __9__ lo mismo sin tener suerte.

COMUNICACIÓN

A. **Críticos gastronómicos.**   Describe a meal you had away from home recently. Tell where you ate, whom you were with, and what you ordered or what you were served. If you had more than one dish, tell which one(s) you preferred.

> EJEMPLO   **Comimos en un restaurante francés. Yo pedí una sopa de pescado y no me gustó nada. A mi padre le sirvieron café y agua, pero prefirió el agua.**

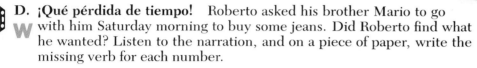

B. ¿Cómo te sentiste? Imagine that you found yourself in the following situations. Tell how you felt.

EJEMPLO   Dormiste toda la noche.
Me sentí bien.

bien	gordo(a)	sorprendido(a)	nervioso(a)
mal	deprimido(a)	contento(a)	responsable
enojado(a)	enfermo(a)	cansado(a)	preocupado(a)
raro(a)	importante	fantástico(a)	¿...?

1. Saliste mal en un examen.
2. Conseguiste un buen trabajo.
3. No recibiste un regalo de cumpleaños.
4. Te divertiste mucho en una fiesta.
5. Perdiste las llaves de tu casa.
6. Comiste demasiado.
7. No asististe a clase ayer.
8. Te dormiste en el tren.
9. No comiste nada hoy.
10. ¿...?

RINCÓN CULTURAL

En una encuesta (*survey*) en una revista española los jóvenes españoles expresaron sus opiniones con respecto al trabajo. ¿Qué piensas tú de los resultados (*results*)? ¿Son muy diferentes las opiniones de tus amigos?

LOS ESTUDIOS Y EL TRABAJO

Es difícil escoger (*to choose*) una profesión	53%
Es difícil conseguir trabajo	86%

LOS FACTORES IMPORTANTES EN EL TRABAJO

Interesante y agradable	46%
Sueldo (*salary*)	34%
Oportunidad de ascenso (*promotion*)	27%
Ayudar a los otros	33%

Adapted from **En contacto. Lecturas intermedias** by McVey-Gil, Wegmann, and Méndez-Faith (New York: Holt, Rinehart and Winston, 1980).

EXPLORACIÓN 4

Function: *Giving advice or orders*
Structure: *Formal commands*

PRESENTACIÓN

You have learned to give advice to a family member or friend using **tú** commands. For a person you would address as **usted,** use the **usted** command. In speaking to more than one person, use the **ustedes** command.

A. To form the **usted** and **ustedes** commands, start with the **yo** form of the present tense. Drop the final **-o,** and add the opposite vowel endings, shown in the chart. The **-ar** commands end in **-e** or **-en,** and the **-er** and **-ir** commands end in **-a** or **-an.** This rule applies to both affirmative and negative commands, and it works for all verbs, including stem-changing and irregular verbs.

| | | COMMAND FORMS | |
INFINITIVE	yo	usted	ustedes
escuchar	escucho	escuche	escuchen
pensar	pienso	piense	piensen
comer	como	coma	coman
hacer	hago	haga	hagan
volver	vuelvo	vuelva	vuelvan
seguir	sigo	siga	sigan

To form the negative command, place **no** before the verb.

No sigan con ese trabajo.   No duerma hasta el mediodía.
No escuchen esa música.   No tome ni té ni café.

Usted and **ustedes,** although not required, are often added to commands for politeness.

Estudie usted estos libros de programación.
Vengan ustedes al baile.

B. Verbs ending in **-car, -gar,** and **-zar** have the same spelling change as the **yo** form of the preterite. If a verb is stem-changing in the present tense, the formal commands will also show the stem change.

INFINITIVE	yo FORM	SPELLING CHANGE	OPPOSITE VOWEL	usted COMMAND
buscar	busco	c → qu	e	busque
empezar	empiezo	z → c	e	empiece
jugar	juego	g → gu	e	juegue

Saque muchas fotos.   Pague usted pronto.
No comiencen el examen todavía.   Almuercen conmigo.

C. The following verbs have irregular **usted** and **ustedes** command forms.

	usted	ustedes
estar	esté	estén
dar	dé	den
ir	vaya	vayan
ser	sea	sean

Sean ustedes pacientes.   Vayan a clase ahora.
No esté nerviosa.   No le dé nada.

CÓMO ENTRENAR A LOS ANIMALES

MUESTRE AL ANIMAL QUE USTED ES EL JEFE.

TENGA PACIENCIA.

TARDE O TEMPRANO EL ANIMAL SIEMPRE COME.

PREPARACIÓN

A. Un buen enfermero. Mrs. Martínez, the head nurse, is advising Julio Ríos about how to be a good nurse. What does she say?

> MODELO hablar con los enfermos
> **Hable usted con los enfermos.**

1. observar a las buenas enfermeras
2. escuchar a los médicos
3. cuidar bien a los enfermos
4. no olvidar lavarse las manos
5. ayudar a los otros enfermeros
6. respetar a los enfermos

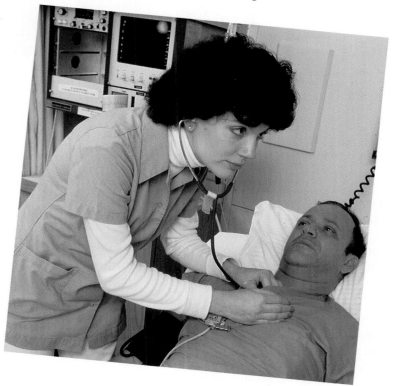

B. Consejos personales. Pepe and Paco are going off to boarding school. What advice does their grandmother give them?

> MODELO asistir a los partidos de volibol
> **Asistan a los partidos de volibol.**

1. hacer todas las tareas
2. seguir el ejemplo de su hermano
3. no asistir a muchas fiestas
4. no dormir en clase
5. ser simpáticos con sus profesores
6. ir siempre a clase

C. Un viaje al extranjero. Marta Velarde, the Spanish teacher, is going
to a summer institute in Cuernavaca. What recommendation does her
principal give her?

> MODELO empezar a hacer planes ahora
> **Empiece a hacer planes ahora.**

1. llegar al aeropuerto temprano
2. buscar un buen hotel
3. comenzar a practicar el español ahora
4. no almorzar en restaurantes caros
5. pagar en pesos mexicanos
6. sacar muchas fotos
7. comprar un recuerdo para mí

D. Camino a seguir. What suggestions does the school counselor give
this year's seniors?

> MODELO seguir estudios en la universidad
> **Sigan estudios en la universidad.**

1. pensar en el futuro
2. conseguir una buena educación
3. mostrar dedicación al trabajo
4. servir a la comunidad
5. comenzar a buscar un puesto ahora
6. no olvidar a sus amigos de la escuela

E. Una fiesta de sorpresa. Roberto is giving his boss a surprise birth-
day party. His colleagues are having trouble remembering the details.
Listen, and write his answers to their questions.

> MODELO ¿Venimos temprano? (no, a las ocho en punto)
> **No, no vengan temprano. Vengan a las ocho en punto.**

1. no, refrescos
2. no, un tocadiscos
3. no, en la mesa del jardín
4. no, unos discos buenos
5. no, a su novia, Julia
6. no, jamón y carne asada
7. no, ropa informal
8. no, agua mineral y refrescos

COMUNICACIÓN

A. Consulta médica. Imagine you are a physician examining patients. Using the list below and your own ideas, make three suggestions to each patient. Include one negative command.

tomar jugo o sopa   tener cuidado   hacer ejercicio
dormir más   descansar   comer más frutas y verduras
correr   salir   practicar un deporte
ir al hospital   bajar de peso   aumentar de peso
caminar mucho   trabajar   comer más pan y carne

EJEMPLO   **No trabaje tanto. Coma más carne, arroz y verduras.**

1.

2.

3.

4.

5.

6.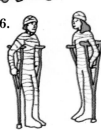

B. Sugerencias. You have the opportunity to tell your Spanish teacher how to improve your class. Using formal commands, list five things you want your teacher to do or not to do.

EJEMPLO   *No dé tantos exámenes.*

PERSPECTIVAS

LECTURA

Mi profesión

The guidance counselor at the Colegio León Pinelo in Lima has invited
some people to talk about their professions.

Sonia Heller
Soy médica, pero no de personas. Es decir
que soy veterinaria. Un veterinario puede
trabajar en un zoológico o con animales
domésticos o del campo. Muchos creen
que no es una profesión exigente, pero
ayer, por ejemplo, le saqué una muela a un
gorila, y la semana pasada operé al tigre
del zoológico donde trabajo. También cuido
serpientes, pero no me gusta mucho to-
carlas. Si siguen esta profesión, estén
seguros que no van a saber lo que es sen-
tirse aburridos.

El Colegio León Pinelo

presenta un
Día de profesiones

los invitados incluyen a:
Sonia Heller, veterinaria
Gustavo Pinzón, piloto
Patricia Ávila, agente de viajes

Salón Goya
el 15 de marzo
a las 14 h.

Gustavo Pinzón

Yo soy piloto de aviación y trabajo para Aeroperú. Para hacerme piloto, estudié en la Escuela de Aviación, seguí cursos en el extranjero y sólo después de ésto conseguí mi licencia. Es una profesión difícil que exige excelentes condiciones físicas y mentales. También, hay que saber bastante de los instrumentos porque a veces hace mal tiempo y no es posible determinar la posición del avión por las ventanas. Piensen ustedes, la vida de todos los pasajeros está en sus manos. Si deciden estudiar para ser piloto, recuerden que es una profesión de mucha responsabilidad.

Patricia Ávila

Soy agente de viajes y gerente de la agencia. Mi trabajo consiste en programar paseos turísticos, aconsejar a los clientes y prepararles sus viajes. La preparación de un viaje es una tarea difícil que exige mucha experiencia. También hay que conocer otros países, su cultura y su idioma. Por ejemplo, yo me preparé en España, trabajé unos años en Europa y viví en varios países de Sudamérica. Si quieren ser agente de viajes, aprendan por lo menos dos idiomas extranjeros y viajen lo más posible.

Expansión de vocabulario

aconsejar to advise	**por lo menos** at least
es decir that is to say	**prepararse** to prepare
exigir to demand, to require	oneself, to study
en el extranjero abroad	**sacar una muela** to pull a
hacerse to become	tooth
hay que one should, it is	**seguir un curso** to take a
necessary to	course
lo más posible as much as	**seguro** sure
possible	**la serpiente** snake
operar a to operate on	**tocar** to touch
el paseo excursion	**la ventana** window

Comprensión

Answer the following questions based on **Mi profesión**.

1. ¿Qué clase de médica es Sonia Heller?
2. ¿A qué animal le sacó una muela?
3. ¿Dónde trabaja Sonia?
4. ¿Qué profesión tiene el señor Pinzón?
5. ¿Dónde estudió para hacerse piloto?
6. ¿Qué exige su profesión?
7. ¿Qué hace Patricia Avila?
8. ¿En qué consiste su trabajo?
9. ¿Qué debe conocer y aprender un agente de viajes?

COMUNICACIÓN

A. ¿Qué pasó? Imagine you had a summer job in one
W of the places listed below. Make up a story about
something that happened, and write a short para-
graph. Be prepared to read your story to the class.

EJEMPLO **El verano pasado trabajé en un hospital
de animales. Un día el veterinario se
durmió y un gorila salió del edificio.
Todo el mundo empezó a correr.
Llamaron a la policía, pero...**

un hospital	un periódico
un laboratorio	un restaurante
una tienda	un hotel
un aeropuerto	un zoológico
una escuela	un banco
un supermercado	¿...?

B. En veinte años. Imagine that it is 20 years from now. Write a
W description of your profession and your activities.

> EJEMPLO   **Tengo treinta y cinco años y soy policía. Es un buen
> trabajo porque puedo ayudar a las personas que
> tienen problemas.**

C. Consejero. Imagine you are a career counselor talking to students.
L Based on the descriptions you hear, suggest a career for each student.
You may choose a career from the list or suggest one of your own.

> EJEMPLO   Me gusta hablar con diferentes personas.
> **Sea hombre / mujer de negocios.**

	un trabajo de profesor
	ingeniero(a) químico(a)
conseguir	enfermero(a)
estudiar para	fotógrafo
trabajar como	un puesto de programador de computadoras
buscar	clases para periodista
ser	abogado
tomar	médico
	(mujer) piloto
	hombre (mujer) de negocios

PRONUNCIACIÓN

The letter **s** in Spanish is pronounced like the *s* in the English word *sit*.

secretario	seguro	salsa
solo	doméstico	sombrero

In Spanish spoken in the United States and Latin America, the letter **z**
sounds nothing like the English *z*. It is pronounced like the English *s*
sound.

azul	mezcla	brazo
zapato	zona	cabeza

Listen, and repeat the following paragraph.

Para la entrevista, / Susana usó un vestido azul / y unos zapatos grises. /
Después de vestirse, / salió para la plaza / para almorzar. / Luego, / pasó
la zona central / y entró en el consultorio / de la señora Salas. / Se sintió
bastante nerviosa. / Habló unos minutos / con la señora. / Salió sin saber /
si consiguió el puesto.

INTEGRACIÓN

Vamos a escuchar

A. Profesión desconocida. Members of the panel on the television show *Guess My Job* are asking various guests about their mystery professions. Number your paper from 1 to 4. Listen to each brief interview, then select the profession that matches, and write it next to the number.

abogado(a)   periodista
dentist(a)   enfermero(a)
secretario(a)   médico(a)

B. Quejas en el trabajo. Ángel thinks Mrs. Cortázar, his boss, picks on him and favors his co-workers Diana and Beatriz. Write each command word she uses, and mark an X under Ángel's name if the command is singular and under Diana and Beatriz's names if it is plural. From your completed chart, determine whether Ángel's claims are true.

EJEMPLO   Abra la ventana.

		Ángel	Diana y Beatriz
	abra	X	

Vamos a leer

A. En la escuela. Read the two sketches about Carlos and Isabel, then decide which statement does not apply.

Carlos está muy preocupado hoy. Tiene un examen de biología y no estudió anoche. Además el maestro le exige un noventa por ciento para pasar el curso. En vez de estudiar, se divirtió con sus amigos hasta las once de la noche. Le fascinan los juegos electrónicos. Cuando llegó a casa, se sintió muy cansado. Por eso, no estudió.

1. Carlos no debe jugar tantos juegos electrónicos.
2. Carlos debió estudiar ayer.
3. El examen de biología va a ser fácil.
4. Carlos está cansado hoy porque anoche no volvió a casa hasta las once.

Esta semana hay una competencia de programación de computadoras en la escuela secundaria donde Isabel es una estudiante de ciencia de computación. Ella empezó su programa de contabilidad que le permite a uno pagar todo sin tener que escribir cheques. Isabel es una chica muy inteligente. Tiene muchas ganas de ganar el mejor premio porque con este dinero puede pagar el primer año de la universidad. Si ella no recibe el premio, no va a poder asistir a la universidad este año.

5. En esta competencia participan varios estudiantes de la escuela secundaria de Isabel.
6. Isabel va a ganar el primer premio porque es muy inteligente.
7. El programa de Isabel simplifica la vida.
8. Para Isabel, es importante ganar el mejor premio porque piensa usar el dinero para viajar.

Vamos a escribir

A. **Una situación de ansiedad.** Examine the picture below, and create a short narrative that describes the events leading up to the present situation. Use the questions as a guide.

¿Cuánto tiempo trabajó Isabel anoche?
¿Se durmió sin problemas?
¿Qué escribió o dibujó?
¿A qué hora se levantó?
¿Cuándo salió de la casa?
¿Olvidó algo?
¿Qué pensó cuándo abrió el portafolio?
¿Cómo llegó al trabajo?

B. Planes para el futuro. What career do you plan to pursue, and why? Write five sentences describing your interests, goals, and ambitions.

> EJEMPLO **Me gustan mucho las cosas electrónicas. Por eso, voy a ser...**

C. El mejor candidato. David Montalbán is speaking on behalf of his friend Víctor Herrera, who is running for public office. Fill in the blanks in his speech with the correct forms of **ser** and **estar**.

(Yo) __1__ muy contento de hablar esta noche de mi amigo de muchos años, Víctor Herrera. Puedo decir que (él) __2__ un hombre muy dedicado y generoso. En este momento (él) __3__ en el tren que va a la capital. Yo sé que él __4__ muy preocupado por la situación económica de la ciudad y por los programas sociales. Además, como (él) __5__ profesor, sabe que la educación también __6__ muy importante. Para él, nuestros problemas __7__ sus problemas. Si (nosotros) __8__ responsables, mañana vamos a votar por Víctor Herrera. Es seguro que él __9__ el mejor candidato para esta comunidad.

Vamos a hablar

Situaciones

A. Profesor del día. Your partner has been named "teacher of the day." Play the role of the student, and make several suggestions as to how you would like the class to be. Your partner will play the role of teacher, who also gives commands.

> EJEMPLO Estudiante: **Profesor, por favor, no dé exámenes difíciles.**
> Profesor: **Entonces, escriba un trabajo de veinte páginas.**

B. Presentaciones. You are at a party with two friends who do not know each other. You greet them and ask how they are, then introduce them to each other. Instead of just saying their names, include some information to help stimulate conversation. This might include what each friend's profession is, where each one works, what activities each one participates in, and how you became acquainted.

> EJEMPLO **Hola, Inés. ¿Cómo estás? ¿Conoces a Ana? Ella es pianista. Nos conocimos en la escuela secundaria. Participamos en una competencia... Ella está muy emocionada porque va a tocar en...**

VOCABULARIO

PROFESSIONS
el abogado, la abogada lawyer
el actor actor
la actriz actress
el (la) agente de viajes travel agent
el (la) artista entertainer
el (la) dentista dentist
el director, la directora director
el enfermero, la enfermera nurse
el escritor, la escritora writer
el farmacéutico, la farmacéutica pharmacist
el (la) gerente manager
el hombre (la mujer) de negocios businessperson
el ingeniero (la ingeniera) electricista electrical engineer
el jefe, la jefa boss
el médico, la médica doctor
el (la) periodista journalist
el (la) pianista pianist
el piloto, la (mujer) piloto pilot
el policía, la mujer policía police officer
el programador (la programadora) de computadoras computer progammer
el secretario, la secretaria secretary
el veterinario, la veterinaria veterinarian

OTHER NOUNS
la agencia agency
el animal doméstico pet
la aviación aviation
la carnicería butcher shop
la condición física physical condition
la cultura culture
el ejercicio exercise
la escuela secundaria high school
los estudios studies
la experiencia experience
el futuro future
el gorila gorilla
la ingeniería engineering
la licencia license
el pasajero, la pasajera passenger
el paseo excursion
la preparación preparation
la profesión profession
el puesto job, position
la responsabilidad responsibility
la serpiente snake
el tigre tiger
la ventana window
el zoológico zoo

ADJECTIVES
eléctrico electric
excepcional exceptional
extranjero foreign
mental mental
moderno modern

VERBS AND VERB PHRASES
acabar to finish
aconsejar to advise
conseguir to get, to obtain
consistir en to consist of
decidir to decide
divertirse to have fun
exigir to demand, to require
graduarse to graduate
hacerse to become
operar to operate
prepararse to prepare oneself, to study
sacar una muela to pull a tooth
seguir un curso to take a course
sentirse to feel
tocar to touch
tomar(le) el pelo a uno to kid (someone)

OTHER WORDS AND EXPRESSIONS
es decir that is to say
hay que one should, it is necessary to
lo más posible as much as possible
por lo menos at least
seguro sure

12

Adventure and Exploration

In this chapter, you will talk about your idea of an exciting adventure. You will also learn about the following functions and structures.

Functions	Structures
• talking about the past	irregular preterites: **ir, ser, dar, ver**
• comparing things or people	the comparative forms
• talking about things we did	stem-changing preterites (**i, u**)
• expressing negative ideas	negative and affirmative words

1 NTRODUCCIÓN

EN CONTEXTO

Una semana en la <u>selva</u>

jungle

Alicia Miró, una fotógrafa venezolana, participó en una expedición al río
Orinoco, en Venezuela. Después de cinco días de viajes se separó acci-
dentalmente del grupo y pasó una semana <u>perdida</u> en la selva amazónica   lost
sin <u>mapa</u>. Aquí tienen ustedes la entrevista sobre su experiencia que   map
<u>apareció</u> en *La Nacional de Caracas*.   appeared

PERIODISTA	Dígame, señorita Miró, ¿cómo se sintió usted cuando se
	encontró <u>sola</u> en la selva?
ALICIA	Me sentí <u>desesperada</u>. Pensé— La selva es tan <u>peligrosa</u>
	que nunca voy a poder salir de aquí.
PERIODISTA	¿Por qué no buscó inmediatamente a los otros?
ALICIA	Los busqué…los llamé muchas veces, pero ellos no me
	respondieron.
PERIODISTA	Entonces, ¿qué pasó?
ALICIA	Bueno, <u>lloré</u> un rato y después me pregunté— ¿Qué vas
	a hacer ahora? —Y <u>yo misma</u> me respondí— Alicia, no
	pierdas la cabeza. Debes volver al río.

alone

hopeless / dangerous

I cried

I myself

PERIODISTA	¿Y lo encontró?
ALICIA	Sí, pero con mucha dificultad. Caminé, creo, unos cincuenta kilómetros. <u>Pasé mucha hambre</u> y muchas noches no dormí un <u>solo</u> minuto.
PERIODISTA	¿Y no consiguió nada de comer en la selva?
ALICIA	Comí sólo frutas: plátanos, <u>guineos</u>...
PERIODISTA	¿Y cómo llegó al río?
ALICIA	Bueno, seguí siempre el sol. Cuando llegué al río me encontré con unos indios y ellos me llevaron en canoa hasta Canaima. Allí tomé el primer avión a Caracas...
PERIODISTA	Una última pregunta: ¿Piensa usted regresar algún día al Amazonas?
ALICIA	Sí, pero primero quiero olvidar esta aventura.

I suffered from hunger
single

a short variety of banana

Comprensión

Indicate whether the following statements are true (**cierto**) or false (**falso**).
If a statement is false, reword it to make it true.

1. Alicia se sintió contenta cuando se encontró sola.
2. Alicia pensó— Va a ser fácil salir de aquí.
3. Los otros miembros de la expedición no le respondieron.
4. Alicia se respondió— No pierdas la cabeza.
5. Alicia durmió muy bien todas las noches.
6. Ella siguió siempre el sol.
7. Alicia no encontró el río.
8. Los indios la ayudaron.
9. Alicia piensa volver al Amazonas.

ASÍ SE DICE

The following activities may appeal to your spirit of adventure.

cruzar los Estados Unidos
en bicicleta

ir a un safari en África

dar la vuelta al mundo

pilotear un avión

hacer un viaje al espacio

explorar la selva amazónica

participar en una carrera
de automóviles

saltar en paracaídas

explorar el mundo submarino

bajar un río en canoa

escalar una montaña

pasear en velero

A. ¡Qué mezcla! A journalist has interviewed several people but has gotten his notes mixed up. He is now trying to figure out whose statements still make sense. Read the sentences, and indicate whether each sentence is logical or ridiculous by writing **lógico** or **ridículo**.

1. Me interesan los animales y las plantas del océano. Por eso, quiero explorar el mundo submarino.
2. No me gustan nada las aventuras peligrosas. Me fascina saltar en paracaídas y bajar ríos en canoa.
3. Me encanta conducir y para mí es muy divertido ir muy rápido. Prefiero pasear en velero y divertirme en el sol y en el mar.
4. Este año, pienso cruzar los Estados Unidos en bicicleta. Pienso explorar la selva amazónica este verano.
5. Me interesa la naturaleza de Sudamérica. Participo mucho en las carreras de automóviles.
6. Me gusta mucho viajar. Algún día quiero dar la vuelta al mundo.
7. Para mí, la vida tiene que ser emocionante. Es divertido no viajar tan rápidamente para conocer a más gente y admirar la naturaleza.
8. Me fascinan los animales grandes. Algún día quiero ir a un safari en África.

B. ¡Vivan las aventuras! Diana and Marcos are reading a feature article in the Sunday entertainment section on forms of adventure. Listen to the excerpts, and match them with one of the activities you have learned in this chapter.

MODELO   Los astronautas hacen esta actividad.
          hacer un viaje al espacio

COMUNICACIÓN

A. ¿Y tú? Write five sentences about the forms of adventure and exploration that interest you, those that do not, and why.

B. Aventuras personales. Working in pairs, ask each other the following questions.

1. ¿Te gustaría explorar la selva amazónica? ¿Por qué (no)?
2. ¿Conoces a alguien que pilotea un avión? ¿Cómo es esta persona?
3. ¿Te gustaría saltar en paracaídas? ¿Por qué (no)?
4. ¿Ves con frecuencia las carreras de automóviles?
5. ¿Te fascinan las personas que hacen viajes al espacio? ¿Por qué (no)?
6. ¿Exploraste una vez el mundo submarino? ¿Dónde?
7. ¿Bajaron tus amigos y tú una vez un río en canoa? ¿Dónde? ¿Les gustó?
8. ¿Te gustaría cruzar los Estados Unidos en bicicleta? ¿Por que (no)?
9. ¿Qué tipo de aventura te interesa más? ¿Por qué?

EXPLORACIÓN 1

Function: *Talking about the past*
Structure: *Irregular preterites:* ***ir, ser, dar,*** *and* ***ver***

PRESENTACIÓN

A. In the preterite, the forms of **ir** and **ser** are identical.

ir			ser	
fui	fuimos		fui	fuimos
fuiste	fuisteis		fuiste	fuisteis
fue	fueron		fue	fueron

The meaning of each verb is made clear by the context of the sentence. In addition, **ir** is often followed by **a**.

Fueron a Venezuela, ¿verdad?	*You went to Venezuela, didn't you?*
¿Cómo fue el viaje?	*How was the trip?*
Fuimos a explorar el río.	*We went to explore the river.*
Su padre fue nuestro guía.	*Her father was our guide.*

B. **Dar** is irregular in that it takes the same preterite endings that **-er** and **-ir** verbs take in the preterite. Notice the similarity between **dar** and the regular **-er** verb **ver**.

dar			ver	
di	dimos		vi	vimos
diste	disteis		viste	visteis
dio	dieron		vio	vieron

Dieron la vuelta al mundo.	¿Quién vio al hombre?
No les di las noticias.	Vi unos veleros en la playa.

PREPARACIÓN

A. ¿Ya están listos? Before their last canoe trip, several friends went off to get things ready. Tell what the various members of the group went to do.

MODELO   Alfredo / buscar un mapa
Alfredo fue a buscar un mapa.

1. Constanza y Anita / comprar un transistor
2. nosotros / comprar la comida
3. tú / buscar una cámara
4. Lorenzo / escuchar el pronóstico del tiempo
5. ustedes / preparar las mochilas
6. los chicos / arreglar las canoas

B. Fiesta de graduación. At the Colegio Simón Bolívar graduation party, everyone is talking about how the school year was. What do they say?

MODELO   la comida / no / malo
La comida no fue mala.

1. el señor Velásquez / el mejor profesor
2. nosotros / responsables
3. la clase de química / no / fácil
4. los profesores / simpático
5. yo / el mejor jugador de fútbol
6. tú / el mejor estudiante
7. los bailes / divertido
8. los partidos de fútbol / formidable

C. Programa de intercambio. Some Latin American exchange students gave gifts to their American host families. Tell what they gave them.

MODELO   yo / un disco del grupo Mecano
Yo les di un disco del grupo Mecano.

1. Laura / unas camisas de México
2. nosotros / unas monedas antiguas de Chile
3. tú / un poncho de Colombia
4. Estela y Pablo / una bolsa de Argentina
5. los hermanos Aguilar / unos carteles del viejo San Juan
6. yo / artesanía de Santiago

D. Una noche de sueños.   After a boring day, Joaquín goes to bed think-
ing about how life would be if he and his family did things that were
more exciting. That night, he dreams that he and his family are ad-
venturers and explorers. What does he dream that they see on their
exploits?

MODELO   **Mi hermano <u>vio</u> pájaros de colores fantásticos en la
selva amazónica.**

1. Cuando paseé en velero en el Atlántico, ===== a muchas chicas
guapas.
2. Mis dos hermanas ===== carros rapidísimos en una carrera de
automóviles en Francia.
3. Mi prima Angélica escaló las montañas en Chile y ===== nieve
muy blanca.
4. Mi familia y yo ===== animales exóticos en un safari en África.
5. Mi tío dio la vuelta al mundo y ===== los siete mares.
6. Cuando mis abuelos cruzaron los Estados Unidos en bicicleta =====
muchas personas y ciudades interesantes.
7. Yo, en mi viaje al espacio ===== unas estrellas fabulosas.

E. Una experiencia inolvidable. Estela and her brother Daniel are exceptional students. Listen to the description that follows, and fill in the missing words for each numbered blank.

Mi hermano y yo __1__ a Washington, D.C., el año pasado para recibir un premio del presidente de los Estados Unidos. El presidente __2__ muy simpático. Después de que nos __3__ el premio, yo __4__ contenta y emocionada. __5__ una ocasión para nosotros. ¡Y esa noche Papá y Mamá nos __6__ en la televisión!

Mi hermano y yo __7__ dos días más en Washington. __8__ museos, parques, monumentos y otros lugares interesantes. __9__ una experiencia inolvidable.

F. El cumpleaños. Alicia celebrated her birthday yesterday. Listen to the description, then complete the sentences.

1. Para Alicia fue un día especial porque ══════ .
2. Por la mañana, Alicia y su amiga ══════ .
3. Por la tarde, la mamá de Alicia ══════ .
4. Alicia se sintió contenta porque su hermana y sus padres ══════ .
5. Empezó a llorar de alegría cuando ══════ .

COMUNICACIÓN

A. ¿Adónde fueron? Try to remember where and when your friends and family went during the past week and why they went to these places.

EJEMPLO   **Mi hermano fue al supermercado el martes para comprar comida.**
Yo fui al estadio el viernes para asistir al partido de fútbol.

aeropuerto	cine	piscina
agencia de viajes	club	supermercado
baile	colegio	teatro
tienda	partido	¿. . . ?

B. Personas famosas. Using the following questions as a guide, describe a famous person of the past.

1. ¿Cuándo y dónde vivió?
2. ¿Cuál fue su profesión?
3. ¿Qué estudió?
4. ¿Cómo fue?
5. ¿Por qué fue famoso?
6. ¿Fue popular?

C. Entrevista. Answer the following questions, or use them to interview another student about what he or she did last week.

1. ¿Fuiste al cine la semana pasada? ¿Con quién? ¿Qué viste?
2. ¿Fuiste de compras con tus amigos? ¿Qué compraste?
3. ¿Cómo fueron tus clases durante la semana pasada?
4. ¿Alguien te dio dinero la semana pasada? ¿Por qué (no)?
5. ¿Uno de tus profesores te dio un examen esta semana? ¿Cómo fue?
6. ¿Viste algo bueno en la televisión? ¿Qué programa viste?
7. ¿Diste una fiesta en tu casa la semana pasada? ¿Por qué (no)?

RINCÓN CULTURAL

Mucha gente cree que en las costas del Caribe todavía existen grandes tesoros (*treasures*). Muchos galeones españoles se hundieron (*sank*) entre los siglos XVI y XVIII, y también un gran número de piratas navegó por toda esa región.

En 1961 Kip Wagner descubrió los restos de un galeón español que se hundió durante un huracán cerca de Florida en 1715. En ese galeón encontró un tesoro fabuloso de monedas de oro y plata.

¿Te gustaría encontrar un tesoro? Aquí tienes un mapa de piratas. Síguelo y vamos a ver si encuentras el tesoro.

1. Entra por la Bahía del Esqueleto hasta la Playa Blanca en la Caleta Calavera.
2. Camina 1 km al NE, hasta llegar a la Laguna del Muerto.
3. Sigue la orilla (*shoreline*) hasta encontrar la roca negra.
4. Escala la roca.
5. Ahora baja y camina hasta el primer árbol (*tree*).
6. Ahora cuenta cinco pasos al segundo árbol. ¡Ahí está el tesoro!

EXPLORACIÓN 2

Function: *Comparing things or people*
Structure: *(más / menos, mayor / menor, mejor / peor) que*

PRESENTACIÓN

In order to compare people or things, you need to know the comparative forms in Spanish.

A. To make comparisons of more or less, use one of the following formulas.

más	+	(adjective / adverb)	+	**que**	*more...than*
menos	+	(adjective / adverb)	+	**que**	*less...than*

La selva es **más peligrosa que** el bosque.

*The jungle is **more dangerous than** the woods.*

Ecuador y Perú son **menos grandes que** Brasil.

*Ecuador and Peru are **smaller than** Brazil.*

Las hermanas Sosa corren **más rápido que** ella.

*The Sosa sisters run **faster than** she does.*

B. The adjectives **bueno** and **malo** and the adverbs **bien** and **mal** share the same irregular comparative forms: **mejor** (*better*) and **peor** (*worse*). When used as adjectives, these superlatives form the regular plurals **mejores** and **peores**. **Mejor / peor** when followed by **que** means better / worse than.

La comida de aquí es **mala.** Es **peor que** la comida de allá.

Estas canoas son **buenas,** pero las otras son **mejores.**

Yo salí **bien** en el examen, pero tú saliste **mejor que** yo.

Cantaron **mal** ayer, pero nosotros cantamos **peor que** ellos.

C. To make comparisons of age, use **mayor(es)** **(que)** and **menor(es)** **(que)**.

Tengo un hermano **menor** y una hermana **mayor**.

*I have a **younger** brother and an **older** sister.*

Mi mamá es **mayor que** mi papá.

*My mother is **older than** my dad.*

Todos mis primos son **mayores que** yo.

*All my cousins are **older than** me.*

PREPARACIÓN

A. Sixto Bocagrande. Rogelio is thinking up a satirical novel called **Sueños de amor.** In it the hero, Sixto Bocagrande, tells the heroine, Merlinda, why she should marry him and not his rival, Virgilio Pepino. What does Sixto say each time Merlinda mentions a reason she likes Virgilio?

MODELO   Él es muy guapo. (Soy... él.)
Soy más guapo que él.

1. Él es muy simpático. (Soy... él.)
2. Él es muy alto. (Soy... él.)
3. Sus padres tienen mucho dinero. (Mis padres tienen... sus padres.)
4. Su casa es muy bonita. (Mi casa... su casa.)
5. Él es muy paciente. (Soy... él.)
6. Sus tierras son muy grandes. (Mis tierras... sus tierras.)
7. Su amor es sincero. (Mi amor... su amor.)

B. Todo es mejor aquí. Señor Ruiz, the director of the Campamento Benito Juárez, is explaining why his summer camp is better than others. Tell what he says.

MODELO   la naturaleza / peligrosa
La naturaleza es menos peligrosa aquí.

1. el campamento / viejo
2. los acampadores / desagradables
3. los bosques / feos
4. los juegos / aburridos
5. la piscina / vieja
6. las caminatas / largas
7. las reglas / exigentes
8. las tareas / difíciles

C. ¡Evidentemente!   Teresa is imitating her brother, who she thinks is
always saying self-evident things. Write out the statements she makes,
using expressions with **más** or **menos**.

MODELO   el mundo / grande / tu cuarto
            El mundo es más grande que tu cuarto.

            ayudar en casa / divertido / asistir a una fiesta
            **Ayudar en casa es menos divertido que asistir a una
            fiesta.**

1. dar la vuelta al mundo / interesante / coleccionar insectos
2. el desierto / tropical / la selva amazónica
3. dar un paseo / exigente / escalar una montaña
4. bajar un río en canoa / emocionante / descansar en un hamaca
5. cruzar los Estados Unidos en bicicleta / exigente / ver televisión
6. sacar la basura / divertido / asistir a una fiesta
7. los mares / grande / los ríos
8. ir a un safari / aburrido / arreglar el cuarto

D. Los primos.   Mr. Borges is showing a friend a picture of his nieces
and nephews. Look at the picture, and tell whom he describes as
younger or older.

MODELO   **Sergio es mayor que Antonio.**

1. Beatriz / Amalia
2. Amalia / Antonio y Fernando
3. Fernando / Sergio
4. Antonio / Fernando
5. Fernando / Beatriz
6. Sergio / todos

E. Todo es peor en la selva.   After many weeks in the jungle, Ángel Bordas becomes discouraged and starts to write in his journal about all the difficulties of his experience. Each time he thinks of something bad, he immediately thinks of something even worse. What does he say?

> MODELO   El ruido es malo. (el calor)
> **Y el calor es peor.**

1. El aire es malo. (el sol)
2. Los días son malos. (noches)
3. La comida es mala. (el agua)
4. Los animales son malos. (los insectos)
5. Las plantas son malas. (los caminos)
6. Mi cuarto es malo. (mi cama)

F. **La competencia.**   Silvia is a top contender in every event of an inter-scholastic sports competition. Alicia is the only competitor who has beaten Silvia in the past. Listen to Silvia's comments, and write the name of the person who probably won each event.

> MODELO   Yo jugué volibol mejor que Alicia.

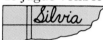

G. **El baile del año.**   The students at Madero High School are having their school prom. Using words you have learned, write five comparisons based upon what you see.

> MODELO   **La señora Pérez es mayor que Anita.**

COMUNICACIÓN

A. Tú y los otros jóvenes. Are you like others your age, or are you different? Use the suggestions below or your own words to state your opinions.

> EJEMPLO **Yo soy más / menos _____ que mi(s) amigo(s)...**

alegre	exagerado(a)	serio(a)
atlético(a)	interesante(a)	simpático(a)
divertido(a)	responsable	¿...?

B. ¡Fabuloso! Compare some of the following adventures by telling which is more or less interesting, exciting, dangerous, and so on. Explain your statement.

> EJEMPLO **Pasear en velero es menos emocionante que escalar una montaña porque escalar una montaña es más peligroso.**

cruzar los Estados Unidos	hacer un viaje al extranjero
pilotear un avión	participar en una carrera de
explorar el mundo submarino	automóviles
dar la vuelta al mundo	hacer un viaje al espacio
ir a un safari en África	explorar la selva amazónica
bajar un río en canoa	saltar en paracaídas
acampar en las montañas	¿...?

C. ¿Verdad o prejuicio?   Do you agree or disagree with the following
statements? If you disagree, change the sentences to reflect your
opinions. Be prepared to defend your statements.

> EJEMPLO   Las chicas son menos atléticas que los chicos.
> **No, las chicas son más atléticas que los chicos.**
> **Hay muchas jugadoras famosas de tenis, de golf . . .**

1. Las chicas cocinan mejor que los chicos.
2. Los chicos trabajan menos en la escuela que las chicas.
3. Las chicas son más exageradas que los chicos.
4. Los chicos son menos pacientes que las chicas.
5. Las chicas aprenden más rápido que los chicos.
6. Los chicos son más tacaños que las chicas.
7. Las chicas ayudan más a sus padres en casa.

RINCÓN
CULTURAL

Usa el mapa para hablar de las atracciones turísticas de Venezuela. En tu
opinión, ¿cuáles son mejores? ¿Más emocionantes? ¿Por qué?

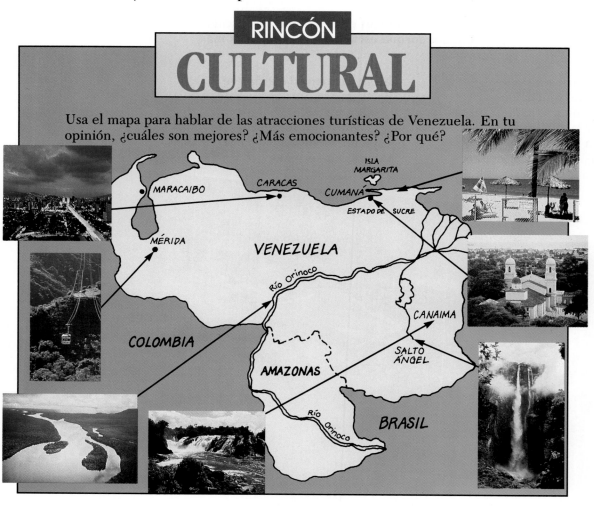

EXPLORACIÓN 3

Function: *Talking about things we did*
Structure: *Preterites: i-stem and u-stem*

PRESENTACIÓN

A. As you have seen, some commonly used verbs have irregular preterite forms. So far, most of these verbs have been irregular only in the stem (**pedir**–**pidió**). Now you will learn some verbs that have irregular stems and endings in the preterite. These verbs are referred to as **i**-stem and **u**-stem preterites. Both take the same irregular endings: **-e**, **-iste**, **-o**, **-imos**, **-ieron**. There are no written accents on these forms. In the verb **hacer,** the **c** changes to **z** before **-o** (**hizo**) to maintain the original sound.

B. Here are some common **i**-stem preterites.

hacer → hic-

hice	hicimos
hiciste	hicisteis
hizo	hicieron

querer → quis-

quise	quisimos
quisiste	quisisteis
quiso	quisieron

venir → vin-

vine	vinimos
viniste	vinisteis
vino	vinieron

C. Here are some **u**-stem preterites.

estar → estuv-

estuve	estuvimos
estuviste	estuvisteis
estuvo	estuvieron

poder → pud-

pude	pudimos
pudiste	pudisteis
pudo	pudieron

poner → pus-			saber → sup-			tener → tuv-	
puse	pusimos		supe	supimos		tuve	tuvimos
pusiste	pusisteis		supiste	supisteis		tuviste	tuvisteis
puso	pusieron		supo	supieron		tuvo	tuvieron

¿Qué hiciste anoche?	*What did you do last night?*
Vino al concierto tarde.	*He came to the concert late.*
Tuvieron que volver a casa.	*They had to return home.*
Mariela no estuvo en casa esta mañana.	*Mariela wasn't at home this morning.*

D. Some verbs may have a different English equivalent in the preterite than they do in the infinitive.

Quise abrirlo tres veces.	*I **tried** to open it three times.*
Ella **no quiso** hacer el trabajo.	*She **refused** to do the work.*
Pudo prepararlo temprano.	*He **managed** to prepare it early.*
No pudo escribir la carta.	*He **was not able to** (**and did not**) write the letter.*
Supieron las malas noticias ayer.	*They **found out** the bad news yesterday.*

PREPARACIÓN

A. La Bajada de la Sella. Delia, Daniel, and Roberto participated in the kayak race on the Sella River in northern Spain. Delia is reading the official times of different participants to Daniel. Read the following chart, and tell what she reports to him.

7	Mario
7	Javier
8	Delia
8	Roberto
9	Alberto
9	Pablo
10	Pilar
13	Daniel

MODELO   Alberto / 9 horas
Alberto la hizo en nueve horas.

1. yo
2. Mario y Javier
3. Pilar
4. tú
5. Alberto y Pablo
6. Roberto y yo

B. Excursión al Orinoco. Some tourists have arrived in Caracas to begin a trip to the Orinoco River. Where did they come from, and how did they travel?

MODELO   los Meléndez / Isla Margarita / bote
Los Meléndez vinieron de la Isla Margarita en bote.

1. Luis / Maracaibo / carro
2. los hermanos Díaz / Quito / tren
3. Catalina / Puerto La Cruz / autobús
4. tú / Cumaná / taxi
5. yo / Mérida / avión
6. ustedes / Macuto / carro

C. En busca de la aventura. Julio Vargas is the head of a crew of photographers who are working on a television adventure series. He writes a report to the producer of the show, telling where each of the crew members has been shooting pictures during the last year. Using his chart, write the information Julio sends to his producer.

MODELO

Yo estuve en África en junio.

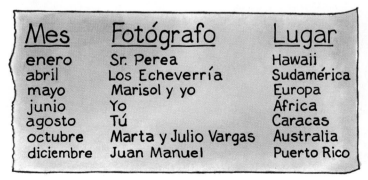

Mes	Fotógrafo	Lugar
enero	Sr. Perea	Hawaii
abril	Los Echeverría	Sudamérica
mayo	Marisol y yo	Europa
junio	Yo	África
agosto	Tú	Caracas
octubre	Marta y Julio Vargas	Australia
diciembre	Juan Manuel	Puerto Rico

D. ¿Por qué? Pedro has been neglecting his friends. His best friend, Carlos, is trying to figure out what is happening. What does he ask?

MODELO   hacer gimnasia esta mañana
¿Por qué no hiciste gimnasia esta mañana?

1. venir al partido de volibol hoy
2. hacer tu tarea anoche
3. querer dar un paseo en bicicleta
4. venir a buscarme anoche
5. querer salir con nosotros
6. hacer tus ejercicios hoy

E. ¿Dónde pusieron sus cosas?   The girls in the dorm have played a trick on Laura by hiding her belongings in different places. She demands to know where her things are. When her roommate tells her where different people have put her belongings, Laura cannot believe it. What does she say?

MODELO   Yo puse el suéter en el refrigerador.

¡No me digas! ¿Dónde lo pusiste?

F. La carrera del año.　Everyone in town is talking about the annual car rally. What have these people found out about it?

> MODELO　**Nosotros <u>supimos</u> que las reglas son nuevas.**

1. Yo ===== que los carros son ultramodernos.
2. Los chicos ===== que los premios son fabulosos.
3. Tú ===== que los participantes son fantásticos este año.
4. Adela ===== que los hoteles son muy caros.
5. Ustedes ===== que los reportajes deportivos son excelentes.

G. Las notas de entrevista.　A reporter is interviewing a famous astronaut. She organizes her notes under the questions *when, why, how, how long,* and *what.* Look at her notes, and tell what she asks.

> MODELO　¿Cuándo?—venir a los Estados Unidos
> **¿Cuándo vino usted a los Estados Unidos?**

¿Por qué?	—hacerse astronauta
	—poder trabajar como astronauta
¿Cuándo?	—hacer el último viaje al espacio
¿Cuánto tiempo?	—estar en el espacio
¿Qué?	—tener que aprender antes del viaje
	—aprender en este viaje
	—cosas nuevas querer hacer en el espacio

H. ¿Quién fue?　Listen to the passage. Then read the statements, and
L indicate whether they are true (**verdadero**) or false (**falso**).

1. Eduardo estuvo en la casa de un amigo.
2. Oyó algo que vino del cuarto.
3. Vio a un hombre salir en el carro.
4. No pudo correr.
5. Llamó a la policía.

COMUNICACIÓN

A. Un pretexto perfecto.　Imagine that you have gotten yourself into the following situations. Using the suggestions below, give an excuse that will save you in each case.

> MODELO　Me acosté tarde porque...
> **Me acosté tarde porque tuve que estudiar.**

1. No pude ir a tu fiesta porque...
2. No hice la tarea porque...
3. No supe que llamaste porque...
4. No estuve en casa porque...
5. No vine a clase porque...
6. No te escribí porque...
7. No fui a visitarte porque...
8. No lavé los platos porque...

B. ¿Qué hiciste? Working with another student, ask questions to find out if your partner did the following things recently, and if so, why or how. Be prepared to report your findings to the class.

> EJEMPLO poder sacar una "A" en...
> **¿Pudiste sacar una "A" en contabilidad? ¿Cómo?**
> **Sí, estudié cuatro horas anoche.**

1. hacer un viaje en...
2. dar la vuelta a...
3. ponerte un... ayer
4. ir de vacaciones a...
5. venir a clase... tarde
6. querer llamar a... anoche
7. estar en...
8. ir de compras a...
9. tener miedo de...
10. ver a un(a)... famoso(a)

C. Extraterrestre. Work with a partner. One of you is an extraterrestrial whose spaceship broke down on the way to Venus and has landed on Earth. The other is the lucky reporter who has an interview with the "Martian." Use these questions to conduct an interview. Take notes and report your findings to the class.

1. ¿Cuándo vino usted a nuestro planeta?
2. ¿Quiso usted ir a otro planeta antes de llegar aquí? ¿Cuál?
3. ¿Pudo usted ir al otro planeta?
4. ¿Cuál fue la primera cosa que usted hizo cuando llegó a nuestro planeta? ¿Qué pasó?
5. ¿Tuvo usted unas experiencias interesantes?
6. ¿Estuvo usted en nuestro planeta antes de este viaje?
7. ¿Dónde puso su nave espacial (*spaceship*)?
8. ¿Qué cosas supo usted de los humanos cuando llegó aquí?

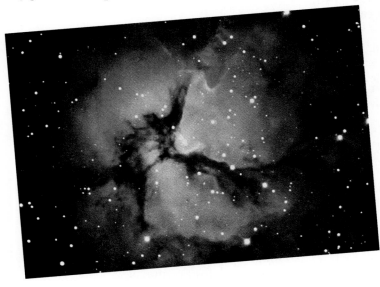

Mira las fotos, lee las descripciones y adivina (*guess*) quién es quién. Explica por qué hiciste tu selección.

Nació en Venezuela; fue militar y político; hizo sus estudios en Europa. Cuando volvió a su país comenzó a luchar por la independencia, la que consiguió en 1821. Fue el primer presidente de Venezuela. Después liberó a cuatro países más en Latinoamérica.

Fue poeta, educadora y diplomática. Durante muchos años se dedicó a la enseñanza de niños en su país, Chile, y colaboró en la reforma de la educación mexicana. En 1945, recibió el Premio Nobel de Literatura, la primera vez que se dio este premio a un escritor latinoamericano.

JUAN PONCE DE LEÓN (1460–1521)

SIMÓN BOLÍVAR (1783–1830)

SOR JUANA INÉS DE LA CRUZ (1651–1695)

GABRIELA MISTRAL (1889–1957)

Fue español y vino con Colón en su segundo viaje. Exploró Puerto Rico, fue el primer gobernador de la isla y fundó la universidad de San Juan. Descubrió Florida en 1512 en un viaje para buscar la "fuente de la juventud". Murió en Cuba.

Nació en México y fue poeta. Se graduó de la universidad—algo excepcional para una mujer de su época—a los diecisiete años. Más tarde, entró en un convento. Allí escribió poemas, ensayos (*essays*) y obras (*works*) de teatro. Muchos la consideran una de las primeras feministas de América por su defensa de la mujer en toda su obra.

EXPLORACIÓN 4

Function: *Expressing negative ideas*
Structure: *Negative and affirmative words*

PRESENTACIÓN

A. You have already used some negative words in Spanish, such as **no** and **nada**. Here are additional negative words and their opposites.

NEGATIVO		AFIRMATIVO	
nada	*nothing*	algo	*something*
nadie	*nobody*	alguien	*someone*
ningún lado	*nowhere*	algún lado	*somewhere*
ninguno	*none*	alguno	*some*
ni...ni	*neither...nor*	o...o	*either...or*
nunca	*never*	siempre	*always*
tampoco	*either, neither*	también	*also*

¿**Siempre** lo hace?

¿Le dio dinero a **alguien**?

¿**Algo** te pareció interesante?

¿Te gusta **o** bailar **o** cantar?

¿Fuiste a **algún lado** este verano?

No, **nunca** lo hace.

No, no le di dinero a **nadie**.

No, no me pareció interesante **nada**.

No, no me gusta **ni** bailar **ni** cantar.

No, no fui a **ningún lado**.

B. **Ninguno** and **alguno** change to **ningún** and **algún** before a singular masculine noun. **Ninguno** is usually used in the singular.

Algún día voy a dar la vuelta al mundo.

No vi **ningún** carro.

Él no tiene **ningún** dinero.

Someday I am going to travel around the world.

*I did not see **any** cars.*

*He does not have **any** money.*

¿Y TÚ?

C. Sentences using a negative word can be formed in two ways: by placing the negative word before the verb or by placing **no** before the verb and the negative word after the verb.

Nadie llamó.	**No** llamó **nadie**.	*No one called.*
Nada me gustó.	**No** me gustó **nada**.	*I did not like anything.*
Nunca lo vimos.	**No** lo vimos **nunca**.	*We never saw it.*
Tampoco fue.	**No** fue **tampoco**.	*He didn't go either.*
Ni tú **ni** yo vamos.	**No** vamos **ni** tú **ni** yo.	*Neither you nor I are going.*

D. Spanish, unlike English, uses double negatives.

No le di **nada**.	*I didn't give him anything.*
Nunca le escribo a **nadie**.	*I never write to anyone.*

E. Sometimes a negative word may be used by itself in response to a question.

¿Quién te despertó esta mañana?	Nadie.
¿Qué compraron ustedes?	Nada.
Yo no fui. ¿Y tú?	Tampoco.

PREPARACIÓN

A. **¡No hiciste nada!** Verónica and her brother never agree on what he did or did not do. What replies does Verónica make to Roberto's comments about what he did yesterday?

> MODELO   Aprendí a hacer paella.
> **No aprendiste nada.**

1. Oí una canción de Mecano.
2. Estudié la lección de inglés.
3. Vi un programa fantástico en la televisión.
4. Escribí unas cartas.
5. Encontré diez dólares en la calle.
6. Hice muchas cosas.

B. ¡Qué vida más cruel! Rodrigo is feeling down in the dumps today. How does he answer his friend's questions?

> MODELO ¿Quién te llamó por teléfono?
> **Nadie me llamó por teléfono.**

1. ¿Quién fue al cine contigo?
2. ¿Quién te esperó después de clase?
3. ¿Quién te vino a ver?
4. ¿Quién te ayudó a arreglar la casa?
5. ¿Quién dio un paseo contigo?
6. ¿Quién te hizo favores?
7. ¿Quién fue a jugar contigo?

C. Nada en común. Carlos, a friendly guy, is trying to get to know Diana, but she is brushing him off. How does she answer his questions?

> MODELO ¿Sabes andar en bicicleta o nadar?
> **No, no sé ni andar en bicicleta ni nadar.**

1. ¿Sabes jugar fútbol o tenis?
2. ¿Tomas café o té?
3. ¿Te interesa ver una película o un drama?
4. ¿Comes carne o pescado?
5. ¿Te gustaría jugar boliche o bailar?
6. ¿Lees periódicos o revistas?
7. ¿Juegas damas o dominó?

D. Posibilidades. The Estévez family has enrolled in a possibilities seminar to help them lead lives that are more exciting. The leader of the seminar asks them to write on a sheet of paper things they or other members of their family have never done. Write the two ways the family members could have written each of the following notes.

> MODELO yo / hacer un viaje en moto
> **Nunca hice un viaje en moto.**
> **No hice nunca un viaje en moto.**

1. Ricardo / nadar en un río
2. mamá / practicar el esquí acuático
3. mi familia / pasear en velero
4. Silvia / participar en una carrera de automóviles
5. yo / viajar a otro país
6. mis hermanos / cruzar los Estados Unidos en bicicleta
7. nosotros / pilotear un avión

E. Yo también. Susana idolizes her older sister. Whenever Isabel says something, Susana agrees with her. Write what Susana says in response to each of Isabel's statements.

> MODELO No me gustan las montañas
> **No me gustan las montañas tampoco.**
>
> Me gusta jugar boliche.
> **Me gusta jugar boliche también.**

1. Me interesa este artículo en el periódico.
2. Quiero asistir al concierto de Los Flamencos.
3. No necesito un abrigo.
4. Voy a pedir dinero para mi cumpleaños.
5. No tengo ganas de lavarme el pelo.
6. No voy a hacer mi tarea ahora.

F. Club de andinismo. A reporter is interviewing two famous mountain climbers who have just come back from an extensive excursion that was sadly disappointing. How do they answer his questions?

> MODELO ¿Encontraron ustedes ruinas en la montaña? (no... nada)
> **No, no encontramos nada.**

1. ¿Con quién fueron ustedes a la montaña? (no... con nadie)
2. ¿Vieron pájaros o animales? (no... ni... ni)
3. ¿Vieron plantas interesantes? (no... tampoco)
4. ¿Escalaron la montaña de noche? (no... nunca)
5. ¿Sacaron fotos de algo? (no... nada)
6. ¿Trajeron ustedes algo de la montaña? (no... nada)
7. ¿Vieron ustedes nieve? (no... nunca)

G. ¡Qué cobarde! Linda is always afraid when she is swimming in the ocean; she imagines all sorts of things that might happen to her. Pamela tries to convince her not to worry so much. Listen to their conversation, and decide if the following statements are true (**verdadero**) or false (**falso**).

1. Linda está segura que algo la tocó.
2. Nada la tocó a Linda.
3. Pamela no cree nada de lo que dice Linda.
4. Linda volvió rápidamente a la playa cuando algo la tocó.
5. Algún animal la tocó a Linda.
6. Linda y Pamela piensan ir a otra parte de la playa.

COMUNICACIÓN

A. Las cosas que nadie hace. In every school, there are things that no one does. Write a list of five things that no one does in your school.

EJEMPLO

Nadie se pone corbata para ir a un partido de fútbol.
Nadie come las hamburguesas de la escuela.

B. La diplomacia. Sometimes it is more polite to be negative. What would be the polite reply to the following questions if you were a guest at someone's house and did not want your host to go to any more trouble?

EJEMPLO   Desayunamos a las ocho. ¿Desayunas antes de las ocho?
No, nunca desayuno temprano.
No gracias, nunca tengo hambre antes de las ocho.

1. Recuerda que nuestra casa es tu casa. ¿Necesitas algo antes de acostarte?
2. Tenemos varias cosas en el refrigerador. ¿Quieres flan o helado?
3. ¿O qué más hay? ¿Te gustaría un poco de esta tarta de manzana?
4. ¿Algunas veces duermes por la tarde? Puedes dormir en la cama de mi hijo, Luis.
5. ¿Siempre tomas refrescos con tu almuerzo? Puedo comprar algunos en el supermercado esta tarde.
6. ¿A veces prefieres comer algo durante la noche? Te puedo llevar algo.
7. El teléfono está en el cuarto de Jaime. ¿Necesitas llamar a alguien?
8. Creo que vas a estar aburrido. ¿Quieres algunos libros para leer?

C. Un sueño de aventuras. Listen to a description of the dream Rogelio had last night. Then read the statements that follow, and determine whether each is true (**cierto**) or false (**falso**). Give explanations for the statements that are false.

1. En el sueño de Rogelio, él hizo un viaje al espacio.
2. Rogelio también dio la vuelta al mundo.
3. Vio a muchas personas.
4. El hombre en el velero no le dijo nada a Rogelio.
5. A Rogelio, la selva de la isla le pareció desagradable.
6. Rogelio salió de la isla con el hombre en el velero.
7. La mamá oyó gritar a Rogelio y fue a su cuarto.
8. Rogelio pensó que todo el sueño fue divertido y agradable.

PERSPECTIVAS

LECTURA

El diario de Cristóbal Colón

Para el Día de la Raza las clases de español tuvieron que leer el diario del primer viaje de Cristóbal Colón en el año 1492.

3 de agosto
Nuestro viaje para buscar un nuevo camino a las Indias comenzó hoy. Salimos de Palos con tres carabelas: la Niña, la Pinta y la Santa María. Navegamos con viento fuerte hacia el sur.

6 de agosto
La Pinta empezó a hacer agua y tuvimos que quedarnos en la isla de Tenerife casi un mes. De una montaña muy alta de esa isla vimos un gran fuego.

9 de septiembre
Hoy por primera vez no pudimos ver tierra.

17 de septiembre
Los hombres comenzaron a quejarse del largo viaje. Tuve que darles esperanzas y recordarles la promesa que hicimos de no abandonar nuestros planes.

6 de octubre
Los marineros de la Niña vieron unos pájaros y vimos una maravillosa lluvia de fuego en el cielo.

7 de octubre
Nos ayudó la corriente y encontramos mucha hierba muy verde en el agua. Esto nos hizo pensar que estamos cerca de tierra.

8 de octubre
Tuvimos fuertes lluvias. Siguen las señales de tierra. Debemos estar cerca de alguna isla. No quise detenerme pues mi fin es llegar a las Indias.

9 de octubre
Cambió el viento. Toda la noche oímos pasar pájaros.

11 de octubre
Sacamos del agua una hierba que crece en tierra. Con esta señal todos se sintieron muy alegres.

12 de octubre
Dos horas después de medianoche los marineros de la Pinta gritaron—¡Tierra! ¡Tierra! cuando vieron por fin una isla. Di gracias a Dios y todos hicieron lo mismo. Luego fuimos hasta la playa. Allí puse la bandera real en tierra y tomé posesión de la isla en nombre del rey y la reina de España.

Expansión de vocabulario

la bandera real royal flag	**hacer agua** to take on water
cambiar to change	**hacia** toward
la carabela caravel (an ancient ship)	**la hierba** plant(s), grass
el cielo sky	**la lluvia** rain
la corriente current	**el marinero** sailor
crecer to grow	**quedarse** to remain
detenerse to stop, to pause	**quejarse** to complain
el Día de la Raza Columbus Day	**la reina** queen
la esperanza hope	**el rey** king
el fin end, purpose	**la señal** sign
fuerte strong	**el sur** (the) south
	la tierra land

Comprensión

Answer these questions based on **El diario de Cristóbal Colón.**

1. ¿Cuándo comenzó la aventura de Colón?
2. ¿De dónde salieron y cómo viajaron los marineros?
3. ¿Qué le pasó a la *Pinta*?
4. ¿De qué se quejaron los marineros?
5. ¿Qué vieron los marineros de la *Niña*? ¿Cuándo?
6. ¿Qué señales de tierra vieron?
7. ¿Qué tiempo hizo el ocho de octubre?
8. ¿Adónde llegaron y cuándo?
9. ¿Qué hizo Colón cuando llegó?
10. ¿Cuánto tiempo estuvo Colón en el mar?

COMUNICACIÓN

A. Candidato(a) para la exploración. Would you be a good candidate for a trip similar to the one taken by Colombus? To find out, take the following test, then check the **interpretación** at the end.

1. ¿Te gusta la aventura?
2. ¿Te interesa la navegación?
3. ¿Te sientes contento(a) cuando estás lejos de tu familia?
4. ¿Puedes vivir sin televisión ni radio ni cine?
5. ¿Insistes en seguir cuando las cosas son difíciles?
6. ¿Puedes pasar horas y horas sin dormir ni comer?
7. ¿Te gusta estar solo(a)?
8. En general, ¿eres una persona independiente?
9. ¿Estás siempre listo(a) para algo nuevo?
10. ¿Te fascinan las cosas peligrosas?

Interpretación: Una respuesta afirmativa recibe un punto. Suma (*add*) los puntos para ver cuánto te gusta la aventura.

9–10 puntos	Te encanta vivir aventuras. Pero ten cuidado. Eres bastante impulsivo(a) y esto puede ser peligroso.
6–8 puntos	Estás listo(a) para la aventura y eres responsable, pero no sirves para las expediciones más peligrosas.
3–5 puntos	No eres muy valiente. La aventura y la exploración te interesan un poco, pero prefieres quedarte con tu familia y tus amigos.
0–2 puntos	La aventura no es para ti. En tu caso, es mejor ver las aventuras de los otros en la televisión o en el cine.

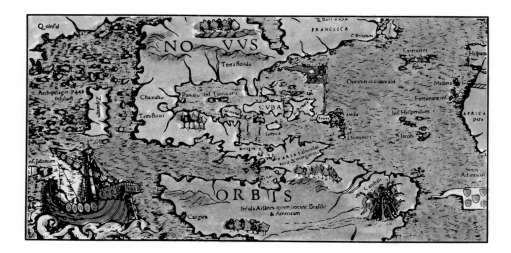

B. Algún día. Tell which of these adventurous activities you have already done. Then tell which you have never done and which you think you will do some day.

EJEMPLO **Ya piloteé un avión.**
Nunca escalé una montaña.
Algún día voy a bajar el río Colorado en canoa.

1. cruzar el océano Atlántico en barco
2. hacer un viaje de 3.000 kilómetros o más
3. escalar una montaña
4. participar en un safari
5. explorar una selva o un bosque
6. hacer un viaje al extranjero
7. bajar un río en canoa
8. caminar durante horas por la playa
9. participar en una carrera
10. acampar durante el invierno
11. esquiar en las montañas o practicar el esquí acuático
12. explorar el mundo submarino
13. saltar de un avión en paracaídas
14. pasear en el mar en velero
15. pilotear un avión o un barco

C. El explorador eres tú.　Imagine that you took part in an exciting or
dangerous adventure. Write a short description of what happened.

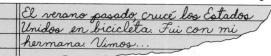

El verano pasado, crucé los Estados
Unidos en bicicleta. Fui con mi
hermana. Vimos...

D. ¿Cómo es ella?　Listen to the following passage about Elena, a woman
from Miami. Based on what you hear, indicate whether these state-
ments are true or false by writing either **sí** or **no**.

1. Elena tiene miedo de nadar.
2. Sabe pasear en velero.
3. En esta aventura, Elena
   estuvo sola.
4. Le gustan las cosas peligrosas.
5. Es fuerte.
6. Prefiere viajar por avión.
7. Es independiente.

PRONUNCIACIÓN

When a weak vowel (**i**, **u**) without an accent occurs next to a strong vowel
(**a**, **e**, **o**), a diphthong is produced, and the two vowels are pronounced as
one sound. Listen, and repeat these words:

b**ue**no	**ai**re	s**ue**ño	t**ie**nda
t**ie**rra	**au**tobús	g**ua**nte	h**ue**vo

When two strong vowels occur together, they are pronounced as two
distinct sounds.

Rafa**e**l	recr**eo**	t**ea**tro	Bilb**ao**
p**eo**r	est**éreo**	nor**oe**ste	cumpl**ea**ños

Now repeat these sentences.

Rafael tiene miedo porque tiene fiebre. Toma el autobús para la ciudad
de Montevideo. Quiere ver al médico. Pero Rafael tiene muy mala suerte.
El autobús choca con una ambulancia. Decide ir en avión y sale para el
aeropuerto.

INTEGRACIÓN

Here is an opportunity to test yourself to see what you can do. If you
have trouble with any of these items, study the topic and practice the
activities again, or ask your teacher for help.

Vamos a escuchar

A. Vacaciones exóticas. Julio is writing a novel that takes place on an
imaginary island. The novel is part fantasy and part reality. As you
listen to excerpts from the book, refer to the map, and tell which
statements are clearly fantasy by writing **sueño** and which are reality
by writing **realidad**.

> EJEMPLO Paseé en velero en la Selva Jícama.
> **sueño**

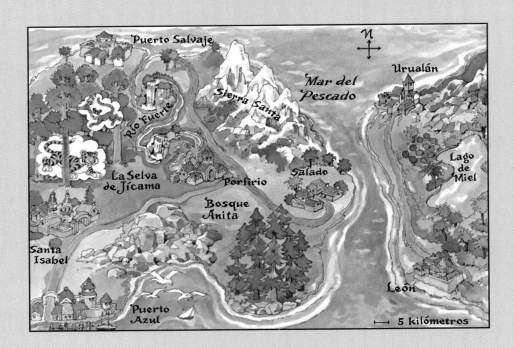

B. Diferencias. Isabel and Susana are very different from each other. Listen as Melisa talks about them, then write a statement that compares Susana and Isabel, based on what you have heard. Use **ser** or **estar** with the adjectives listed or think of your own.

EJEMPLO   Cuando Isabel hace una fiesta siempre hace sus planes una semana antes. Susana siempre espera hasta el último momento para ir de compras.

Isabel siempre está mejor preparada que Susana.

pobre	inteligente	antipática	fuerte
popular	aburrida	delgada	simpática
generosa	gorda	tacaña	preparada

Vamos a leer

A. La vuelta al mundo.   Noemí describes an incredible summer she spent with her brother and her uncle. Read her story, and answer the questions that follow.

Mi tío Alfonso es una persona fascinante. Nunca le pregunté, pero creo que es millonario. Tiene un avión personal y licencia de piloto. Todos los veranos él hace algo muy emocionante, como escalar los Pirineos en España o explorar el mundo submarino en el puerto de Marruecos. El verano pasado, mi hermano y yo dimos la vuelta al mundo con tío Alfonso en su avión personal.

Fue una experiencia rara y muy bonita porque no fuimos a los lugares bien conocidos. Visitamos sitios que todavía no tienen mucha civilización y en los que no existe el turismo. En las alturas de los Andes, fuimos a pueblos de muy poca gente, donde conocimos a unos indígenas muy generosos y amables. En India recuerdo bien una noche que dormimos en un campo de hierbas. Fuimos a unos safaris en regiones muy primitivas de Australia y vimos criaturas bien exóticas en la Antártica. Para mí, esta vuelta al mundo fue más que un viaje emocionante. Descubrí que los lugares más famosos no siempre son los más interesantes y que las personas más impresionantes a veces son las menos sofisticadas.

1. ¿Cómo es el tío Alfonso?
2. ¿En qué aventuras ya participó tío Alfonso?
3. En esta vuelta al mundo, ¿cómo viajaron los tres?
4. ¿A quiénes conocieron ellos durante el viaje?
5. ¿Estuvieron siempre en hoteles durante las noches?
6. ¿A qué lugares fueron?
7. ¿Qué cosas impresionantes vieron?
8. ¿Qué aprendió Noemí de esta experiencia?

B. Querida Antonia. Poor David! Everything is going wrong in his life, and he has decided as a last resort to write "Querida Antonia" for advice. Read the following passage, and indicate whether the statements that follow are true or false by writing **verdadero** or **falso**.

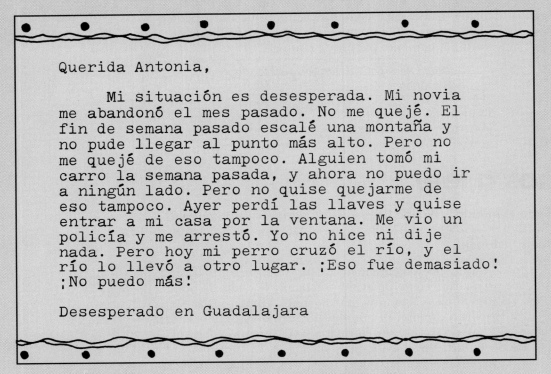

Querida Antonia,

    Mi situación es desesperada. Mi novia me abandonó el mes pasado. No me quejé. El fin de semana pasado escalé una montaña y no pude llegar al punto más alto. Pero no me quejé de eso tampoco. Alguien tomó mi carro la semana pasada, y ahora no puedo ir a ningún lado. Pero no quise quejarme de eso tampoco. Ayer perdí las llaves y quise entrar a mi casa por la ventana. Me vio un policía y me arrestó. Yo no hice ni dije nada. Pero hoy mi perro cruzó el río, y el río lo llevó a otro lugar. ¡Eso fue demasiado! ¡No puedo más!

Desesperado en Guadalajara

1. David nunca tuvo novia.
2. David entró a su casa con la ayuda de un policía.
3. A David le gusta quejarse.
4. David ya no tiene carro.
5. Por lo menos todavía tiene su casa.
6. Perdió su perro.

Vamos a escribir

A. ¿Qué premio es mejor? Your friend has won a national essay-writing contest and has a problem. He cannot choose between the two prizes—a trip around the world in which he would stop in 15 of the most beautiful cities of the world or a package that includes two safaris, a jungle expedition, and three diving trips from different exotic islands. Write a letter to your friend in which you try to convince him to accept the trip you would choose. Include comparisons with **más**, **menos**, **mejor(es)**, and **peor(es)**. Use the words listed as a guide, or think of your own.

MODELO

> *No participes en un safari; ve a las ciudades internacionales. Son más interesantes que unos animales aburridos. Vas a estar menos contento en...*

peligroso(a)	exigente	enojado(a)
interesante	nervioso(a)	preocupado(a)
contento(a)	cansado(a)	libre
deprimido(a)	divertido(a)	agitado(a)
emocionante	aburrido(a)	desilusionado(a)

B. Una vuelta al mundo. Imagine that you have just taken a trip around the world. Where did you go? What did you do? What were the places and people you became acquainted with like? How much time did you spend in each place? Write a paragraph about your trip. Be sure to include the verbs listed below.

ir	ver	estar	tener
saber	hacer	poder	ser

Vamos a hablar

Situaciones

A. Las vacaciones. With another student, talk about what you did on your last vacation. Be specific. Talk about the preparations you made, the trip itself, the mode of transportation, what you did, what you saw, and some details about the trip home.

B. ¡Qué aventura! Imagine that you just completed one of these adventures. Tell another student what you did to prepare, what you did on the trip, and if all went well. Be prepared to tell the class what you learn about your partner.

¡Hice un viaje al espacio!
¡Crucé Europa en bicicleta!
¡Escalé una montaña altísima!
¡Exploré la selva amazónica!
¡Fui a un safari en África!

VOCABULARIO

NOUNS
la **aventura** adventure
la **bandera** flag
la **canoa** canoe
la **carrera de automóviles**
  car race
el **cielo** sky
la **corriente** current
el **diario** diary
la **dificultad** difficulty
  Dios God
la **entrevista** interview
la **esperanza** hope
el **fin** goal, end
la **hierba** plants, grass
el **indio** Indian
el **kilómetro** kilometer
la **lluvia** rain
el **mapa** map
el **marinero** sailor
el **mundo** world
el **paracaídas** parachute
la **pregunta** question
la **promesa** promise
la **reina** queen
el **rey** king
el **río** river
la **selva** jungle
la **señal** sign
el **sur** south
la **tierra** land
el **velero** sailboat

ADJECTIVES
amazónico Amazon
desesperado hopeless
fuerte strong
maravilloso wonderful
peligroso dangerous
real royal
solo alone, by oneself, single
submarino underwater

VERBS AND
VERB PHRASES
abandonar to abandon
aparecer to appear
bajar to go down, to descend
cambiar to change
crecer to grow
cruzar to cross
dar la vuelta al mundo to travel
  around the world
detenerse to stop, to pause
escalar to climb
explorar to explore
gritar to shout
hacer agua to take on water
hacer un viaje al espacio to take
  a trip to outer space
llorar to cry
navegar to sail, to navigate
pasar to pass, to go by
pasar mucha hambre to suffer
  greatly from hunger

pasear to go for a ride
pasear en velero to go sailing
pilotear un avión to fly a plane
quedarse to remain
quejarse to complain
saltar to jump
saltar en paracaídas to parachute
separarse to get separated

ADVERBS
accidentalmente accidentally
inmediatamente immediately

NEGATIVES AND
AFFIRMATIVES
algún lado somewhere
nadie nobody
ningún lado nowhere
ninguno none
o...o either...or
tampoco neither, (not) either

OTHER WORDS AND
EXPRESSIONS
Día de la Raza Columbus Day
en nombre de in the name of
hacia toward
luego then
más...que more...than
mejor...que better...than
menos...que less...than
peor...que worse...than

GACETA

N⁰ 4

Opiniones

Set Reading Goals

When you are reading for information, it is a good idea to decide what kind of information you want before you start to read. Do you simply want an overall view? If so, a general reading will be enough. Do you need specific details? In that case, a close reading will be required.

Una famosa doble británica que no se conforma con correr autos

Jacquie De Creed no solamente es una de las "dobles" más solicitadas dentro del cine sino también una bellísima modelo, cantante y actriz de televisión. La polifacética joven inglesa estableció un record mundial al "volar" con el auto en que viajaba a 240 kilómetros por hora a una altura de 70.71 m. A lo largo de su excitante carrera Jacquie ha sido bastante afortunada... "solamente en una ocasión tuve un accidente que por poco me cuesta la pierna", dice, "y se debió a que no tuvimos tiempo de preparar lo suficiente la pista ni los autos".

La popular Jacquie es una de las estrellas de los shows más populares de la televisión inglesa y ha ocupado los primeros lugares con un par de canciones "pop" que han vendido una cifra record en los establecimientos de discos. "No niego que soy atractiva y que exploto esa cualidad", nos dice. "Antes de saltar de un automóvil en llamas o dar un giro en el aire no me ocupo del peligro. ¡Estoy demasiado ocupada con la vida para pensar en la muerte!".

A. **Courage, talent, beauty.** Skim and scan the human interest story on Jacquie De Creed several times. List on paper all cognates (there are more than 20) and other words that you recognize. Set as your goal to find out specific information about what Jacquie does. Then answer the following questions on paper.

1. In her various professional roles, which of the following does Jacquie work for?
   a. the automobile industry, the insurance business, and the media
   b. the film, TV, music, and fashion industries
   c. insurance-underwriting companies, publishing houses, and television studios
2. The article focuses especially on Jacquie's
   a. talent as a singer and model.
   b. accomplishments as a model and an actress.
   c. career as a stunt actress.

B. **Doubles.**   Decide whether the following statements about the article are true or false, and rewrite the false ones to make them correct. Before you reread to find each answer, decide whether your reading goal is to skim for general information or to scan for specific details. For each statement, list the reading strategy you used.

1. Jacquie does not like her profession because it is too dangerous.
2. Jacquie is successful in several areas of show business.
3. Jacquie holds the world record for car "flying."
4. Most movie doubles are former models, TV stars, and singers.
5. Jacquie almost lost her leg in an accident.
6. The best car for "flying" is 70.71 meters long.
7. A couple of Jacquie's pop songs have reached Number 1 on the charts.

C. Stunts. Scan the article on Jacquie again for the specific details needed to complete each sentence. For each number, write the corresponding letter on a piece of paper.

1. Jacquie is not only a movie double
2. One of Jacquie's claims to fame is
3. The reason for the accident that almost cost her a leg is
4. Jacquie says that her beauty
5. Concerning fear of danger, Jacquie says that

    a. that she is 70.71 meters tall and drives 240 kilometers per hour.
    b. is something she never thinks about.
    c. she does not worry because she does not take chances.
    d. sing, act, and model.
    e. that there was not sufficient preparation.
    f. but also an actress, a singer, and a model.
    g. she is too busy to worry about death.
    h. is something that she uses to her advantage.
    i. that she holds the world record for car "flying."
    j. because her car broke down and the road was slick.
    k. but also a car test driver, a singer, an actress, and a model.
    l. makes her popular.

Combine Reading Strategies with Note-Taking Skills

After you have set your reading goal for a particular selection, you can decide what kinds of notes to take and how extensive they should be. Whenever possible, attach a mental image to the Spanish word or phrase you jot down.

La Primera Luna de Verano

Silvia trabaja en una oficina y vive sin mucho dinero con su madre, su hermano Jonás y su hermana Magda. Silvia y Luciano se quieren, pero Luciano es el novio de Sibila. Sibila es actriz e hija de Alberto Mander. El señor Mander es un hombre muy rico y es violento y autoritario con sus hijos. Además, no le gusta nada Luciano y no quiere ver más a su hija con él. Silvia se refugia en Max, segundo hijo de Alberto, quien la quiere mucho. El señor Mander no sabe que Max quiere a Silvia. Un día Magda visita al señor Mander y le dice que quiere decirle algo sobre Max y Silvia.

A

BAJO LA MIRADA DE ALBERT MANDER, MAGDA SE RÍE.

Sí, podría revelarle un pequeño secreto que afecta a mi hermana Silvia y a su hijo Max.

¿Cuál?

B

Una vez leí en una revista que el gran productor Alberto Mander exige para sus hijos bodas con gente de su mismo rango.

¿Sí?

C

Mi hermana y yo somos hijas de una modestísima portera de un edificio popular. Silvia tiene una miserable plaza de empleada, y es una chica sin ambición.

D

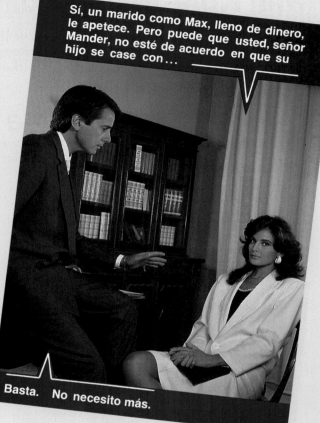

Sí, un marido como Max, lleno de dinero, le apetece. Pero puede que usted, señor Mander, no esté de acuerdo en que su hijo se case con...

Basta. No necesito más.

A. Fotonovela.   Preview the selection from the photo soap opera en-
titled **La primera luna de verano** by reading the introductory plot
summary on p. 467. Your goal is to understand the relationships
among the characters. First, write the names of all the characters
on a piece of paper. Using diagrams or notes, show the relationships
among them. Finally, scan the text several times, and fill in the miss-
ing information in the text below.

Silvia vive con __1__ , __2__ y __3__ . Ella y Luciano se __4__ mucho, pero
Luciano ya es __5__ de Sibila. Ella es __6__ e __7__ de Alberto Mander.
Silvia se refugia en una relación con __8__ , segundo __9__ del __10__ . Max
no le dice a su __11__ que quiere a Silvia. Con sus hijos Alberto Mander es
__12__ y __13__ . Magda, hermana de __14__ , quiere decirle algo al __15__
sobre __16__ y __17__ .

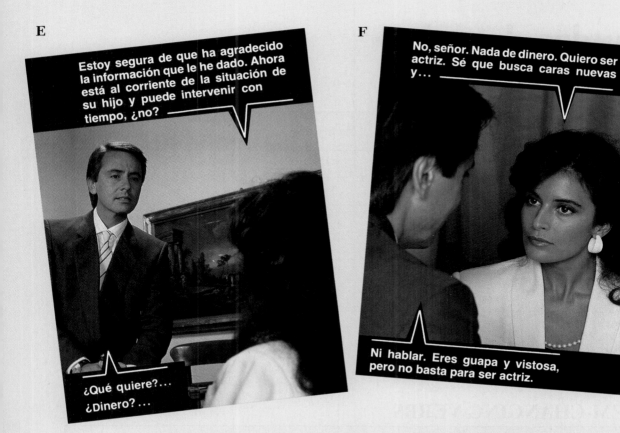

E

Estoy segura de que ha agradecido la información que le he dado. Ahora está al corriente de la situación de su hijo y puede intervenir con tiempo, ¿no?

¿Qué quiere?...
¿Dinero? ...

F

No, señor. Nada de dinero. Quiero ser actriz. Sé que busca caras nuevas y...

Ni hablar. Eres guapa y vistosa, pero no basta para ser actriz.

B. Intrigues. Keeping in mind your notes on the plot summary, skim the six frames of the latest episode of **La primera luna de verano**. Your goal is to understand the meaning of the conversation between Magda and Alberto. Look at the following statements, and eliminate those that do not apply to the dialogue you have read.

1. Magda says she read in a magazine that Alberto Mander does not want his children to marry below his social position.
2. Alberto tells Magda that being pretty is not enough to become an actress.
3. Magda says that her sister Silvia works in a menial job and has no ambition.
4. Alberto asks Magda to marry him.
5. Magda tells Alberto that she has come to reveal a secret about Silvia and Max.
6. Alberto says that he refuses to be blackmailed.
7. Magda says she wants to become an actress.

C. The End. Does Magda get what she wants? Create your own ending to **La primera luna de verano**.

Cuadro de verbos

REGULAR VERBS

Infinitive	Present		Preterite		Commands	
					Formal	Familiar
tomar	tomo	tomamos	tomé	tomamos	tome(n)	toma
	tomas	tomáis	tomaste	tomasteis	no tome(n)	no tomes
	toma	toman	tomó	tomaron		
comer	como	comemos	comí	comimos	coma(n)	come
	comes	coméis	comiste	comisteis	no coma(n)	no comas
	come	comen	comió	comieron		
vivir	vivo	vivimos	viví	vivimos	viva(n)	vive
	vives	vivís	viviste	vivisteis	no viva(n)	no vivas
	vive	viven	vivió	vivieron		

STEM-CHANGING VERBS

pensar	**pienso**	pensamos	pensé	pensamos	piense(n)	piensa
(e → ie)	**piensas**	pensáis	pensaste	pensasteis	no piense(n)	no pienses
	piensa	**piensan**	pensó	pensaron		

like pensar: cerrar, comenzar, despertarse, empezar, nevar (*only* **nieva** *used*) recomendar

perder	**pierdo**	perdemos	perdí	perdimos	pierda(n)	pierde
(e → ie)	**pierdes**	perdéis	perdiste	perdisteis	no pierda(n)	no pierdas
	pierde	**pierden**	perdió	perdieron		

like perder: entender

volver	**vuelvo**	volvemos	volví	volvimos	vuelva(n)	vuelve
(o → ue)	**vuelves**	volvéis	volviste	volvisteis	no vuelva(n)	no vuelvas
	vuelve	**vuelven**	volvió	volvieron		

like volver: doler, llover (*only* **llueve** *used*)

mostrar	**muestro**	mostramos	mostré	mostramos	muestre(n)	muestra
(o → ue)	**muestras**	mostráis	mostraste	mostrasteis	no muestre(n)	no muestras
	muestra	**muestran**	mostró	mostraron		

like mostrar: acostarse, almorzar, contar, costar, encontrar(se), probarse, recordar

STEM-CHANGING VERBS (continued)

Infinitive	Present		Preterite		Commands Formal	Familiar
jugar (u → ue)	juego juegas juega	jugamos jugáis juegan	jugué jugaste jugó	jugamos jugasteis jugaron	juegue(n) no juegue(n)	juega no juegues
sentir (e → ie, i)	siento sientes siente	sentimos sentís sienten	sentí sentiste sintió	sentimos sentisteis sintieron	sienta(n) no sienta(n)	siente no sientas
like sentir: divertirse, preferir, sentirse						
dormir (o → ue, u)	duermo duermes duerme	dormimos dormís duermen	dormí dormiste durmió	dormimos dormisteis durmieron	duerma(n) no duerma(n)	duerme no duermas
like dormir: dormirse, morir						
pedir (e → i, i)	pido pides pide	pedimos pedís piden	pedí pediste pidió	pedimos pedisteis pidieron	pida(n) no pida(n)	pide no pidas
like pedir: conseguir, repetir, seguir, servir, vestirse						

IRREGULAR VERBS

dar	doy das da	damos dais dan	di diste dio	dimos disteis dieron	dé / den no de(n)	da no des
decir	digo dices dice	decimos decís dicen	dije dijiste dijo	dijimos dijisteis dijeron	diga(n) no diga(n)	di no digas
estar	estoy estás está	estamos estáis están	estuve estuviste estuvo	estuvimos estuvisteis estuvieron	esté(n) no esté(n)	está no estés
hacer	hago haces hace	hacemos hacéis hacen	hice hiciste hizo	hicimos hicisteis hicieron	haga(n) no haga(n)	haz no hagas

IRREGULAR VERBS (continued)

Infinitive	Present		Preterite		Commands Formal	Familiar
ir	voy vas va	vamos vais van	fui fuiste fue	fuimos fuisteis fueron	vaya(n) no vaya(n)	ve no vayas
oír	oigo oyes oye	oímos oís oyen	oí oíste oyó	oímos oísteis oyeron	oiga(n) no oiga(n)	oye no oigas
like oír (**y** *between vowels*): creer, leer						
poder	puedo puedes puede	podemos podéis pueden	pude pudiste pudo	pudimos pudisteis pudieron		
poner	pongo pones pone	ponemos ponéis ponen	puse pusiste puso	pusimos pusisteis pusieron	ponga(n) no ponga(n)	pon no pongas
querer	quiero quieres quiere	queremos queréis quieren	quise quisiste quiso	quisimos quisisteis quisieron	quiera(n) no quiera(n)	quiere no quieras
saber	sé sabes sabe	sabemos sabéis saben	supe supiste supo	supimos supisteis supieron	sepa(n) no sepa(n)	sabe no sepas
salir	salgo sales sale	salimos salís salen	salí saliste salió	salimos salisteis salieron	salga(n) no salga(n)	sal no salgas
ser	soy eres es	somos sois son	fui fuiste fue	fuimos fuisteis fueron	sea(n) no sea(n)	sé no seas
tener	tengo tienes tiene	tenemos tenéis tienen	tuve tuviste tuvo	tuvimos tuvisteis tuvieron	tenga(n) no tenga(n)	ten no tengas
like tener: detenerse						
traer	traigo traes trae	traemos traéis traen	traje trajiste trajo	trajimos trajisteis trajeron	traiga(n) no traiga(n)	trae no traigas
venir	vengo vienes viene	venimos venís vienen	vine viniste vino	vinimos vinisteis vinieron	venga(n) no venga(n)	ven no vengas

IRREGULAR VERBS (continued)

Infinitive	Present		Preterite		Commands Formal	Familiar
ver	veo	vemos	vi	vimos	vea(n)	ve
	ves	veis	viste	visteis	no vea(n)	no veas
	ve	ven	vio	vieron		

VERBS WITH SPELLING CHANGES

conocer	conozco	conocemos	conocí	conocimos	conozca(n)	conoce
	conoces	conocéis	conociste	conocisteis	no conozca(n)	no conozcas
	conoce	conocen	conoció	conocieron		

like conocer (**c → zc** before **o** or **a**): conducir, crecer, desaparecer, parecer

llegar	llego	llegamos	llegué	llegamos	llegue(n)	llega
	llegas	llegáis	llegaste	llegasteis	no llegue(n)	no llegues
	llega	llegan	llegó	llegaron		

like llegar (**g → gu** before **e**): jugar (**u → ue**), navegar, pagar

buscar	busco	buscamos	busqué	buscamos	busque(n)	busca
	buscas	buscáis	buscaste	buscasteis	no busque(n)	no busques
	busca	buscan	buscó	buscaron		

like buscar (**c → qu** before **e**): practicar, sacar, tocar

empezar	empiezo	empezamos	empecé	empezamos	empiece(n)	empieza
(**e → ie**)	empiezas	empezáis	empezaste	empezasteis	no empiece(n)	no empieces
	empieza	empiezan	empezó	empezaron		

REFLEXIVE VERBS

lavarse	me lavo	nos lavamos	me lavé	nos lavamos	láve(n)se	lávate
	te lavas	os laváis	te lavaste	os lavasteis	no se lave(n)	no te laves
	se lava	se lavan	se lavó	se lavaron		

Some reflexive verbs are also stem changing. See the Stem-Changing Verbs chart for a partial list.

Vocabulary Topics

Vocabulario adicional

This appendix contains words that are related to the vocabulary topics introduced in **¿Y tú?** but which are more specific or extended in scope. For a topic list of vocabulary taught in **¿Y tú?** see p. 474.

La ropa
button el botón (*pl.* botones)
collar el cuello
cotton el algodón
cuff el puño
embroidered bordado,-a
evening gown el vestido de noche
heel (*of shoe*) el tacón (*pl.* tacones); **high-heeled** de tacón alto
hose las medias
lace el encaje
lapel la solapa
leather el cuero
loafers las pantuflas
nightgown el camisón (*pl.* camisones)
outfit el traje
patent leather el charol
plaid a cuadros
pocket el bolsillo
robe la bata
sandals las sandalias, los huaraches
shoestring el cordón (*pl.* cordones) del zapato, la agujeta
silk la seda
sleeve (**short, long**) la manga (corta, larga)
sole (*of shoe*) la suela
solid (*unpatterned*) liso,-a
stripes a rayas, rayado,-a
tennis shoe el zapato tenis, la zapatilla
undershirt la camiseta
underwear la ropa interior
velvet el terciopelo
vest el chaleco
wool la lana
zipper el cierre, la cremallera

Los accesorios
barrette la peineta
belt el cinturón (*pl.* cinturones)
bracelet la pulsera
diamond el diamante
earring el arete
emerald la esmeralda
gold el oro
handkerchief el pañuelo
jewelry la joyería; **costume jewelry** joyería de fantasía
necklace el collar
pearl la perla
ring el anillo; **engagement ring** anillo de compromiso; **wedding ring** anillo de boda
ruby el rubí
sapphire el zafiro
scarf la bufanda, la pañoleta
shawl el chal, el rebozo
silver la plata
top hat el sombrero de copa

Las partes del cuerpo
ankle el tobillo
bruise el moretón (*pl.* moretones)
chest el pecho
cramp el calambre
curly hair el pelo rizado, pelo chino
elbow el codo
eyebrow la ceja
eyelash la pestaña
freckle la peca
heel (*of foot*) el talón (*pl.* talones)
nail la uña
hip la cadera
itch la comezón, la picazón
knee la rodilla
moustache el bigote
pimple el barro
straight hair el pelo lacio (liso)
thigh el muslo
thumb el pulgar
waist la cintura
wrist la muñeca

Los órganos humanos
blood la sangre
bone el hueso
brain el cerebro
inner ear el oído
lung el pulmón (*pl.* pulmones)
liver el hígado
muscle el músculo
nerve el nervio
skin la piel
tongue la lengua

Los colores
beige (colored) (de color) beige (*pronounced as in English*)
blackish negruzco,-a
bluish azulado,-a
bright brillante
coffee (colored) (de color) café
dark oscuro,-a
faded desteñido-a, descolorido-a
gold dorado,-a, de color del oro
greenish verdoso,-a
ivory marfil
light claro,-a
lilac lila
lime green verde limón
navy blue azul marino
olive green verde oliva
rose-colored rosáceo,-a
royal blue cobalto
reddish rojizo,-a
scarlet escarlata
silver plateado,-a
sky blue celeste
slate blue azul pizarra
turquoise (de color) turquesa
yellowish amarillento,-a

Las nacionalidades y orígenes
African africano,-a
Arab árabe
Argentine argentino,-a

Asian asiático,-a
Australian australiano,-a
Bolivian boliviano,-a
Brazilian brasileño,-a
Canadian canadiense
Chilean chileno,-a
Chinese chino,-a
Colombian colombiano,-a
Costa Rican costarricense
Cuban cubano,-a
Dominican dominicano,-a
Ecuadorian ecuatoriano,-a
Egyptian egipcio,-a
Eskimo esquimal
Greek griego,-a
Guatemalan guatemalteco,-a
Honduran hondureño,-a
Indian (*of India*) indio,-a
Iranian iraní
Japanese japonés, japonesa
Jewish judío,-a
Nicaraguan nicaragüense
Panamanian panameño,-a
Paraguayan paraguayo,-a
Peruvian peruano,-a
Polish polaco,-a
Portuguese portugués, portuguesa
Puerto Rican puertorriqueño,-a
Russian ruso,-a
Salvadoran salvadoreño,-a
Scandinavian escandinavo,-a
Uruguayan uruguayo,-a
Venezuelan venezolano,-a

La familia
adopted daughter la hija adoptiva
adopted son el hijo adoptivo
adoptive father el padre adoptivo
adoptive mother la madre adoptiva
brother-in-law el cuñado
couple la pareja
daughter-in-law la nuera
divorced divorciado,-a
engaged comprometido,-a
father-in-law el suegro
godfather el padrino
godmother la madrina
granddaughter la nieta
grandson el nieto
great-granddaughter la bisnieta

great-grandfather el bisabuelo
great-grandmother la bisabuela
great-grandson el bisnieto
great-great-grandfather el tatarabuelo
great-great-grandmother la tatarabuela
legal custody la custodia legal
married casado,-a
mother-in-law la suegra
single soltero,-a
sister-in-law la cuñada
son-in-law el yerno
step-brother el hermanastro, el medio hermano
step-daughter la hijastra
step-father el padrastro
step-mother la madrastra
step-sister la hermanastra, la media hermana
step-son el hijastro
widow la viuda
widower el viudo

Los saludos informales
Note that the translations for the greetings and leave-takings are approximations.
How did it go? ¿Cómo te fue?
How is it going? ¿Cómo te va?, ¿Cómo andas?
What happened? ¿Qué pasó?
What's going on? ¿Qué hubo?
What's happening? ¿Qué pasa?
What's new? ¿Qué cuentas?, ¿Qué me cuentas?, ¿Qué hay de nuevo?

Las despedidas informales
bye bye, chao
God be with you. Que dios te acompañe.
I hope all goes well with you. Que te vaya bien., Que estés bien.
Take care of yourself. Cuídate.
until later hasta más tarde
until we meet again hasta la vista

La televisión y el cine
amplifier el amplificador
antenna la antena

cable el cable
channel el canal
commercial el anuncio, el comercial
to film filmar
movie industry la industria del cine
off apagado,-a
on prendido,-a
projector proyector
role (*acting*) el papel
screen la pantalla
too loud demasiado fuerte
too soft (*volume*) demasiado bajo
to turn down the volume bajar el volumen
to turn off apagar
to turn on prender
to turn up the volume subir el volumen
video el vídeo
video cassette recorder (**VCR**) la videocasetera, el aparato de vídeo

La escuela y los objetos escolares
chalk la tiza, el gis
compass el compás, la brújula
eraser (*chalk*) el borrador; **eraser** (*pencil*) la goma de borrar
glue la goma de pegar, el pegamento
pencil sharpener el sacapuntas
ring binder la carpeta de argollas
rubber band la liga (de goma), el elástico
ruler la regla
scissors las tijeras
staple la grapa
stapler la engrapadora

La comida
baked horneado,-a
bowl el plato hondo
cinnamon la canela
cookie la galleta
cracker la galleta (salada)
cup la taza
donut la dona, la rosca
dressing el aderezo

egg el huevo; **fried egg** el huevo frito; **hard-boiled** duro; **scrambled** revuelto; **soft-boiled** tibio

fast food la comida rápida

to freeze congelar

garlic el ajo

gum el chicle, la goma de mascar

hamburger la hamburguesa

honey la miel

hot dog el perro caliente, el hot dog

ice el hielo

malt la leche malteada, la malteada

medium (*meat*) (la carne) medio cocida

milkshake el batido de leche

mug el tazón, el tarro

onion la cebolla

pepper la pimienta

place mat el mantelito

popcorn las palomitas de maíz

potato la papa; **mashed potatoes** el puré de papas; **potato chips** papas fritas

raisin la pasa, la pasita

rare (*meat*) (la carne) poco cocida

salt la sal

sandwich el emparedado, el sándwich

sausage el chorizo, el embutido, la salchicha, el salchichón

shellfish los mariscos

sherbet la nieve, el sorbete

silverware los cubiertos

steamed cocido,-a al vapor

sugar el azúcar (*f*)

syrup la miel, el jarabe, el almíbar

tablecloth el mantel

to thaw descongelar

toast el pan tostado

tray la bandeja, la charola

well done (*meat*) (la carne) bien cocida

wineglass la copa

yogurt el yogur

Las ocupaciones

accountant el contador, la contadora

announcer el locutor, la locutora

architect el arquitecto, la arquitecta

athlete el (la) atleta, el (la) deportista

bartender el cantinero, la cantinera

butler el mayordomo

carpenter el carpintero, la carpintera

construction worker el albañil, la mujer albañil

designer el (la) dibujante

driver el chófer, la mujer chófer

employee el empleado, la empleada

guide el (la) guía

homemaker el ama de casa (*f*)

maid la sirvienta, la criada

manager el (la) gerente

mechanic el mecánico, la mecánica

painter el pintor, la pintora

plumber el plomero, la mujer plomero

poet el (la) poeta

preacher el predicador, la predicadora

priest el sacerdote

publisher el editor, la editora

singer el (la) cantante

supervisor el supervisor, la supervisora

Los adjetivos descriptivos

absurd absurdo,-a

agile ágil

awesome deslumbrante

bubbly chispeante, vivaz

chilling escalofriante, horroroso,-a

colorful pintoresco,-a

delicious rico,-a, delicioso,-a

despicable despreciable, abyecto,-a

divine divino,-a

dull insípido,-a

dumb tonto,-a

eccentric excéntrico,-a

funny chistoso,-a, gracioso,-a

hateful odioso,-a

horrible horrible

horrifying horripilante

hot (*food*) picante, picosa,-a

incredible increíble

indescribable indescriptible

mediocre mediocre

overwhelming abrumador,-a

phenomenal fenomenal

scandalous escandaloso,-a

sensational sensacional

slow lento,-a, lerdo,-a, torpe

spicy condimentado,-a

stupendous estupendo,-a

stupid estúpido,-a

tasteless (*flavor*) insípido,-a; (*someone or something*) de mal gusto, vulgar

tasty sabroso,-a, rico,-a

terrible terrible

terrifying aterrador,-a

threatening amenazador,-a

tremendous tremendo,-a

unbearable intolerable, inaguantable

unforgettable inolvidable

unique único,-a

Vocabulario español-inglés

The **Vocabulario español-inglés** includes all vocabulary except obvious cognates from the **Capítulo preliminar (0)** through **Capítulo 12.** Vocabulary from the **Rincones culturales** and the optional **Gacetas** is not included. The number following each entry indicates the chapter in which the word or expression is first introduced. A chapter reference in parentheses indicates the word was not required. Required words in this list are taken from the sections titled **En contexto, Así se dice, Presentación,** and **Expansión de vocabulario**.

Adjectives are given in the masculine, with the feminine endings noted. In the case of irregular adjectives and professions, the feminine form is given in full. Idiomatic expressions are listed under the first word, as well as the main words, in each idiom. Verbs marked * are irregular in some forms and may be found in the verb charts.

Parts of speech are included when necessary to avoid confusion. The following abbreviations are used:

abbrev. abbreviation, *adj.* adjective, *adv.* adverb, *art.* article, *d.o.* direct object, *fam.* familiar, *f* feminine, *inf.* infinitive, *i.o.* indirect object, *lit.* literally, *m* masculine, *obj.* object, *pl.* plural, *poss.* possessive, *prep.* preposition, *pron.* pronoun, *sing.* singular, *subj.* subject

A

a to **1; al** to the **2; ¡A la cama!** To bed **7; al aire libre** outdoors **9; al lado de** next to, beside **8; a lo mejor** maybe **2; a pie** on foot **8; ¿A qué hora...?** At what time...? **5; a través de** through **10; a veces** sometimes **4; A ver...** Let's see.... **4**
abandonar to abandon **12**
el abogado, la abogada lawyer **11**
Abran el libro. Open your book. (*pl.*) **0**
abrazar to embrace, to hug **10**
el abrazo hug **8**
el abrigo coat **10**
abril (*m*) April **8**
abrir to open **6; Abran el libro.** Open your book. (*pl.*) **0**
la abuela grandmother **4**

el abuelo grandfather **4**
los abuelos grandparents **4**
aburrido,-a boring **1;** bored **3**
acabar to finish **11; acabar de + *inf.*** to have just **9**
el acampador, la acampadora camper **9**
acampar to camp **9**
accidentalmente accidentally **12**
aconsejar to advise **11**
acostarse (o → ue)* to go to bed **10**
el actor actor **11**
la actriz (*pl.* **actrices**) actress **11**
acuático,-a water, aquatic **8; el esquí acuático** water skiing **9**
además in addition, besides **4**
adiós good-bye **0**
admirar to admire **8**
¿adónde? where...(to)? **2**
el aeropuerto airport **2**

afectar to affect (**3**)
aficionado,-a amateur (**2**)
la agencia agency **11**
el agente, la agente agent; **agente de viajes,** travel agent **11**
agitado,-a hectic, agitated **8**
agosto (*m*) August **8**
agradable pleasant, likable, nice **1**
el agua (*f*) water **6; hacer agua** to take on water **12**
ahí there **7**
ahora now **2**
el aire air **12; al aire libre** outdoors **9**
el ajedrez chess **9**
el álbum album **4**
alegrarse to be glad; **¡Cuánto me alegro!** I'm so glad! **3**
alegre cheerful, lively (**1**); **alegremente** happily, cheerfully **7**

la **alegría** happiness,
contentment (**12**)
alemán, alemana German (**11**)
el **alemán** German (language) **8**
Alemania (*f*) Germany **8**
el **álgebra** (*f*) algebra **3**
algo something **3**
alguien somebody **10**
algún, alguna some (*adj.*) **12**;
algún día some day **2**; **algún
lado** somewhere **12**
alguno some (*pron.*) **8, 12**
almorzar (o → ue)* to have
lunch **9**
el **almuerzo** lunch **6**
alto,-a tall **1**
la **altura** altitude, height (**12**)
allá over there **7**
allí there **8**
amable kind, courteous,
amiable (**12**)
amarillo,-a yellow **10**
amazónico,-a Amazon **12**
americano,-a (North, Central,
South) American; **el fútbol
americano** football **0**
el **amigo,** la **amiga** friend **1**
el **amor** love **7**
anaranjado,-a orange **10**
andar to ride **2**; **andar en
bicicleta** to ride a bike, to go
bike riding **2**
el **andinismo** mountaineering (in
the Andes) (**12**)
el **anillo** ring **4**
animado,-a animated; **el dibujo
animado** cartoon **7**
el **animal** animal **1**; **animal
doméstico** pet **11**
anoche last night **10**
la **ansiedad** anxiety (**11**)
anteayer the day before
yesterday **10**
los **anteojos** (eye)glasses **4**;
anteojos de sol sunglasses **10**
antes (de) before **5**
antiguo,-a ancient, old **10**
antipático,-a unpleasant **1**
el **anuario** yearbook **9**
el **anuncio** commercial,
advertisement **7**

el **año** year **2**; **¿Cuántos años
tiene?** How old is he / she? **2**;
tener _____ años to be _____
years old **4**
aparecer to appear **12**
el **apartamento** apartment **4**
el **apodo** nickname (**0**)
aprender (a) to learn (to) **5**
aquel, aquella that (*over there*)
(*adj.*) **7**
aquél, aquélla that one (*over
there*) (*pron.*) **7**
aquello that (*over there*)
(*pron.*) **7**
aquellos, aquellas those (*over
there*) (*adj.*) **7**
aquéllos, aquéllas those (*over
there*) (*pron.*) **7**
aquí here **2**
el **árabe** Arab (language) **8**
Arabia Saudita (*f*) Saudi
Arabia **8**
arreglar to arrange; **arreglar el
cuarto** to straighten up one's
room **2**
el **arroz** rice **6**
el **arte** art **5**
las **artes** the arts (**9**)
la **artesanía** handcrafts **10**
el **artista,** la **artista** entertainer **11**
asado,-a roasted; **la carne
asada** roast beef **6**
así so, (in) that way (**10**); **Así,
así.** So-so. **0**
asistir a to attend **6**
asociado,-a associated; **la
palabra asociada** associated
word (**9**)
el **astronauta,** la **astronauta**
astronaut (**12**)
a través de through **10**
los **audífonos** headphones (**4**)
aumentar to increase;
aumentar de peso to gain
weight **6**
el **autobús** (*pl.* **autobuses**) bus **8**;
la parada del autobús bus
stop (**8**); **la terminal de
autobuses** bus terminal **2**
el **automóvil** automobile, car; **la
carrera de automóviles** car

race **12**
la **avenida** avenue **4**
la **aventura** adventure **12**
la **aviación** aviation **11**
el **avión** (*pl.* **aviones**) plane **8**;
pilotear un avión to fly a
plane **12**
¡Ay, no! Oh, no! **1**
ayer yesterday **10**
ayudar to help; **ayudar en casa**
to help at home **2**
azul blue **10**

B

bailar to dance **1**
el **baile** dance **3**; **baile de disfraces**
costume ball **7**
bajar to descend, to go down
12; to lower **7**; **bajar de peso**
to lose weight **6**; **bajar la voz**
to lower one's voice **7**
bajo,-a short **1**; low (**10**)
el **baloncesto** basketball **0**
el **banco** bank **2**
la **bandera** flag **12**
bañarse to take a bath **10**
el **baño** bath; **el traje de baño**
swimsuit **10**
barato,-a cheap **4**
el **barco** boat, ship **8**
el **barómetro** barometer (**3**)
el **barrio** neighborhood (**7**)
bastante quite, fairly, rather **1**;
Pues, bastante bien. Oh,
pretty well. **0**
la **basura** garbage **9**; **sacar la
basura** to take out the
garbage **10**
la **bebida** drink **6**
el **béisbol** baseball **0**; **el guante de
béisbol** baseball glove **5**
besar to kiss **10**
la **biblioteca** library **2**
el **bibliotecario,** la **bibliotecaria**
librarian (**7**)
la **bicicleta** bicycle; **andar en
bicicleta** to ride a bike, to go
bike riding **2**

bien fine, well; **Bien, gracias.** Fine, thank you. **0**; **Está bien.** OK. Fine. **2**; **Muy bien, gracias.** Very well, thank you. **0**; **Pues, bastante bien.** Oh, pretty well. **0**

la billetera billfold **4**

la biología biology **5**

el bistec steak **6**

blanco,-a white **10**

la blusa blouse **4**

la boca mouth **10**

el boletín (*pl.* **boletines**) bulletin **(5)**

el boliche bowling **2**; **jugar boliche** to bowl, to go bowling **2**

el bolígrafo ball-point pen **1**

la bolsa purse **4**

bonito,-a pretty, nice **1**

el bosque woods, forest **9**

las botas boots **10**

el bote boat **3**

Brasil (*m*) Brazil **8**

el brazo arm **10**

la brisa breeze **8**

buen, bueno,-a good **1**; **Buenas noches.** Good evening. Good night. **0**; **¡Buena suerte!** Good luck! **3**; **Buenas tardes.** Good afternoon. **0**; **Bueno, . . .** OK, well, ... **2**; **Buenos días.** Good morning. **0**; **estar en buena forma** to be in good shape **9**; **Hace buen tiempo.** It's good weather. **3**; **¡Qué bueno!** Good! **3**

buscar* to look for **5**

C

la cabeza head **10**; **tener dolor de cabeza** to have a headache **3**

cada each **(11)**

el café café **2**; coffee **6**

los calcetines socks **10**

la calculadora calculator **4**

el calor heat; **Hace calor.** It's hot. **3**; **tener calor** to be (feel) warm, hot **6**

la calle street **4**

la cama bed **9**; **¡A la cama!** To bed! **7**

la cámara camera **3**

la camarera waitress **(10)**

el camarero waiter **(10)**

el camarón (*pl.* **camarones**) shrimp **6**

cambiar to change **12**

caminar to walk **9**

la caminata hike, walk **9**; **dar caminatas** to go for hikes **9**

el camino way, path **9**

la camisa shirt **4**

la camiseta T-shirt **4**

el campamento camp **8**; **campamento de verano** summer camp **8**

el campo country, countryside, field **8**

Canadá (*m*) Canada **8**

la canción (*pl.* **canciones**) song **7**

la cancha court, playing field **(6)**

la canoa canoe **12**

cansado,-a tired **3**

cantar to sing **1**

la cara face **10**

la carabela ship, caravel (*an ancient ship*) **12**

¡Caramba! Wow!, Shoot! **7**

la carne meat **6**; **carne asada** roast beef, barbecued beef **6**

la carnicería butcher shop **11**

caro,-a expensive **4**

la carrera race **12**; **carrera de automóviles** car race **12**

el carro car **1**

la carta letter **5**

el cartel poster **4**

la casa house, home **2**; **ayudar en casa** to help at home **2**; **en casa** at home **2**; **regresar a (la) casa** to return home **4**

casi almost **4**

castaño,-a brown (*hair, eyes*) **10**

el catarro head cold **3**; **tener**

catarro to have a cold **3**

la catedral cathedral **8**

catorce fourteen **0**

celoso,-a jealous **3**

la cena dinner **6**

el centro downtown, center of town **2**

cerca de near, close to **8**

el cerdo pork **6**; **la chuleta de cerdo** pork chop **6**

cero zero **0**

cerrar (**e → ie**)* to close; **Cierren el libro.** Close your book. (*pl.*) **0**

el cielo sky **12**

cien one hundred **1**; **ciento** one hundred (*used in counting:* **ciento uno** *and above*) **4**

la ciencia-ficción science fiction; **la película de ciencia-ficción** science fiction film **7**

las ciencias science, the sciences **5**

el científico, la científica scientist **5**

ciento one hundred (*used in counting:* **ciento uno** *and above*) **4**

Cierren el libro. Close your book. (*pl.*) **0**

cierto true **(4)**; **por cierto** as a matter of fact **2**

cinco five **0**

cincuenta fifty **1**

el cine movies, movie theater **2**

la cinta cassette tape **4**

la cita appointment **(10)**

la ciudad city **8**

la clase class **1**

el cliente, la cliente customer, client **6**

el clima climate **(8)**

el cobarde, la cobarde coward **(12)**

la cocina cooking, cuisine **9**

cocinar to cook **2**

el cocinero, la cocinera cook **6**

colaborar to collaborate **9**

coleccionar to collect **9**

el coleccionista, la coleccionista collector **9**

el colegio (private) school **5**

el **color** color **10**

la **comedia** comedy **7**

comentar to comment **(4)**

los **comentarios** comments **(4)**

comenzar (e → ie)* **(a)** to begin (to), to start (to) **7**

comer to eat **5**; **llevar a comer** to take out to eat **4**

cómico,-a comical **7**

la **comida** food, meal **6**

el **comilón**, la **comilona** glutton **7**

como like, such as **2**; since, as **8**

¿cómo? what? **0**; **¿Cómo es?** What is he / she like? **1**; **¿Cómo está(s)?** How are you? (formal sing., fam. sing.) **0**; **¿Cómo se dice...?** How do you say...? **0**; **¿Cómo se (te) llama(s)?** What's your name? (formal sing., fam. sing.) **0**

el **compañero**, la **compañera** classmate **(2)**

la **competencia** competition **(11)**

el **competidor**, la **competidora** competitor **(2)**

comprar to buy **3**

las **compras** shopping (lit. purchases) **2**; **ir de compras** to go shopping **2**

comprender to understand **5**

la **computadora** computer; **programación de computadoras** computer programming **5**; **el programador (la programadora) de computadoras** computer programmer **11**; **trabajar en la computadora** to work at the computer **2**

común common **(12)**

con with **2**; **con cuidado** carefully **10**; **conmigo** with me **8**; **con mucho gusto** with pleasure **(6)**; **¿Con qué frecuencia?** How often? **4**; **contigo** with you (fam. sing.) **8**

el **concierto** concert **1**

el **concurso** quiz show, contest **7**

la **condición** (pl. **condiciones**) condition; **condición física** physical condition **11**

conducir* to drive **6**

conmigo with me **8**;

conocer* to know, to be acquainted with, to be familiar with **6**

conseguir (e → i, i)* to get, to obtain **11**

el **consejero**, la **consejera** advisor **(11)**

el **consejo** advice **(6)**

conservar to conserve, to preserve **9**

considerado,-a considerate, thoughtful **(4)**

consistir en to consist of **11**

la **consulta** appointment; **consulta médica** doctor's appointment **(11)**

la **contabilidad** bookkeeping, accounting **5**

contento,-a happy **3**

contestar to answer; **Contesten.** Answer. **0**

contigo with you (fam. sing.) **8**

contra against **2**

conversar to talk **(2)**

la **copa** cup; **Copa Mundial** World Cup (soccer) **(3)**

el **corazón** (pl. **corazones**) heart **10**

la **corbata** necktie **10**

el **coro** choir, chorus **9**

el **correo** post office **2**

correr to run, to jog **9**

la **corrida de toros** bullfight **8**

la **corriente** current **12**

corto,-a short **8**

la **cosa** thing; **tantas cosas que hacer** so many things to do **5**

costar (o → ue)* to cost **9**; **¿Cuánto cuesta(n)?** How much does it (do they) cost? **4**

crecer* to grow **12**

creer* to think, to believe **5**; **Creo que no.** I don't think (believe) so. **5**;

Creo que sí. I think (believe) so. **5**; **¡No lo creo!** I don't believe it! **5**

la **crema** cream **(6)**

Creo que no. I don't think (believe) so. **5**; **Creo que sí.** I think (believe) so. **5**

la **criatura** creature **(12)**

cruzar to cross **12**

el **cuaderno** notebook **1**

¿cuál? what?, which? **2**; **¿Cuál es la fecha de hoy?** What is today's date? **8**; **¿Cuál es tu dirección?** What is your address? **4**

cuando when **(3)**

¿cuándo? when? **2**

¿cuánto,-a? how much? how many? **1**; **¿Cuánto cuesta(n)?** How much does it (do they) cost? **4**; **¡Cuánto lo siento!** I'm so sorry! **3**; **¡Cuánto me alegro!** I'm so glad! **3**; **¿Cuántos años tiene?** How old is he / she? **2**; **¿Cuántos (cuántas) hay?** How many are there? **1**

cuarenta forty **1**

el **cuarto** room; **arreglar el cuarto** to straighten up one's room **2**; quarter (hour) **5**

cuatro four **0**

cuatrocientos,-as four hundred **4**

el **cuello** neck **10**

la **cuenta** bill (in a restaurant) **6**

el **cuerpo** body **10**

el **cuidado** care; **con cuidado** with care, carefully **(10)**; **¡Cuidado!** Be careful! **(6)**; **tener cuidado (de)** to be careful (to) **9**

cuidar to take care of **4**

la **cultura** culture **11**

el **cumpleaños** birthday **4**; **¡Feliz cumpleaños!** Happy birthday! **4**

el **curso** course, class; **seguir un curso** to take a course **11**

Ch

la chaqueta jacket **10**
el cheque check **(11)**
la chica girl **1**
el chico boy **1**
China (*f*) China **8**
el chino Chinese (language) **8**
el chocolate chocolate, hot chocolate **6**
la chuleta de cerdo pork chop **6**

D

las damas checkers **9**
el daño harm; **hacer daño** to do harm **9**
dar* to give **8**; **dar caminatas** to go for hikes **9**; **dar la vuelta al mundo** to travel around the world **12**; **dar un paseo** to take a walk **2**
de from, of, about **1**; **¿De dónde eres?** Where are you (*fam. sing.*) from? **1**; **del** of the, from the **(4)**; **de la mañana** in the morning, A.M. **5**; **de la noche** at night, P.M. **5**; **de la tarde** in the afternoon, in the evening, P.M. **5**; **de memoria** by heart **(2)**; **De nada.** You're welcome. **0**; **¿De quién(es)...?** Whose...? **4**; **¿De quién es / son?** Whose is it / are they? **4**; **de regreso** back home **(8)**; **de repente** suddenly **7**; **¿De veras?** Really? **3**; **de verdad** really, truly **8**
debajo de under, beneath **8**
el debate debate **9**
deber to have to, should, must **5**
decidir to decide **11**
decir* to say, to tell **7**; **¿Cómo se dice...?** How do you say...? **0**; **decir que no (sí)** to say no (yes) **7**; **es decir** that is to say **11**; **¡No me digas!** Don't tell me! (*fam. sing.*) **3**; **¿Qué quiere decir...?** What does...mean? **0**
el dedo finger **10**; **dedo (del pie)** toe **10**
dejar to leave (behind) **9**
del of the, from the **(4)**
delgado,-a thin, slender **4**
demasiado too much **9**
el dentista, la dentista dentist **11**
dentro de inside of **7**
el deporte sport **1**
deportivo,-a sports (*adj.*) **7**; **el reportaje deportivo** sports report **7**
deprimido,-a depressed **3**
la derecha right; **Doble a la derecha.** Turn right. (*formal sing.*) **8**
derecho,-a straight **8**; **Siga derecho.** Go straight ahead. (*formal sing.*) **8**
desagradable disagreeable, unpleasant **1**
desaparecer to disappear **7**
desayunar to have breakfast **6**
el desayuno breakfast **6**
descansar to rest **2**
descubrir to discover, to find out **(12)**
desde from **8**
desear to want **5**
desesperado,-a hopeless, desperate **12**
el desierto desert **(12)**
desilusionado,-a disappointed **3**
el desorden (*pl.* **desórdenes**) disorder; **¡Qué desorden!** What a mess! **(7)**
despertarse (**e → ie**)* to wake up **10**
después afterward, after **3**; **después (de)** after **5**
detenerse (**e → ie**)* to stop, to pause **12**
detrás de behind **8**
el día day **3**; **algún día** someday **2**; **Buenos días.** Good morning. **0**; **Día de la Raza** Columbus Day **12**; **día tras día** day after day **(10)**; **¿Qué día es hoy?** What (day of the week) is today? **5**; **todos los días** every day **4**
el diario diary, journal **12**
dibujar to draw **9**
el dibujo drawing **7**; **dibujo animado** cartoon **7**
el diccionario dictionary **4**
diciembre (*m*) December **8**
diecinueve nineteen **1**
dieciocho eighteen **1**
dieciséis sixteen **1**
diecisiete seventeen **1**
el diente tooth **10**
diez ten **0**
difícil difficult **1**
la dificultad difficulty **12**
digas: ¡No me digas! Don't tell me! (*fam. sing.*) **3**
el dinero money **1**
Dios God; **¡Dios mío!** My goodness! **5**
la dirección (*pl.* **direcciones**) address; **¿Cuál es tu dirección?** What is your address? **4**
el director, la directora director **11**
el disco record **1**
el disfraz (*pl.* **disfraces**) costume **7**; **el baile de disfraces** costume ball **7**
divertido,-a fun, amusing **1**
divertirse (**e → ie, i**)* to have fun **11**
doblar to turn; **Doble a la derecha.** Turn right. (*formal sing.*) **8**; **Doble a la izquierda.** Turn left. (*formal sing.*) **8**
doce twelve **0**
el documental documentary **7**
doler (**o → ue**)* to hurt **10**
el dolor pain, ache **3**; **dolor de cabeza** headache **3**; **dolor de espalda** backache **3**; **dolor de estómago** stomachache **3**;

dolor de garganta sore throat 3; **dolor de muelas** toothache 3; **¡Qué dolor!** How painful! (3)

doméstico domestic; **el animal doméstico** pet 11

domingo Sunday 5; **el domingo** (on) Sunday 5

el dominó domino, dominoes 9

donde where (6)

¿dónde? where (6); **¿De dónde eres?** Where are you (*fam. sing.*) from? 1; **¿Dónde está?** Where is he / she / it? 3

el dormilón, la dormilona sleepyhead (9)

dormir (o → ue, u)* to sleep 6; **el saco de dormir** sleeping bag 9

dormirse (o → ue, u)* to fall asleep 10

dos two 0; **los (las) dos** both (2)

doscientos,-as two hundred 4

dulce sweet (*adj.*) 10

los dulces sweets 6

durante during 5

E

e and (*before i and hi*) 5

el edificio building 10

la educación física physical education 5

EE.UU. U.S., United States

el ejemplo example; **por ejemplo** for example (5)

el ejercicio exercise 11

el, los the 1

él he 1; him (*after prep.*) 8

eléctrico,-a electric 11

ella she, 1; her (*after prep.*) 8

ellos, ellas they 1; them (*after prep.*) 8

emocionado,-a excited 3

emocionante exciting 1

empezar (e → ie)* (a) to begin (to), to start (to) 7

en in, on, at 1; **en casa** at home 2; **en fin** all in all 8; **en**

nombre de in the name of 12; **en punto** sharp 5; **en serio** seriously 11; **en venta** on sale 10

encantado,-a delighted 3

encantar to be delightful, to delight 6; **me encanta(n)** I love, I like a lot 6

encima de on top of, above 8

encontrar (o → ue)* to find 9

encontrarse (o → ue)* to meet 9

la encuesta survey (1)

enero (*m*) January 8

la enfermedad sickness, disease (3)

el enfermero, la enfermera nurse 11

enfermo,-a sick 3

enfrente de in front of 8

enojado,-a angry 3

la ensalada salad 6

enseñar to teach 7

entender (e → ie)* to understand 7; **No entiendo.** I don't understand. 0

entonces then 2

la entrada appetizer 6

entrar (en, a) to enter 7

entre between, among 8

la entrevista interview 12

el equipo team 2; equipment 9

eres: ¿De dónde eres? Where are you (*fam. sing.*) from? 1

esa that (*nearby*) (*adj.*) 7

ésa that one (*nearby*) (*pron.*) 7

escalar to climb 12

escribir to write 6; **la máquina de escribir** typewriter 3

el escritor, la escritora writer 11

escuchar to listen (to) 1; **escuchar la radio** to listen to the radio 1; **Escuchen.** Listen. (*pl.*) 0

la escuela school 1; **escuela primaria** elementary school (10); **escuela secundaria** high school 11

es decir that is to say 11

ese, esa that (*nearby*) (*adj.*) 7

ése, ésa that one (*nearby*) (*pron.*) 7

Es hora de… It's time to…. 7

eso that (*pron.*) 7; **por eso** that's why, therefore 4; **¿Qué es eso?** What is that? 3

espacial space (*adj.*); **la nave espacial** spaceship (12)

el espacio space; **hacer un viaje al espacio** to take a trip to outer space 12

la espalda back; **tener dolor de espalda** to have a backache 3

español, española Spanish (11)

el español Spanish (language) 1

la esperanza hope 12

esperar to wait (for) 5

las espinacas spinach 6

el esquí acuático water skiing 9

esquiar to ski 1

esta this (*adj.*) 7; **esta noche** tonight 2

ésta this one (*pron.*) 7

la estación season 8

el estadio stadium 2

los Estados Unidos (*abbrev.* **EE.UU.**) United States 8

la estampilla stamp 9

estar* to be 3; **¿Cómo está(s)?** How are you (*formal sing., fam. sing.*)? 0; **Está bien.** OK. fine. 2; **Está lloviendo.** It's raining. 3; **Está nevando.** It's snowing. 3; **Está nublado.** It's cloudy. 3; **estar a la moda** to be in style 10; **estar en buena forma** to be in good shape 9

este, esta this (*adj.*) 7; **esta noche** tonight 2; **este fin de semana** this weekend 2

éste, ésta this one (*pron.*) 7

esto this (*pron.*) 7; **¿Qué es esto?** What is this? 3

el estómago stomach; **tener dolor de estómago** to have a stomachache 3

la estrella star 1; movie star (1); **mirar las estrellas** to stargaze 1

el estudiante, la estudiante student **1**

estudiantil student (*adj.*) **9**

estudiar to study **1**

los **estudios** studies **11**

europeo,-a European **10**

evitar to avoid **6**

exagerado,-a theatrical, exaggerated **3**

el **examen** (*pl.* **exámenes**) exam **1**

excelente excellent **1**

excepcional exceptional **11**

exigente demanding **9**

exigir to demand, to require **11**

el **éxito** hit, success **3**

la **experiencia** experience **11**

la **explicación** explanation **5**

explicar to explain **9**

el **explorador**, la **exploradora** explorer; el **muchacho explorador** Boy Scout **9**

explorar to explore **12**

extranjero,-a foreign **11**

el **extranjero** abroad, foreign countries; **ir al extranjero** to go abroad **8**

F

fabuloso,-a fabulous **8**

fácil easy **1**

la **falda** skirt **10**

la **familia** family **4**

el **familiar** relative **4**

famoso,-a famous **8**

fanático,-a fanatical; **ser fanático de** to be a fan of **2**

¡Fantástico! Great! **3**

el **farmacéutico**, la **farmacéutica** pharmacist **11**

fascinar to fascinate **9**

favor favor; **por favor** please **0**

favorito,-a favorite **7**

febrero (*m*) February **8**

la **fecha** date **8**; **¿Cuál es la fecha de hoy?** What is today's date? **8**; **¿Qué fecha es hoy?** What is today's date? **8**

feliz happy; **¡Feliz cumpleaños!** Happy birthday! (**4**); **¡Feliz Navidad!** Merry Christmas! (**3**)

feo,-a ugly **1**

la **feria** fair (**4**)

la **fiebre** fever; **tener fiebre** to have a fever **3**

la **fiesta** party **1**; **fiesta de sorpresa** surprise party (**11**)

la **figura** figure **7**

el **fin** goal, end **12**; **en fin** all in all **8**; **este fin de semana** this weekend **2**; **los fines de semana** (on) weekends **2**; **por fin** finally **8**

finalmente finally **5**

la **física** physics **5**

físico,-a physical; **la condición física** physical condition **11**; **la educación física** physical education **5**

el **flan** baked custard, flan **6**

la **fogata** campfire **9**

la **forma** form, shape; **estar en buena forma** to be in good shape **9**

formidable great, wonderful **1**

la **foto** photo **2**; **sacar fotos** to take pictures **2**

el **fotógrafo**, la **fotógrafo** photographer **2**

francés, francesa French (**11**)

el **francés** French (language) **5**

Francia (*f*) France **8**

la **frecuencia** frequency; **¿Con qué frecuencia?** How often? **4**

frente a facing, opposite **8**

la **fresa** strawberry **6**

fresco cool; **Hace fresco.** It's cool. **3**

los **frijoles** beans **6**

frío cold; **Hace frío.** It's cold. **3**; **tener frío** to be cold **6**

frito,-a fried **6**; **papas fritas** french fries (**6**)

la **fruta** fruit **6**

el **fuego** fire **9**

fuerte strong **12**

el **fútbol** soccer **0**; **fútbol americano** football **0**

el **futuro** future **11**

G

la **gana** want, wish; **tener ganas de** to feel like **3**

ganar to earn **2**; to win **7**

la **garganta** throat **10**; **tener dolor de garganta** to have a sore throat **3**

gastar to spend (*money*) **4**

el **gato** cat **3**

el **genio**, la **genio** genius **4**

la **gente** (*sing.*) people **7**

la **geografía** geography **5**

la **geometría** geometry **5**

el **gerente**, la **gerente** manager **11**

la **gimnasia** gymnastics **1**

gordo,-a fat **4**

el **gorila**, la **gorila** gorilla **11**

la **grabadora** tape recorder **3**

gracias thank you **0**; **Bien, gracias.** Fine, thank you. **0**; **Muy bien, gracias.** Very well, thank you. **0**

graduarse to graduate **11**

gran, grande big, large **4**

la **gripe** flu; **tener gripe** to have the flu **3**

gris gray **10**

gritar to shout **12**

el **grupo** group **9**

los **guantes** gloves **10**; **guante de béisbol** baseball glove **5**

guapo,-a good-looking **1**

el **guía**, la **guía** guide; **la muchacha guía** Girl Scout **9**

el **guineo** banana (*short variety*) **12**

la **guitarra** guitar **1**; **tocar la guitarra** to play the guitar **2**

gustar to be pleasing, to please **6**; **Me gusta(n)...** I like.... **0, 1**; **Me gustaría...** I would like.... **4**; **No me gusta...** I don't like.... **0**; **¿Te gusta(n)...?** Do you (*fam. sing.*) like...? **1**

el gusto taste, liking (1); **con mucho gusto** with pleasure (6); **Mucho gusto.** Pleased to meet you. 0

H

hablar to speak 1; **hablar por teléfono** to talk on the telephone 2

hacer* to do, to make 2; **Hace buen (mal) tiempo.** It's good (bad) weather. 3; **Hace calor.** It's hot. 3; **Hace fresco.** It's cool. 3; **Hace frío.** It's cold. 3; **hacer agua** to take on water 12; **hacer daño** to do harm 9; **hacer un viaje** to take a trip 8; **hacer un viaje al espacio** to take a trip to outer space 12; **Hace sol.** It's sunny. 3; **Hace viento.** It's windy. 3; **¿Qué tiempo hace?** How is the weather? 3; **tantas cosas que hacer** so many things to do 5

hacerse to become 11

hacia toward 12

la hamaca hammock 2

el hambre (*f*) hunger; **pasar hambre** to suffer from hunger 12; **tener hambre** to be hungry 6

hasta until 8; **Hasta luego.** See you later. 0; **Hasta mañana.** See you tomorrow. 0; **Hasta pronto.** See you soon. (1)

Hay... There is..., There are.... 1; **¿Cuántos (cuántas) hay?** How many are there? 1; **hay que** one should, it is necessary to 11

el helado ice cream 6

la hermana sister 4

el hermano brother 4

los hermanos brother(s) and sister(s) 4

la hierba plants, grass 12

la hija daughter 4

el hijo son 4

los hijos children, son(s) and daughter(s) 4

hispánico,-a Hispanic 8

hispano,-a Hispanic (3)

la historia history 5

la historieta comic book (comic strip) 4

¡Hola! Hi! 0

el hombre man 10

el hombre (la mujer) de negocios businessperson 11

la hora time, hour 5; **¿A qué hora...?** At what time...? 5; **Es hora de...** It's time to.... 7; **¿Qué hora es?** What time is it? 5

el horario schedule, itinerary (5)

el hospital hospital 3

el hotel hotel 2

hoy today 2; **¿Cuál es la fecha de hoy?** What is today's date? 8; **Hoy es...** Today is.... 5; **¿Qué día es hoy?** What is today? 5; **¿Qué fecha es hoy?** What is today's date? 8

el hueso bone (6)

el huevo egg 6; **la tortilla de huevo** omelet 6

I

la idea idea 3

el idioma (*m*) language 8

la iglesia church 2

Igualmente. Likewise. 0

impaciente impatient 1

el impermeable raincoat 10

importante important 1

importar to matter; **¡Qué importa!** Who cares! 3

imposible impossible 5

impresionante impressive (12)

incluido,-a included (6)

independiente independent 1

el indígena, la indígena Indian, native American (12)

el indio, la india Indian, native American 12

la ingeniería engineering 11

el ingeniero electricista, la ingeniera electricista electrical engineer 11

Inglaterra (*f*) England 8

inglés, inglesa English (11)

el inglés English (language) 1

inmediatamente immediately 12

inolvidable unforgettable (12)

el insecto insect 9

insistir (en) to insist (on) 6

el instituto institute 5

el instrumento instrument 9

inteligente intelligent 1

el intercambio exchange (5)

interesante interesting 1

interesar to interest 9; **me interesa(n)** I am interested in 9; **no me interesa(n)** I am not interested in 9

el invierno winter 8

el invitado, la invitada guest (6)

invitar to invite 5

ir* to go 2; **ir al extranjero** to go abroad 8; **ir de compras** to go shopping 2; **ir de vacaciones** to go on vacation 3; **Vayan al pizarrón.** Go to the chalkboard. (*pl.*) 0

irresponsable irresponsible 1

la isla island 8

Italia (*f*) Italy 8

italiano,-a Italian (11)

el italiano Italian (language) 8

la izquierda left; **Doble a la izquierda.** Turn left. (*formal sing.*) 8

J

el jamón ham 6

Japón (*m*) Japan 8

el japonés Japanese (language) 8

el jardín garden, yard 2

el jefe, la jefa boss 11

joven (*pl.* **jóvenes**) young 1

el joven, la joven (*pl.* **jóvenes**) youth, youngster (**12**)

el juego electrónico video game **1**

jueves Thursday **5**; **el jueves** (on) Thursday **5**

el jugador, la jugadora player **2**

jugar (u → ue)* to play **1**; **jugar boliche** to bowl, to go bowling **2**

el jugo juice **6**

julio (*m*) July **8**

junio (*m*) June **8**

K _____

el kilómetro kilometer **12**

L _____

la the **1**; her, it, you (*formal*) (*d.o.*) **7**

el laboratorio laboratory **5**

lado side; **algún lado** somewhere **12**; **al lado de** next to, beside **8**; **ningún lado** nowhere **12**

el lápiz (*pl.* **lápices**) pencil(s) **1**; **Saquen papel y lápiz.** Take out paper and pencil. (*pl.*) **0**

largo,-a long **10**

las the **1**; them, you (*pl.*) (*d.o.*) **7**

lástima pity, shame; **¡Qué lástima!** What a shame! **3**

lavar to wash **2**

lavarse to wash, to get washed **10**

le (to, for) him / her / you (*formal*) (*i.o.*) **9**

le gusta(n) he / she / you (*formal*) likes **2**

la lección (*pl.* **lecciones**) lesson **5**

la lectura reading (**1**)

la leche milk **6**

leer* to read **5**

lejos de far from **8**

les (to, for) them / you (*pl.*) (*i.o.*) **9**

levantar to lift; **levantar pesas** to lift weights; **9**; **levantar una tienda** to pitch a tent **9**

levantarse to get up **10**; to stand up **0**; **Levántense. Stand up.** (*pl.*) **0**

libre free **8**; **al aire libre** outdoors **9**; **la lucha libre** wrestling **0**; **los ratos libres** free time **9**

el libro book **1**; **Abran (Cierren) el libro. Open (Close) your book.** (*pl.*) **0**

la licencia license, permit **11**

limpio,-a clean **9**

la limusina limousine (**4**)

la lista list (**1**)

listo,-a ready **5**

lo him, it, you (*formal*) (*d.o.*) **7**; **¡Cuánto lo siento!** I'm so sorry! **3**; **lo más posible** as much as possible **11**; **lo siento** I'm sorry (**5**)

loco,-a crazy **5**

los, las the **1**; them, you (*pl.*) (*d.o.*) **7**; **los (las) dos** both, the two (of them) (**2**); **los fines de semana** (on) weekends **2**

la lucha struggle, fight; **lucha libre** wrestling **0**

luego then **12**; **Hasta luego. See you later. 0**

el lugar place **8**

lunes Monday **5**; **el lunes** (on) Monday **5**

Ll _____

llamar to call **5**; **llamar por teléfono** to call on the telephone (**3**)

llamarse to be called; **¿Cómo se (te) llama(s)?** What's your name? (*formal sing.*, *fam. sing.*) **0**; **Me llamo ____.** My name is ____. **0**

la llave key **4**

llegar* to arrive **8**

llevar to take (along) **8**; to take, to wear **10**; **llevar a comer** to take out to eat **4**

llorar to cry **12**

llover to rain **10**; **Está lloviendo. It's raining. 3**

la lluvia rain **12**

M _____

la madre (mamá) mother (mom) **4**

el maíz corn; **la tortilla de maíz** corn tortilla **6**

mal badly, poorly **4**; **salir mal** to do poorly (**11**); **sentirse mal** to feel bad (sick) (**11**)

mal (*m*), **malo,-a** bad **1**; **Hace mal tiempo. It's bad weather. 3**

mamá mom **4**

el mandato command (**0**)

el maniquí mannequin (**10**)

la mano hand **10**

la mantequilla butter **6**

la manzana apple **6**

mañana tomorrow **2**; **Hasta mañana. See you tomorrow. 0**; **pasado mañana** day after tomorrow **4**

la mañana morning **5**; **de la mañana** in the morning, A.M. **5**; **por la mañana** in the morning **5**

el mapa map **12**

la máquina machine; **máquina de escribir** typewriter **3**

el mar sea **8**

maravilloso,-a wonderful **12**

el marciano, la marciana Martian (**7**)

el marinero, la marinera sailor **12**

marrón brown **10**

martes Tuesday **5**; **el martes** (on) Tuesday **5**

marzo (*m*) March **8**

más more 2; lo más posible as much as possible 11; más o menos more or less 9; más...que more...than 12; más tarde later 2; No puedo más. I can't take any more. 8

las matemáticas mathematics 3

maya Mayan (adj.) (8)

mayo (m) May 8

mayor older 4; mayor que older than 12

me me (d.o.) 8; (to, for) me (i.o.) 8; me encanta(n) I love, I like a lot 6; Me gusta(n)... I like.... 0, 1; Me gustaría... I would like.... 4; Me llamo ____. My name is ____. 0

la mecanografía typing 5

media half (past the hour) 5

la medianoche midnight 5

el médico, la médica doctor 11

el mediodía noon 5

el medio means; medio de transporte means of transportation (8)

mejor better; a lo mejor maybe 2; el (la) mejor the best 8; Mejor no. Better not. 7; mejor...que better...than 12

el melón cantaloupe 6

la memoria memory; de memoria by heart (2)

menor younger 4; menor que younger than 12

menos less (6); before the hour 5; más o menos more or less 9; menos...que less...than 12; por lo menos at least 11

mental mental 11

la mentira lie 7

el menú menu 6

el mercado market (1); el supermercado supermarket 2

la mermelada jam 6

el mes month 8

la mesa table 6

la mesera waitress 6

el mesero waiter 6

mexicano,-a Mexican 8

la mezcla mixture 10

mí me (after prep.) 6; para mí as far as I am concerned, to me 4

mi, mis my 4

el miedo fear; tener miedo (de) to be afraid (of) 6

el miembro, la miembro member 9

miércoles Wednesday 5; el miércoles (on) Wednesday 5

mil one thousand 4

un millón (de) one million 4

el minuto minute 7

mirar to watch; mirar las estrellas to stargaze 1

mis See mi.

mismo: lo mismo the same 6

la mochila backpack 4

la moda style, fashion 10; estar a la moda to be in style 10

moderno,-a modern 11

la moneda coin 9

la montaña mountain 8

el monumento monument 8

morado,-a purple 10

mostrar (o → ue)* to show 9

la moto (f) motorcycle 3

la muchacha girl 10; muchacha guía Girl Scout 9

el muchacho boy 10; muchacho explorador Boy Scout 9

mucho a lot, much (adv.) 1

mucho,-a much, a lot, (sing.), many (pl.) (adj.) 1; con mucho gusto with pleasure 6; muchas veces often 4; Mucho gusto. Pleased to meet you. 0

la muela tooth; sacar una muela to pull a tooth 11; tener dolor de muelas to have a toothache 3

la mujer woman 10

mundial world (adj.); la Copa Mundial World Cup (soccer) (3)

el mundo world (0); dar la vuelta al mundo to travel around the world 12; todo el mundo

everyone, everybody 8

la muñeca doll 9

el músculo muscle 9

el museo museum 2

la música music 3; música rock rock music 3

muy very 1; Muy bien, gracias. Very well, thank you. 0

N

nada not at all, nothing 1; De nada. You're welcome. 0

nadar to swim 1

nadie nobody 12

la naranja orange 6

la nariz nose 10

la natación swimming 8

natural natural; el recurso natural natural resource 9

la naturaleza nature 8

la nave espacial spaceship (12)

navegar* to sail, to navigate 12

la Navidad Christmas; ¡Feliz Navidad! Merry Christmas! (3)

necesitar to need 5

el negocio business; el hombre (la mujer) de negocios businessperson 11

negro,-a black 10

nervioso,-a nervous 3

nevar (e → ie)* to snow; Está nevando. It's snowing. 3

ni neither, nor; ni...ni neither...nor 6

la nieve snow 8

ningún, ninguna none (adj.) 12; ningún lado nowhere 12

ninguno none (pron.) 12

el niño, la niña child 4

no no, doesn't, don't 0; ¡Ay, no! Oh, no! 1; Creo que no. I don't think (believe) so. 5; decir que no to say no 7; Mejor no. Better not. 7; ¿no? right?, isn't it?, don't you? 2; No entiendo. I don't understand. 0; No es para

tanto. Big deal. **7;** ¡**No lo creo!** I don't believe it! **5;** ¡**No me digas!** Don't tell me! **3; No me gusta...** I don't like.... **0;** ¡**No puede ser!** It can't be! **3; No puedo más.** I can't take any more. **8; No sé.** I don't know. **0;** ¿**No te parece?** Don't you (*fam. sing.*) think so? (**4**)

la noche night, evening; **anoche** last night **10; Buenas noches.** Good evening. Good night. **0; de la noche** at night, P.M. **5; esta noche** tonight **2; por la noche** at night **5**

el nombre name; **en nombre de** in the name of **12**

norteamericano,-a American (U.S.) (**11**)

nos (to, for) us (*i.o.*) **6;** us (*d.o.*) **8**

nosotros, nosotras we **1;** us (*after prep.*) **3**

las notas grades; **sacar buenas (malas) notas** to get good (bad) grades **4**

la noticia news item **3**

las noticias news **3**

novecientos,-as nine hundred **4**

la novela novel **5**

noventa ninety **1**

la novia girlfriend **2**

noviembre (*m*) November **8**

el novio boyfriend **2**

nublado cloudy; **Está nublado.** It's cloudy. **3**

nuestro,-a our **4**

nueve nine **0**

nuevo,-a new **1**

el número number **1**

nunca never **4**

O

o or **2; o...o** either...or **12**

observar to observe **9**

octubre (*m*) October **8**

---

el oculista, la oculista eye doctor (**0**)

ocupado,-a busy **5**

ochenta eighty **1**

ocho eight **0**

ochocientos,-as eight hundred **4**

la oficina office **2**

oír* to hear **7**

el ojo eye **10**

olvidar to forget **8**

once eleven **0**

operar to operate **11**

la opinión opinion **7**

el opuesto opposite (**12**)

la orden (*pl.* **órdenes**) order (**10**)

la oreja ear (*outer*) **10**

oscuro,-a dark **10**

el oso bear (**7**); **osito de peluche** teddy bear **4**

la ostra oyster (**6**)

el otoño autumn **8**

otro,-a other, another **2; otra vez** again **3**

¡**Oye!** Hey!, Listen! (*fam. sing.*) **0**

P

el paciente, la paciente patient **1**

el pacto pact (**6**)

el padre (**papá**) father (dad) **4**

los padres parents **4**

la paella (**valenciana**) (Valencian) paella (*a typical Spanish dish*) (**6**)

pagar* to pay **10**

la página page (**11**)

el país country **4**

el pájaro bird **7**

la palabra word; **palabra asociada** associated word (**9**)

el pan bread **6**

los pantalones pants **10**

papá dad **4**

la papa potato **6; papas fritas** french fries (**6**)

el papel paper; **Saquen papel y lápiz.** Take out paper and pencil. (*pl.*) **0**

---

el paquete package (**6**)

para to, in order to, for **2; No es para tanto.** Big deal. **7; para mí** as far as I am concerned, to me **4; servir para** to be good for, to be useful for **10**

el paracaídas parachute **12; saltar en paracaídas** to parachute **12**

la parada stopping place; **parada del autobús** bus stop (**8**)

el parasol parasol, sunshade (**0**)

parecer* to seem **6;** ¿**No te parece?** Don't you (*fam. sing.*) think so? (**4**); ¿**Qué te parece?** What do you (*fam. sing.*) think? **4**

el parque park **2**

participar (**en**) to participate (in) **9**

el partido game, match **2**

pasado,-a last, past **10; pasado mañana** day after tomorrow **4**

el pasajero, la pasajera passenger **11**

pasar to pass, to go by **12;** to spend (*time*) **4; pasar hambre** to suffer from hunger **12;** ¿**Qué les pasa?** What's wrong with you (*pl.*)? (**2**); ¿**Qué pasa?** What's going on? (**4**)

el pasatiempo pastime, hobby **9**

pasear to go for a ride **12; pasear en velero** to go sailing **12**

el paseo excursion **11; dar un paseo** to take a walk **2**

el pastel pastry, cake **6**

patinar to skate **9**

pedir (**e → i, i**)* to ask for, to order **6**

peinarse to comb one's hair **10**

la película movie **2; película de ciencia-ficción** science fiction film **7; película policíaca** detective film **7**

peligroso,-a dangerous **12**

pelirrojo,-a redheaded **10**

el **pelo** hair 10; **tomar el pelo** to kid 11

el **peluche** plush; **el osito de peluche** teddy bear 4

la **pena** pity, shame; **¡Qué pena!** What a shame! 3

pensar (e → ie)* (en) to think (about) 7; **pensar** + *inf.* to plan on, to intend to 7

peor worse; **peor...que** worse...than 12

pequeño,-a small 4

la **pera** pear 6

perder (e → ie)* to lose, to miss (*fail to attend*), to waste (*time*) 7

la **pérdida** loss, waste; **una pérdida de tiempo** a waste of time 7

perdido,-a lost (10)

perfecto,-a perfect 8

el **perfil** profile (9)

el **perfume** perfume 4

el **periódico** newspaper 5

el **periodista, la periodista** journalist 11

permitir to permit, to allow 6

pero but 1

el **perro** dog 3

la **persona** person 3

pesado boring (*lit.* heavy); **pesadísimo** very hectic, terrible 5; **¡Qué pesado!** How boring!, What a nuisance! 3

las **pesas** weights; **levantar pesas** to lift weights 9

el **pescado** fish 6

la **peseta** peseta (*unit of currency, Spain*) (0)

el **peso** peso (*unit of currency, several Latin American countries*) (0)

el **peso** weight; **aumentar de peso** to gain weight 6; **bajar de peso** to lose weight 6

el **pianista, la pianista** pianist 11

el **piano** piano; **tocar el piano** to play the piano 2

el **pie** foot 10; **a pie** on foot 8

la **pierna** leg 10

la **pieza** piece 4

pilotear to pilot; **pilotear un avión** to fly a plane 12

el **piloto, la mujer piloto** pilot 11

la **piscina** swimming pool 2

el **piso** floor 4

el **piyama** pajamas 10

el **pizarrón** chalkboard; **Vayan al pizarrón.** Go to the chalkboard. (*pl.*) 0

los **planes** plans 5

el **plátano** banana, plantain 6

el **plato** plate, dish 2

la **playa** beach 2

la **plaza** plaza, square 2

pobre poor 8; **pobrecito** poor thing 5

poco a little; **pocas veces** rarely 4; **un poco** a little (bit) 3

poder* to be able (to), can, may 9; **¡No puede ser!** It can't be! 3; **No puedo más.** I can't take any more. 8

la **poesía** poetry 5

la **policía** police (force) (11)

el **policía, la mujer policía** police officer 11

policíaco,-a police (*adj.*); **la película policíaca** detective film 7

el **pollo** chicken 6

poner to put, to place, to set 6

ponerse to put on 10

popular popular 1

por about, by, for, through; **hablar por teléfono** to talk on the telephone 2; **por cierto** as a matter of fact 2; **por ejemplo** for example 5; **por eso** that's why, therefore 4; **Por favor.** Please. 0; **por fin** finally 8; **por la mañana** in the morning 5; **por la noche** at night 5; **por la tarde** in the afternoon / evening 5; **por lo menos** at least 11; **¿por qué?** why? 2; **por supuesto** of course 2

porque because 2

Portugal (*m*) Portugal 8

el **portugués** Portuguese (language) 8

posible possible; **lo más posible** as much as possible 11

postal post, postal; **la tarjeta postal** postcard (1)

el **postre** dessert 6

practicar* to practice, to play 1

el **precio** price 6

preferido,-a preferred (8)

preferir (e → ie, i)* to prefer 1, 7

la **pregunta** question 12

preguntar to ask (*a question*) 7

el **preguntón, la preguntona** very inquisitive person, busybody (2)

el **premio** prize 9

preocupado,-a worried 3

la **preparación** preparation 11

preparar to prepare 6

prepararse to prepare oneself, to study 11

primario,-a primary; **la escuela primaria** elementary school (10)

la **primavera** spring 8

primero,-a first 2

el **primo, la prima** cousin 4

la **prisa** haste; **tener prisa** to be in a hurry 6

probablemente probably 9

probarse (o → ue)* to try on 10

el **problema** (*m*) problem 6

la **profesión** profession 11

el **profesor, la profesora** teacher 1

el **programa** (*m*) program 7

la **programación de computadoras** computer programming 5

el **programador (la programadora) de computadoras** computer progammer 11

programar to program 9

la **promesa** promise 12

prometer to promise 5

el **pronóstico del tiempo** weather forecast 7

pronto soon **2**; **Hasta pronto.**
See you soon. (**1**)

la propina tip (*in a restaurant*) **6**

propio,-a (one's) own (**5**)

próximo,-a next **4**

prueba quiz, trial (**11**)

el pueblo town (**12**)

la puerta door (**0**)

el puerto port (**12**)

pues oh, well; **Pues, bastante bien.** Oh, pretty well. **0**

el puesto job, position **11**

el pulpo octopus (**6**)

la pulsera bracelet **4**

el punto point **7**; **en punto** sharp (*time*) **5**; **punto de vista** point of view (**9**)

Q

que that, who **2**; than; **decir que no (sí)** to say no (yes) **7**; **hay que** one should, it is necessary to **11**; **más...que** more...than **12**; **mayor que** older than **12**; **mejor...que** better...than **12**; **menor que** younger than **12**; **menos...que** less...than **12**; **peor...que** worse... than **12**; **tener que** to have to **3**

¿qué? what? which (one)? **1**; **¿A qué hora...?** At what time...? **5**; **¿Con qué frecuencia?** How often? **4**; **¿por qué?** why? **2**; **¡Qué bueno!** Good! **3**; **¡Qué desorden!** What a mess! (**7**); **¿Qué día es hoy?** What is today? **5**; **¡Qué dolor!** How painful! (**3**); **¿Qué es eso/esto?** What is that/this? **3**; **¿Qué fecha es hoy?** What is today's date? **8**; **¿Qué hora es?** What time is it? **5**; **¡Qué importa!** Who cares! **3**; **¡Qué lástima!** What a shame! **3**; **¿Qué les pasa?** What's wrong

with you? (*pl.*) (**2**); **¿Qué pasa?** What's going on? (**4**); **¡Qué pena!** What a shame! **3**; **¡Qué pesado!** How boring!, What a nuisance! **3**; **¿Qué quiere decir...?** What does...mean? **0**; **¿Qué tal?** How are you?, How's it going? **0**; **¿Qué tal...?** What about...? (**4**); **¿Qué te parece?** What do you (*fam. sing.*) think? **4**; **¿Qué tiempo hace?** How is the weather? **3**; **¡Qué tontería!** What nonsense! **3**

quedar to be located **8**; to fit (*clothing*) **10**

quedarse to remain **12**

la queja complaint (**11**)

quejarse (de) to complain (about) **12**

querer to want, to wish **2**; **¿Qué quiere decir...?** What does...mean? **0**

querer to love **7**

querido,-a dear **1**

el queso cheese **6**

¿quién? who? **2**; **¿De quién(es)...?** Whose...? (*sing., pl.*) **4**; **¿De quién es/son?** Whose is it/are they? **4**; **¿Quién es?** Who is it? **1**; **¿Quiénes son?** Who are they? **1**

la química chemistry **5**

quince fifteen **0**

quinientos,-as five hundred **4**

quitarse to take off **10**

quizás maybe **8**

R

el radio radio (set) **3**

la radio radio (*broadcast, programming*) **1**; **escuchar la radio** to listen to the radio **1**

rápido,-a fast, quick **5**

raro,-a strange **3**

el rato while **7**; **ratos libres** free time **9**

la raza race; **el Día de la Raza** Columbus Day **12**

la razón (*pl.* **razones**) reason (**6**); **tener razón** to be right **6**

real royal **12**

recibir to receive **6**

la recomendación recommendation (**6**)

recomendar (e → ie)* to recommend (**6**)

recordar (o → ue)* to remember **9**

el recreo recess **5**

el recuerdo souvenir **8**

el recurso natural natural resource **9**

el refresco soft drink **6**

el regalo gift **4**

la regla rule **9**

regresar to return; **regresar a (la) casa** to return home **4**

el regreso return; **de regreso** back home (**8**)

Regular. OK. **0**

la reina queen **12**

el reloj watch, clock **3**

repente: de repente suddenly **7**

repetir (e → i, i)* to repeat **9**; **Repitan, por favor.** Repeat, please. (*pl.*) **0**

el reportaje report; **reportaje deportivo** sports report **7**

representar to represent (**10**)

respetar to respect **9**

responder to answer **7**

la responsabilidad responsibility **11**

responsable responsible **1**

la respuesta answer (**12**)

el restaurante restaurant **2**

la revista magazine **4**

el rey king **12**

ridículo,-a ridiculous, absurd **7**

el rincón (*pl.* **rincones**) corner (**1**)

el río river **12**

rojo,-a red **10**

el rompecabezas (jigsaw) puzzle **4**

la ropa clothes, clothing **2**

rosado,-a pink **10**
rubio,-a blond **10**
el ruido noise **7**
las ruinas ruins **8**
Rusia (*f*) Russia **8**
el ruso Russian (language) **8**
la rutina routine (**4**)

S

sábado (*m*) Saturday **5; el sábado** (on) Saturday **5**
el sabelotodo, la sabelotodo know-it-all **6**
saber* to know (*a fact, information*), to know how (*to do something*) **6; No sé.** I don't know. **0**
sacar* to take out; **sacar buenas (malas) notas** to get good (bad) grades **4; sacar fotos** to take pictures **2; sacar la basura** to take out the garbage **10; sacar una muela** to pull a tooth **11; Saquen la tarea.** Take out your homework. (*pl.*) **0; Saquen papel y lápiz.** Take out paper and pencil. (*pl.*) **0**
el saco de dormir sleeping bag **9**
la sal salt (**6**)
salir* to go out **2, 6;** to leave **6; salir mal** to do poorly (**11**)
la salsa salsa music (**2**); sauce, gravy (**6**)
saltar to jump **12; saltar en paracaídas** to parachute **12**
la salud health **9**
los saludos regards, greetings **8**
sano,-a healthy, wholesome **6**
el santo saint; **(día del) santo** saint's day (**8**)
Saquen la tarea. Take out your homework. (*pl.*) **0**
Saquen papel y lápiz. Take out paper and pencil. (*pl.*) **0**
sé: No sé. I don't know. **0**
el secretario, la secretaria secretary **11**

secundario,-a secondary; **la escuela secundaria** high school **11**
la sed thirst; **tener sed** to be thirsty **6**
seguir (e → i, i)* to follow, to continue **10; seguir un curso** to take a course **11; Siga derecho.** Go straight ahead. (*formal sing.*) **8**
seguro,-a sure **11**
seis six **0**
seiscientos,-as six hundred **4**
la selva jungle **12**
la semana week **3; este fin de semana** this weekend **2; los fines de semana** (on) weekends **2**
sentarse to sit down; **Siéntense, por favor.** Please sit down. (*pl.*) **0**
el sentimiento feeling (**3**)
sentir(se) e → ie, i)* to feel **11; ¡Cuánto lo siento!** I'm so sorry! **3; lo siento** I'm sorry (**5**)
la señal sign **12**
el señor (*abbrev.* **Sr.**) Mr. **0**
la señora (*abbrev.* **Sra.**) Mrs. **0**
la señorita (*abbrev.* **Srta.**) Miss **0**
separarse to get separated **12**
septiembre (*m*) September **8**
ser* to be **1; ¡No puede ser!** It can't be! **3; ser fanático de** to be a fan of **2**
serio,-a serious **3; en serio** seriously **11**
la serpiente snake **11**
servir (e → i, i)* to serve **10; servir para** to be good for, to be useful for **10**
sesenta sixty **1**
setecientos,-as seven hundred **4**
setenta seventy **1**
si if **3**
sí yes **0; Creo que sí.** I think (believe) so. **5; decir que sí** to say yes **7**
siempre always **4**

Siéntense, por favor. Please sit down. (*pl.*) **0**
siete seven **0**
el siglo century **10**
siguiente next, following **5**
simpático,-a friendly, nice, likable **1**
sin without **8**
el síntoma symptom (**3**)
el sirviente, la sirviente servant (**4**)
el sitio place, site (**12**)
sobre about **2; sobre todo** above all **1**
la sobrina niece; **los sobrinos** niece(s) and nephew(s) (**10**)
el sobrino nephew; **los sobrinos** niece(s) and nephew(s) (**10**)
el sol sun; **los anteojos de sol** sunglasses **10; Hace sol.** It's sunny. **3; tomar el sol** to take a sunbath **8**
solo alone (*adv.*) **9**
solo,-a alone, by oneself, single (*adj.*) **12**
sólo only **4**
solucionar to solve (**4**)
el sombrero hat **10**
el sonido sound **7**
la sopa soup **6**
sorprendido,-a surprised **3**
la sorpresa surprise (**3**); **la fiesta de sorpresa** surprise party (**11**)
su, sus her, his, its, their, your (*formal*) **4**
submarino,-a underwater **12**
el sueño dream **7;** sleep; **tener sueño** to be sleepy **6**
la suerte luck; **¡Buena suerte!** Good luck! **3**
el suéter sweater **4**
sufrir to suffer (**6**)
la sugerencia suggestion (**2**)
el supermercado supermarket **2**
supuesto supposed; **por supuesto** of course **2**
el sur (the) south **12**
sus *See* **su.**

T

tacaño,-a stingy 4

tal thus, so, such ¿Qué tal? How are you? 0; ¿Qué tal...? What about...? (4)

talla size (clothing) 10

también also, too 1

tampoco neither, (not) either 12

tan such a, so 2

tanto so much (adv.) 11

tanto,-a so much (sing.), so many (pl.) (adj.) 11; No es para tanto. Big deal. 7; tantas cosas que hacer so many things to do 5

tarde late 5; más tarde later 2

la tarde afternoon, evening; Buenas tardes. Good afternoon. 0; de la tarde in the afternoon, evening, P.M. 5; por la tarde in the afternoon, evening 5

la tarea homework 0; Saquen la tarea. Take out your homework. (pl.) 0

la tarjeta card 3; tarjeta postal postcard (1)

la tarta tart, pie 6

te you (fam.) (d.o.) 8; (to, for) you (fam.) (i.o.) 8

el té tea 6

el teatro theater 2

¿Te gusta(n)...? Do you (fam. sing.) like...? 1

el teléfono telephone 1; hablar por teléfono to talk on the telephone 2; llamar por teléfono to call on the telephone (3)

la telenovela soap opera 1

la televisión television (broadcast, programming) 0; ver televisión to watch television 1

el televisor television (set) 1

temprano early 8

tener* to have 3; ¿Cuántos años tiene? How old is he / she? 2; tener calor to be hot 6; tener catarro to have a cold 3; tener cuidado (de) to be careful (to) 9; tener dolor de cabeza to have a headache 3; tener dolor de espalda to have a backache 3; tener dolor de estómago to have a stomachache 3; tener dolor de garganta to have a sore throat 3; tener dolor de muelas to have a toothache 3; tener fiebre to have a fever 3; tener frío to be cold 6; tener ganas de to feel like 3; tener gripe to have the flu 3; tener hambre to be hungry 6; tener miedo to be afraid 6; tener prisa to be in a hurry 6; tener que to have to 3; tener razón to be right 6; tener sed to be thirsty 6; tener sueño to be sleepy 6; tener tos to have a cough 3

el tenis tennis 0

la tensión tension, stress 8

la terminal de autobuses bus terminal 2

ti you (fam. sing., after prep.) 6

la tía aunt 4

el tiempo time 6; una pérdida de tiempo a waste of time 7

el tiempo weather; Hace buen (mal) tiempo. It's good (bad) weather. 7; el pronóstico del tiempo weather forecast 7; ¿Qué tiempo hace? How is the weather? 3

la tienda store 2; tent 9; levantar una tienda to pitch a tent 9

la tierra land 12

el tigre tiger 11

el tío uncle 4

los tíos aunt(s) and uncle(s) 4

típico,-a typical, characteristic 8

el tipo kind, type 10

el tocadiscos record player 3

tocar* to touch 12; to play 2; tocar el piano to play the piano 2; tocar la guitarra to play the guitar 2

el tocino bacon 6

todavía still 3

todo,-a all 1; sobre todo above all 1; todo el mundo everyone, everybody 8; todos everyone, everybody 3; todos los días every day 4

tomar to drink, to have (to eat) 6; to take 4; tomar el pelo to kid 11; tomar el sol to take a sunbath 8

el tomate tomato 6

la tontería silliness; ¡Qué tontería! What nonsense! 3

el toro bull; la corrida de toros bullfight 8

la tortilla de huevo omelet 6; tortilla de maíz corn tortilla 6

la tos cough; tener tos to have a cough 3

el total total 7

trabajar to work 1; trabajar en la computadora to work at the computer 2

el trabajo work 8; job 11

traer* to bring 6

el traje suit 10

el traje de baño swimsuit 10

el transporte transportation; el medio de transporte means of transportation (8)

tras after; día tras día day after day (10)

través: a través de through 10

trece thirteen 0

treinta thirty 1

el tren train 8

tres three 0

trescientos,-as three hundred 4

tropical tropical 8

tu, tus your (fam. sing.) 4

tú you (fam. sing., subj.) 1

turístico,-a tourist (adj.) 8

tus See tu.

U

u or (*before o or ho*) (**6**)
último,-a last **4**
un, una a, an **1**; **una pérdida de tiempo** a waste of time **7**; **un poco** a little (bit) **3**
unas some, any, a few **3**
la Unión Soviética (**Rusia**) Soviet Union (Russia) **8**
uno one **0**
unos, unas some, any, a few **3**
usar to use, to wear **10**
usted you (*formal sing., subj.*) **1**
ustedes you (*pl.*) **1**
la uva grape **6**

V

las vacaciones vacation **1**; **ir de vacaciones** to go on vacation **3**
la vainilla vanilla (**0**)
valiente brave (**12**)
las variedades variety shows **7**
varios,-as several **9**
el vaso glass (**9**)
Vayan al pizarrón. Go to the chalkboard. (*pl.*) **0**
veinte twenty **1**
el velero sailboat **12**; **pasear en velero** to go sailing **12**
el vendedor, la vendedora salesclerk **7**

venezolano,-a Venezuelan (**11**)
venir* to come **7**
la venta sale; **en venta** on sale **10**
la ventana window **11**
ver* to see **1, 5**; **A ver...** Let's see.... **4**; **ver televisión** to watch television **1**
el verano summer **8**; **el campamento de verano** summer camp **8**
veras: **¿De veras?** Really? **3**
la verdad truth **5**; **de verdad** really, truly **8**; **¿verdad?** right?, isn't it?, don't you? **2**
verde green **10**
la verdura vegetable **6**
el vestido dress **10**
vestirse (e → i, i)* to get dressed **10**
el veterinario, la veterinaria veterinarian **11**
la vez (*pl.* veces) time, instance **4**; **a veces** sometimes **4**; **muchas veces** often **4**; **otra vez** again **3**; **pocas veces** rarely **4**
viajar to travel **2**
el viaje trip; **agente de viajes** travel agent **11**; **hacer un viaje** to take a trip **8**; **hacer un viaje al espacio** to take a trip to outer space **12**
la vida life **8**
viejo,-a old **1**
el viento wind; **Hace viento.** It's windy. **3**
viernes Friday **5**; **el viernes** (on) Friday **5**

el visado visa (**0**)
la visita visit **3**
visitar to visit **2**
la vista view; **el punto de vista** point of view (**9**)
vivir to live **6**
el volibol volleyball **0**
volver (o → ue)* to return **9**
vosotros, vosotras you (*fam. pl., Spain*) (**1**)
votar to vote (**11**)
la voz (*pl.* voces) voice **7**; **bajar la voz** to lower one's voice **7**
la vuelta a turn around; **dar la vuelta al mundo** to travel around the world **12**
vuestro, vuestra your (*fam. pl., Spain*) (**4**)

Y

y and **1**; **¿Y tú?** And you (*fam. sing.*)? **0**; **¿Y usted?** And you (*formal sing.*)? **0**
ya already **4**
yo I, me (*subj.*) **1**
el yoga yoga **9**
¿Y tú? And you (*fam. sing.*)? **0**
¿Y usted? And you (*formal sing.*)? **0**

Z

la zanahoria carrot **6**
los zapatos shoes **10**
el zoológico zoo **11**

English-Spanish Vocabulary

This vocabulary includes items in the **Vocabularios de capítulo** as well as in the **Introducciones, Exploraciones,** and **Perspectivas.**

A

a un, una **1**
to **abandon** abandonar **12**
a bit un poco **3**
able capaz; **to be able (to)** poder* **9**
about de **1**, por, sobre **2**
above encima de **8; above all** sobre todo **1**
abroad el extranjero; **to go abroad** ir al extranjero **8**
absurd ridículo,-a **7**
accounting la contabilidad **5**
ache el dolor **3**
acquainted: to be acquainted with conocer **6**
across from frente a **8**
actor el actor **11**
actress la actriz (*pl.* actrices) **11**
address la dirección (*pl.* direcciones); **What is your address?** ¿Cuál es tu dirección? **4**
to **admire** admirar **8**
adventure la aventura **12**
advertisement el anuncio **7**
advice el consejo (**6**)
to **advise** aconsejar **11**
advisor el consejero, la consejera (**11**)
a few unos, unas **3**
to **affect** afectar (**3**)
afraid: to be afraid (of) tener miedo (de) **6**
after después **3; afterward** después de **5**
afternoon la tarde; **Good afternoon.** Buenas tardes. **0; in the afternoon** de la tarde **5;** por la tarde **5**
again otra vez **3**

against contra **2**
agency la agencia **11**
agent el (la) agente; **travel agent** agente de viajes **11**
agitated agitado,-a **8**
agreement el pacto (**6**)
air el aire **12**
airplane el avión (*pl.* aviones) **8; to fly an airplane** pilotear un avión **12**
airport el aeropuerto **2**
album el disco **1**, el álbum **4**
algebra el álgebra (*f*) **3**
a little un poco **3**
all todo,-a **1; above all** sobre todo **1; all in all** en fin **8**
to **allow** permitir **6**
almost casi **4**
alone solo,-a **9**
a lot (of) mucho,-a (*adj.*) **1**
already ya **4**
also también **1**
altitude la altura (**12**)
always siempre **4**
A.M. de la mañana **5**
amateur aficionado,-a (**2**)
Amazon amazónico,-a **12**
American: North, South, Central American americano,-a (**1**); **American (U.S.), North American** norteamericano,-a (**11**)
among entre **8**
amusing divertido,-a **1**
an un, una **1**
ancient antiguo,-a **10**
and y **1;** (*before* i *and* hi) e **5**
angry enojado,-a **3**
animal el animal **1**
announcement el boletín (*pl.* boletines) (**5**)
another otro,-a **2**
answer la respuesta (**12**)

to **answer** responder **7; Answer** (*pl.*) Contesten. **0**
anxiety la ansiedad (**11**)
any unos, unas **3**
apartment el apartamento **4**
to **appear** aparecer **12**
appetizer la entrada **6**
apple la manzana **6**
appointment la cita, la consulta (**10**); **doctor's appointment** consulta médica (**11**)
April abril (*m*) **8**
aquatic acuático,-a **8**
Arab (language) el árabe **8**
arm el brazo **10**
around alrededor; **to travel around the world** dar la vuelta al mundo **12**
to **arrive** llegar* **8**
art el arte **5**
as como **8; as a matter of fact** por cierto **2; as far as I am concerned** para mí **4; as much as possible** lo más posible **11**
to **ask** (*a question*) preguntar **7**
to **ask for** pedir **6**
asleep dormido,-a; **to fall asleep** dormirse (o → ue, u)* **10**
associated aosciado,-a; **associated word** la palabra asociada (**9**)
astronaut el (la) astronauta (**12**)
at en **1; at home** en casa **2; at least** por lo menos **11; at night** de la noche **5**
at what time...? ¿a qué hora...? **5**
to **attend** asistir a **6**
August agosto (*m*) **8**
aunt la tía **4; aunt(s) and uncle(s)** los tíos **4**

automobile el automóvil (**12**), el carro **1**; **automobile race** la carrera de automóviles **12**

autumn el otoño **8**

avenue la avenida **4**

aviation la aviación **11**

to avoid evitar **6**

to awake despertarse (e → ie)* **10**

award el premio **9**

B

back la espalda **3**

backache dolor de espalda **3**; **to have a backache** tener dolor de espalda **3**

back home de regreso (**8**)

backpack la mochila **4**

bacon el tocino **6**

bad mal (*m*), malo,-a **1**; **It's bad weather.** Hace mal tiempo. **3**

badly mal **4**

ball (*dance*) el baile; **costume ball** baile de disfraces **7**

ball-point pen el bolígrafo **1**

banana el plátano **6**; el guineo **12**

bank el banco **2**

barbecued asado,-a; **barbecued beef** la carne asada **6**

barometer el barómetro (**3**)

baseball el béisbol **0**; **baseball glove** el guante de béisbol **5**

basketball el baloncesto **0**

bath el baño; **to take a bath** bañarse **10**

to be estar* **3**; ser* **1**; **Be careful!** ¡Cuidado! (**6**); **to be able to** poder **9**; **to be a fan of** ser fanático de **2**; **to be afraid (of)** tener miedo (de) **6**; **to be careful (to)** tener cuidado (de) **9**; **to be cold** tener frío **6**; **to be delightful** (*to someone*) encantar **6**; **to be good (useful) for** servir para **10**; **to be hot** tener calor **6**; **to be hungry** tener hambre **6**; **to be in a hurry** tener prisa **6**; **to be in good shape** estar en buena forma **9**; **to be in style** estar a la moda **10**; **to be located** quedar **8**; **to be pleasing** (*to someone*) gustar **6**; **to be right** tener razón **6**; **to be sleepy** tener sueño **6**; **to be thirsty** tener sed **6**; **to be warm** tener calor **6**; **to be ___ years old** tener ___ años **4**

beach la playa **2**

beans los frijoles **6**

bear el oso (**7**); **teddy bear** osito de peluche **4**

because porque **2**

to become hacerse **11**

bed la cama **9**; **To bed!** ¡A la cama! **7**; **to go to bed** acostarse (o → ue)* **10**

beef la carne de res; **roast beef** carne asada **6**

before antes (de) **5**; **before the hour** menos **5**; **the day before yesterday** anteayer **10**

to begin (to) comenzar (e → ie)* (a) **7**; empezar (e → ie)* (a) **7**

behind detrás de **8**; **to leave behind** dejar **9**

to believe creer* **5**; **I believe so.** Creo que sí. **5**; **I don't believe it!** ¡No lo creo! **5**; **I don't believe so.** Creo que no. **5**

beneath debajo de **8**

beside al lado de **8**

besides además **4**

best superior, mejor; **the best** el (la) mejor, los (las) mejores **8**

better mejor; **Better not.** Mejor no. **7**; **better...than** mejor...que **12**

between entre **8**

bicycle la bicicleta; **to ride a bicycle** andar en bicicleta **2**

big grande **4**; **Big deal.** No es para tanto. **7**

bike *See* **bicycle.**

bill (*in a restaurant*) la cuenta **6**

billfold la billetera **4**

biology la biología **5**

bird el pájaro **7**

birthday el cumpleaños **4**; **Happy birthday!** ¡Feliz cumpleaños! **4**

bit: a bit un poco **3**

black negro,-a **10**

blond rubio,-a **10**

blouse la blusa **4**

blue azul **10**

boat el barco **8**; el bote **3**

body el cuerpo **10**

bone el hueso (**6**)

bonfire la fogata **9**

book el libro **1**; **Close your book.** (*pl.*) Cierren el libro. **0**; **comic book** la historieta **4**; **Open your book.** (*pl.*) Abran el libro. **0**

bookkeeping la contabilidad **5**

boots las botas **10**

bored aburrido,-a **3**

boring aburrido,-a **1**; **How boring!** ¡Qué pesado! **3**

boss el jefe, la jefa **11**

both los (las) dos (**2**)

bowling el boliche **2**; **to go bowling** jugar boliche **2**

boy el chico **1**, el muchacho **10**; **Boy Scout** muchacho explorador **9**

boyfriend el novio **2**

bracelet la pulsera **4**

brave valiente (**12**)

Brazil Brasil (*m*) **8**

bread el pan **6**

breakfast el desayuno **6**; **to have breakfast** desayunar **6**

breeze la brisa **8**

to bring traer* **6**

broadcast: news broadcast la información **5**

brother el hermano **4**; **brother(s) and sister(s)** los hermanos **4**

brown marrón **10**; **brown** (*hair, eyes*) castaño,-a **10**

bug el insecto **9**

building el edificio **10**
bull el toro **0**
bulletin el boletín (*pl.* boletines) **(5)**
bullfight la corrida de toros **8**
bus el autobús (*pl.* autobuses) **8**; **bus stop** la parada del autobús **(8)**; **bus terminal** la terminal de autobuses **2**
businessperson el hombre (la mujer) de negocios **11**
busy ocupado,-a **5**
busybody el preguntón, la preguntona **(2)**
but pero **1**
butcher shop la carnicería **11**
butter la mantequilla **6**
to buy comprar **3**
by por; **by heart** de memoria **(2)**; **by oneself** solo,-a **12**
bye adiós **0**

C _____

café el café, el restaurante **2**
cake el pastel **6**
calculator la calculadora **4**
to call llamar **5**; **to call on the telephone** llamar por teléfono **(3)**
camera la cámara **3**
camp el campamento **8**; **summer camp** campamento de verano **8**
to camp acampar **9**
camper el acampador, la acampadora **9**
campfire la fogata **9**
can poder* **9**; **I can't take any more.** No puedo más. **8**; **It can't be!** ¡No puede ser! **3**
Canada Canadá (*m*) **8**
candy los dulces **6**
canoe la canoa **12**
cantaloupe el melón **6**
car el automóvil **(12)**, el carro **1**; **car race** la carrera de automóviles **12**

caravel (*an ancient ship*) la carabela **12**
card la tarjeta **3**
care el cuidado; **to take care of** cuidar **4**; **Who cares!** ¡Qué importa! **3**
careful cuidadoso,-a; **Be careful!** ¡Cuidado! **(6)**; **to be careful (to)** tener cuidado (de) **9**
carefully con cuidado **(10)**
carrot la zanahoria **6**
cartoon el dibujo animado **7**
cassette player la grabadora **3**
cassette tape la cinta **4**
cat el gato **3**
cathedral la catedral **8**
center (of town) el centro **2**
century el siglo **10**
chalkboard el pizarrón; **Go to the chalkboard.** (*pl.*) Vayan al pizarrón. **0**
to change cambiar **12**
characteristic típico,-a **8**
to chat conversar **(2)**
cheap barato,-a **4**
check el cheque **(11)**; (*in a restaurant*) la cuenta **6**
checkers las damas **9**
cheerful alegre **(1)**; **cheerfully** alegremente **7**
cheese el queso **6**
chef el cocinero, la cocinera **6**
chemistry la química **5**
chess el ajedrez **9**
chicken el pollo **6**
child el niño, la niña **4**
children los niños, los hijos **4**
China China (*f*) **8**
Chinese (language) el chino **8**
chocolate: hot chocolate el chocolate **6**
choir, chorus el coro **9**
Christmas la Navidad; **Merry Christmas!** ¡Feliz Navidad! **(3)**
church la iglesia **2**
city la ciudad **8**
class la clase **1**; **to go to a class** asistir a una clase **6**; **to take a class** seguir un curso **11**

classmate el compañero, la compañera **(2)**
clean limpio,-a **9**
to clean up one's room arreglar el cuarto **2**
client el (la) cliente **6**
climate el clima **(8)**
to climb escalar **12**
clock el reloj **3**
to close cerrar (e → ie)*; **Close your book.** (*pl.*) Cierren el libro. **0**
close (to) cerca (de) **8**
clothes, clothing la ropa **2**
cloudy nublado; **It's cloudy.** Está nublado. **3**
coat el abrigo **10**
coffee el café **6**
coin la moneda **9**
cold frío; **head cold** el catarro **3**; **It's cold.** Hace frío. **3**; **to be cold** tener frío **6**; **to have a cold** tener catarro **3**
to collaborate colaborar **9**
to collect coleccionar **9**
collector el (la) coleccionista **9**
color el color **10**
Columbus Day el Día de la Raza **12**
to comb one's hair peinarse **10**
to come venir (e → ie)* **7**
comedy la comedia **7**
comical cómico,-a **7**
comic book la historieta **4**
command el mandato **(0)**
to comment comentar **(4)**
comments los comentarios **(4)**
commercial el anuncio **7**
common común **(12)**
competition la competencia **(11)**
competitor el competidor, la competidora **(2)**
to complain (about) quejarse (de) **12**
complaint la queja **(11)**
computer la computadora; **computer programmer** el programador (la programadora) de computadoras **11**; **computer**

programming la programación de computadoras **5; to work at the computer** trabajar en la computadora **2**

concerned preocupado,-a; **as far as I am concerned** para mí **4**

concert el concierto **1**

condition la condición (*pl.* condiciones); **physical condition** condición física **11**

to conserve conservar **9**

considerate considerado,-a (**4**)

to consist of consistir en **11**

content contento,-a **3**

contentment la alegría (**12**)

contest el concurso **7**

to continue seguir (e → i, i)* **10**

cook el cocinero, la cocinera **6**

to cook cocinar **2**

cooking la cocina **9**

cool fresco; **It's cool.** Hace fresco. **3**

corn el maíz; **corn tortilla** la tortilla de maíz **6**

corner el rincón (*pl.* rincones) (**1**)

to cost costar (o → ue)* **9; How much does it (do they) cost?** ¿Cuánto cuesta(n)? **4**

costume el disfraz (*pl.* disfraces) **7; costume ball** el baile de disfraces **7**

cough la tos; **to have a cough** tener tos **3**

country (side) el campo **8;** (*nation*) el país **4**

course el curso **11; of course** por supuesto **2; to take a course** seguir un curso **11**

court (*sports*) la cancha (**6**)

courteous amable (**12**)

cousin el primo, la prima **4**

coward el (la) cobarde (**12**)

crazy loco,-a **5**

cream la crema (**6**)

creature la criatura (**12**)

to cross cruzar **12**

to cry llorar **12**

cuisine la cocina **9**

culture la cultura **11**

currency el dinero **1**

current la corriente **12**

custard: baked custard el flan **6**

customer el (la) cliente **6**

D

dad papá **4**

dance el baile **3**

to dance bailar **1**

dangerous peligroso,-a **12**

dark oscuro,-a **10**

date la fecha **8; What is today's date?** ¿Cuál es la fecha de hoy?, ¿Qué fecha es hoy? **8**

daughter la hija **4; son(s) and daughter(s)** los hijos **4**

day el día **3; day after day** día tras día (**10**); **day after tomorrow** pasado mañana **4; day before yesterday** anteayer **10; every day** todos los días **4; saint's day** (día del) santo (**8**); **What (day of the week) is today?** ¿Qué día es hoy? **5**

deal: Big deal. No es para tanto. **7**

dear querido,-a **1**

debate el debate **9**

December diciembre (*m*) **8**

to decide decidir **11**

to delight encantar **6**

delighted encantado,-a **3**

delightful: to be delightful encantar **6**

to demand exigir **11**

demanding exigente **9**

dentist el (la) dentista **11**

depressed deprimido,-a **3**

to descend bajar **12**

desert el desierto (**12**)

desperate desesperado,-a **12**

dessert el postre **6**

detective film la película policíaca **7**

diary el diario **12**

dictionary el diccionario **4**

difficult difícil **1**

difficulty la dificultad **12**

dinner la cena **6,** la comida (**6**)

director el director, la directora **11**

disagreeable desagradable **1**

to disappear desaparecer* **7**

disappointed desilusionado,-a **3**

to discover descubrir (**12**)

disease la enfermedad (**3**)

dish el plato **2**

disillusioned desilusionado,-a **3**

to do hacer* **2; Do you** (*fam. sing.*) **like...?** ¿Te gusta(n)...? **1; so many things to do** tantas cosas que hacer **5; to do harm** hacer daño **9; to do poorly** salir mal (**11**). *See also* **don't.**

doctor el médico, la médica **11; doctor's appointment** la consulta médica (**11**); **eye doctor** el (la) oculista (**0**)

documentary el documental **7**

doesn't no (**0**)

dog el perro **3**

doll la muñeca **9**

domino, dominoes el dominó **9**

don't no **0; Don't tell me!** (*fam. sing.*) ¡No me digas! **3; don't you (I, they, we)?** ¿no?, ¿verdad? **2; Don't you** (*fam. sing.*) **think so?** ¿No te parece? (**4**); **I don't like...** No me gusta... **0**

door la puerta (**0**)

down abajo; **to go down** bajar **12**

downtown el centro **2**

to draw dibujar **9**

drawing el dibujo **7**

dream el sueño **7**

dress el vestido **10**

dressed: to get dressed vestirse (e → i, i)* **10**

drink la bebida **6**

to drink tomar **6**

to drive conducir* **6**

during durante **5**

E

each cada (11)
ear (*outer*) la oreja 10
early temprano 8
to earn ganar 2
earphones los audífonos (4)
easy fácil 1
to eat comer 5; **to eat breakfast**
desayunar 6; **to eat lunch**
almorzar (o → ue)* 9; **to**
take out to eat llevar a
comer 4
education la educación;
physical education
educación física 5
egg el huevo 6
eight ocho 0
eighteen dieciocho 1
eight hundred ochocientos,-as 4
eighty ochenta 1
either o; **either...or** o...o 12;
not either tampoco 12
electric eléctrico,-a 11
electrical engineer el ingeniero
(la ingeniera) electricista 11
elementary elemental;
elementary school la escuela
primaria (10)
eleven once 0
to embrace abrazar 10
to empty the trash sacar
la basura 10
to encounter encontrarse
(o → ue)* 9
end el fin 12
engineer el ingeniero, la
ingeniera; **electrical**
engineer el ingeniero (la
ingeniera) electricista 11
engineering la ingeniería 11
England Inglaterra (*f*) 8
English inglés, inglesa (11)
English (**language**) el inglés 1
to enter entrar (en, a) 7
entertainer el (la) artista 11
equipment el equipo 9
especially sobre todo 1
European europeo,-a 10

evening la noche, la tarde;
Good evening. Buenas
noches. 0, Buenas tardes. 0;
in the evening por la tarde,
por la noche; (*time*) de la
tarde, de la noche 5
everybody todo el mundo 8;
todos 3
every day todos los días 4
everyone todo el mundo 8;
todos 3
exaggerated exagerado,-a 3
exam el examen (*pl.* exámenes) 1
example el ejemplo (0); **for**
example por ejemplo 5
excellent excelente 1
exceptional excepcional 11
exchange el intercambio (5)
excited emocionado,-a 3
exciting emocionante 1
excursion el paseo 11
exercise el ejercicio 11
expensive caro,-a 4
experience la experiencia 11
to explain explicar 9
explanation la explicación 5
to explore explorar 12
eye el ojo 10; **eye doctor** el (la)
oculista (0)
eyeglasses los anteojos 4

F

fabulous fabuloso,-a 8
face la cara 10
facing frente a 8
fact: **as a matter of fact** por
cierto 2
fair la feria (4)
fairly bastante 1
fall el otoño 8
to fall asleep dormirse
(o → ue, u)* 10
familiar: **to be familiar with**
conocer 6
family la familia 4
famous famoso,-a 8
fan (*sports*) fanático,-a; **to be a**
fan of ser fanático de 2

fanatical fanático,-a
far (*from*) lejos (de) 8; **as far as**
I am concerned para mí 4
to fascinate fascinar 9
fashion la moda 10; **to be in**
fashion estar a la moda 10
fast rápido,-a 5
fat gordo,-a 4
father (**dad**) el padre (papá) 4
favorite favorito,-a 7
February febrero (*m*) 8
to feel sentir(se) (e → ie, i)* 11; **to**
feel bad (sick) sentirse mal
(11); **to feel like** tener ganas
de 3; **to feel warm (hot)**
tener calor 6
feeling el sentimiento (3)
fever la fiebre; **to have a fever**
tener fiebre 3
few: **a few** unos, unas 3
fiction la ficción; **science fiction**
film la película de ciencia-
ficción 7
field el campo 8; **playing field** la
cancha (6)
fifteen quince 0
fifty cincuenta 1
figure la figura 7
film la película 2; **detective film**
película policíaca 7; **science**
fiction film película de
ciencia-ficción 7
finally finalmente 5; por fin 8
to find encontrar (o → ue)* 9; **to**
find out descubrir (12)
fine bien; **Fine, thank you.**
Bien, gracias. 0; **OK, fine.**
Está bien. 2
finger el dedo 10
to finish acabar 11
fire el fuego 9; **bonfire,**
campfire la fogata 9
first primero,-a 2
fish el pescado 6
fit (*clothing*) quedar 10
five cinco 0
five hundred quinientos,-as 4
flag la bandera 12
flan el flan 6
floor el piso 4

flu la gripe; **to have the flu** tener gripe 3

to fly a plane pilotear un avión 12

to follow seguir (e → i, i)* 10

following siguiente 5

food la comida 6

foot el pie 10; **on foot** a pie 8

football el fútbol americano 0

for para 2; por; **for example** por ejemplo 5

forecast el pronóstico; **weather forecast** pronóstico del tiempo 7

foreign extranjero,-a 11

forest el bosque 9; la selva 12

to forget olvidar 8

forty cuarenta 1

four cuatro 0

four hundred cuatrocientos,-as 4

fourteen catorce 0

France Francia (*f*) 8

free libre 8; **free time** los ratos libres 9

French francés, francesa (**11**); **french fries** las papas fritas (**6**)

French (language) el francés 5

frequently muchas veces 4; con frecuencia (**12**)

Friday viernes 5; **(on) Friday** el viernes 5

fried frito,-a 6; **fried potatoes** las papas fritas (**6**)

friend el amigo, la amiga 1; el compañero, la compañera (**2**)

friendly simpático,-a 1; amable (**12**)

from de 1; desde 8; **Where are you** (*fam. sing.*) **from?** ¿De dónde eres? 1

front el frente; **in front of** enfrente de 8

fruit la fruta 6

fun divertido,-a 1; **to have fun** divertirse (e → ie, i)* 11

funny cómico,-a 7

future el futuro 11

G _____

to gain weight aumentar de peso 6

game el juego (**7**); (*sports*) el partido 2; **game show** el concurso 7; **video game** el juego electrónico 1

garbage la basura 9; **to take out the garbage** sacar la basura 10

garden el jardín 2

genius el (la) genio 4

geography la geografía 5

geometry la geometría 5

German alemán, alemana (**11**)

German (language) el alemán 8

Germany Alemania (*f*) 8

to get conseguir (e → i, i)* 11; recibir 6; **Get up.** (*pl.*) Levántense. 0; **to get back home** regresar a (la) casa 4; **to get dressed** vestirse (e → i, i)* 10; **to get good (bad) grades** sacar buenas (malas) notas 4; **to get separated** separarse 12; **to get up** levantarse 10; **to get washed** lavarse 103

gift el regalo 4

girl la chica 1; la muchacha 10; **Girl Scout** muchacha guía 9

girlfriend la novia 2

to give dar* 8

glad alegre; **Gladly.** Con mucho gusto. (**6**); **I'm so glad!** ¡Cuánto me alegro! 3

glass el vaso (**9**)

glasses: eyeglasses los anteojos 4; **sunglasses** anteojos de sol 10

gloves los guantes 10; **baseball glove** guante de béisbol 5

glutton el comilón, la comilona 7

to go ir* 2; **Go straight ahead.** (*formal sing.*) Siga derecho. 8; **Go to the chalkboard.** (*pl.*) Vayan al pizarrón. 0; **How's it going?** ¿Qué tal? 0; **to go abroad** ir al extranjero 8; **to go across** cruzar 12; **to go back home** regresar a (la) casa 4; **to go bike riding** andar en bicicleta 2; **to go bowling** jugar boliche 2; **to**

go by pasar 12; **to go down** bajar 12; **to go for a ride** pasear 12; **to go for hikes** dar caminatas 9; **to go on vacation** ir de vacaciones 3; **to go out** salir* 2, 6; **to go sailing** pasear en velero 12; **to go shopping** ir de compras 2; **to go to (a class)** asistir a (una clase) 6; **to go to bed** acostarse (o → ue)* 10; **What's going on?** ¿Qué pasa? (**4**)

goal el fin 12

good bueno,-a 1; **Good!** ¡Qué bueno! 3; **Good afternoon.** Buenas tardes. 0; **Good evening.** Buenas noches/ tardes 0; **Good luck!** ¡Buena suerte! 3; **Good morning.** Buenos días. 0; **Good night.** Buenas noches. 0; **It's good weather.** Hace buen tiempo. 3; **to be good for** servir para 10; **to be in good shape** estar en buena forma 9

good-bye adiós 0

good-looking guapo,-a 1

goodness: My goodness! ¡Dios mío! 5

gorilla el (la) gorila 11

grades las notas; **to get good (bad) grades** sacar buenas (malas) notas 4

to graduate graduarse 11

grandfather el abuelo 4

grandmother la abuela 4

grandparents los abuelos 4

grape la uva 6

grass la hierba 12

gray gris 10

great formidable 1; **Great!** ¡Fantástico! 3

green verde 10

greetings los saludos 8

group el grupo 9

to grow crecer* 12

guest el invitado, la invitada (**6**)

guitar la guitarra 1; **to play the guitar** tocar la guitarra 2

gymnastics la gimnasia 1

H

hair el pelo **10**; **to comb one's hair** peinarse **10**
half (**past the hour**) media **5**
ham el jamón **6**
hammock la hamaca **2**
hand la mano (*f*) **10**
handcrafts la artesanía **10**
handsome guapo,-a **1**
to happen pasar **4**
happily alegremente **7**
happiness la alegría (**12**)
happy alegre (**1**), contento,-a **3**; **Happy birthday!** ¡Feliz cumpleaños! (**4**)
hard difícil **1**
to harm hacer daño **9**
hat el sombrero **10**
to have tener* **3**; **to have** (*to eat or drink*) tomar **6**; **to have a backache** tener dolor de espalda **3**; **to have a cold** tener catarro **3**; **to have a cough** tener tos **3**; **to have a fever** tener fiebre **3**; **to have a headache** tener dolor de cabeza **3**; **to have a sore throat** tener dolor de garganta **3**; **to have a stomachache** tener dolor de estómago **3**; **to have a toothache** tener dolor de muelas **3**; **to have breakfast** desayunar **6**; **to have fun** divertirse (e → ie, i)* **11**; **to have just** acabar de + *inf.* **9**; **to have lunch** almorzar (o → ue)* **9**; **to have the flu** tener gripe **3**; **to have to** tener que **3**, deber **5**
he él **1**
head la cabeza **10**; **head cold** el catarro **3**
headache dolor de cabeza **3**; **to have a headache** tener dolor de cabeza **3**
headphones los audífonos (**4**)
health la salud **9**

healthy sano,-a **6**
to hear oír* **7**
heart el corazón (*pl.* corazones) **10**; **by heart** de memoria (**2**)
hectic agitado,-a **8**
height la altura (**12**)
to help ayudar; **to help at home** ayudar en casa **2**
her ella (*after prep.*) **8**; la (*d.o.*) **7**; (**to, for**) **her** le (*i.o.*) **9**; su, sus (*poss. adj.*) **4**
here aquí **2**
Hey! (*fam. sing.*) ¡Oye! **0**
Hi! Hola! **0**
high school la escuela secundaria **11**
hike la caminata **9**; **to go for hikes** dar caminatas **9**
him él (*after prep.*) **8**; lo (*d.o.*) **7**; (**to, for**) **him** le (*i.o.*) **9**
his su, sus **4**
Hispanic hispano,-a (**3**); hispánico,-a **8**
history la historia **5**
hit (*movie, song, etc.*) el éxito **3**
hobby el pasatiempo **9**
home la casa **2**; **at home** en casa **2**; **back home** de regreso (**8**); **to help at home** ayudar en casa **2**; **to return home** regresar a (la) casa **4**
homework la tarea **0**; **Take out your homework.** (*pl.*) Saquen la tarea. **0**
hope la esperanza **12**
hopeless desesperado,-a **12**
hospital el hospital **3**
hot caliente; **hot chocolate** el chocolate **6**; **It's hot** (**weather**). Hace calor. **3**; **to be (feel) hot** tener calor **6**
hotel el hotel **2**
hour la hora **5**
house la casa **2**. *See also* **home**
how? ¿cómo?; **How are you?** ¿Cómo está(s)? (*formal sing., fam. sing.*) **0**; **How are you?** ¿Qué tal? **0**; **How boring!** ¡Qué pesado! **3**; **How do you say...?** ¿Cómo se dice...?

0; **How is the weather?** ¿Qué tiempo hace? **3**; **how many?** ¿cuántos,-as? **1**; **How many are there?** ¿Cuántos, -as hay? **1**; **how much?** ¿cuánto,-a? **1**; **How much does it (do they) cost?** ¿Cuánto cuesta(n)? **4**; **How often?** ¿Con qué frecuencia? **4**; **How old is he/she?** ¿Cuántos años tiene? **2**; **How painful!** ¡Qué dolor! (**3**); **How's it going?** ¿Qué tal? **0**
hug el abrazo **8**
to hug abrazar **10**
hundred: **one hundred** cien **1**; **ciento** (*used in counting:* ciento uno *and above*) **4**
hunger el hambre (*f*); **to suffer from hunger** pasar hambre **12**
hungry: **to be hungry** tener hambre **6**
hurry la prisa; **to be in a hurry** tener prisa **6**
to hurt doler (o → ue)* **10**

I

I yo **1**; **I can't take any more.** No puedo más. **8**; **I don't like....** No me gusta(n)... **0**; **I'm so glad!** ¡Cuánto me alegro! **3**; **I'm (so) sorry!** ¡(Cuánto) lo siento! **3**; **I would like....** Me gustaría... **4**
ice cream el helado **6**
idea la idea **3**
if si **3**
ill enfermo,-a **3**
illness la enfermedad (**3**)
immediately inmediatamente **12**
impatient impaciente **1**
important importante **1**
impossible imposible **5**
impressive impresionante (**12**)

in en 1; **in addition** además 4; **in front of** enfrente de 8; **in order to** para 2; **in that way** así (10); **in the afternoon** por la tarde, (*time*) de la tarde 5; **in the evening** por la tarde, por la noche; (*time*) de la tarde, de la noche 5; **in the morning** de la mañana, por la mañana 5; **in the name of** en nombre de 12

included incluido,-a (6)

to increase aumentar 1

independent independiente 1

Indian el (la) indígena (12); el indio, la india 12

information la información 5

insect el insecto 9

inside of dentro de 7

to insist (on) insistir (en) 6

institute el instituto 5

instrument el instrumento 9

intelligent inteligente 1

to intend to pensar + *inf*. 7

to interest interesar 9; **I am interested in** me interesa(n) (9)

interesting interesante 1

interview la entrevista 12

to invite invitar 5

irresponsible irresponsable 1

island la isla 8

isn't it? ¿no?, ¿verdad? 2

it él, ella (1); lo, la (*d.o.*) 7; **(to, for) it** le (*i.o.*) 9; **It can't be!** ¡No puede ser! 3; **It's cloudy.** Está nublado. 3; **It's cool.** Hace fresco. 3; **It's good (bad) weather.** Hace buen (mal) tiempo. 3; **It's hot.** Hace calor. 3; **it is necessary to** hay que 11; **It's raining.** Está lloviendo. 3; **It's snowing.** Está nevando. 3; **It's sunny.** Hace sol. 3; **It's time to....** Es hora de... 7; **It's windy.** Hace viento. 3;

Italian italiano,-a (11)

Italian (language) el italiano 8

Italy Italia (*f*) 8

its su, sus 4

to listen (to) escuchar 1; Listen.
(*pl.*) Escuchen. 0; Listen!
(*fam. sing.*) ¡Oye! 0; to
listen to the radio escuchar
la radio 1

little pequeño,-a 4; a little un
poco 3

lively alegre (1)

to live vivir 6

located: to be located quedar 8

location el sitio (12)

long largo,-a 10

to look (at) mirar 1; to look for
buscar* 5; to look up
buscar* 5

to lose perder (e → ie)* 7; to lose
weight bajar de peso 6

loss la pérdida 0

lost perdido,-a (10)

lot: a lot mucho (*adv.*), a lot
of mucho,-a (*adj.*) 1

love el amor 7

to love querer 7; I love me
encanta(n) 6

low bajo,-a (10)

to lower bajar; to lower one's
voice bajar la voz 7

luck la suerte; Good luck!
¡Buena suerte! 3

lunch el almuerzo 6; to have
lunch almorzar (o → ue)* 9

M _____

mad (angry) enojado,-a 3

magazine la revista 4

to make hacer* 2

mom mamá 4

man el hombre 10

manager el (la) gerente 11

mannequin el maniquí (10)

many muchos,-as 1; How
many? ¿Cuántos,-as? 1; so
many tantos,-as 11

map el mapa 12

March marzo (*m*) 8

market el mercado (1)

Martian el marciano, la
marciana (7)

marvelous maravilloso,-a 12

masquerade ball el baile de
disfraces 7

match (*sports*) el partido 2

mathematics las matemáticas 3

matter: as a matter of fact por
cierto 2

may poder* 9

May mayo (*m*) 8

Mayan maya (*adj.*) (8)

maybe a lo mejor 2; quizás 8

me me (*d.o.*) 7; mí (*after prep.*)
6; (to, for) me me (*i.o.*) 9; to
me para mí 4

meal la comida 6

mean antipático,-a 1

to mean querer decir; What
does...mean? ¿Qué quiere
decir...? 0

means of transportation el
medio de transporte (8)

meat la carne 6

to meet (to encounter) encontrarse
(o → ue)* 9; Pleased to
meet you. Mucho gusto. 0

melon el melón 6

member el (la) miembro 9

mental mental 11

menu el menú 6

Merry Christmas!
¡Feliz Navidad! (3)

mess el desorden; What a mess!
¡Qué desorden! (7)

Mexican mexicano,-a 8

midnight la medianoche 5

milk la leche 6

million millón 4; one million
un millón (de) 4

minute el minuto 7

Miss (la) señorita (*abbrev.*
Srta.) 0

to miss (*to fail to attend*) perder 7

mixture la mezcla 10

modern moderno,-a 11

mom mamá 4

Monday lunes 5; (on) Monday
el lunes 5

money el dinero 1

month el mes 8

monument el monumento 8

more más 2; I can't take any
more. No puedo más. 8;
more or less más o menos 9;
more...than más...que 12

morning la mañana 5; Good
morning. Buenos días. 0;
in the morning (*time*) de
la mañana 5; during the
morning por la mañana 5

mother (mom) la madre
(mamá) 4

motorcycle la moto (*f*) 3

mountain la montaña 8

mountaineering (in the Andes)
el andinismo (12)

mouth la boca 10

movie la película 2; movies,
movie theater el cine 2;
movie star la estrella (1)

Mr. (el) señor (*abbrev.* Sr.) 0

Mrs. (la) señora (*abbrev.* Sra.) 0

much mucho (*adv.*), mucho,-a
(*adj.*) 1; as much as possible
lo más posible 11; How
much? ¿Cuánto? 1; so much
tanto (*adv.*), tanto,-a (*adj.*)
11; too much demasiado 9

muscle el músculo 9

museum el museo 2

music la música 3; rock music
música rock 3; salsa music la
salsa (2)

must deber (5)

my mi, mis 4; My goodness!
¡Dios mío! 5

N _____

name el nombre; in the name
of en nombre de 12; My
name is ____. Me llamo
____. 0; What's your name?
¿Cómo se (te) llama(s)?
(*formal sing., fam. sing.*) 0

native nativo,-a; native
(American) el (la) indígena
(12); el indio, la india 12

natural resource el recurso
natural 9

nature la naturaleza **8**

to **navigate** navegar* **12**

near cerca (de) **8**

necessary necesario,-a; **it is necessary to** hay que **11**

neck el cuello **10**

necktie la corbata **10**

to **need** necesitar **5**

neighborhood el barrio (**7**)

neither ni **9**; tampoco **12**; **neither... nor** ni... ni **6**

nephew el sobrino; **nieces(s) and nephew(s)** los sobrinos (**10**)

nervous nervioso,-a **3**

nervousness la ansiedad (**11**)

never nunca **4**

new nuevo,-a **1**

news la información **5**, las noticias **3**; **news item** la noticia **3**

newspaper el periódico **5**

next próximo,-a **4**; siguiente **5**; **next to** al lado de **8**

nice agradable **1**, amable (**12**), bonito,-a **1**, simpático,-a **1**

nickname el apodo (**0**)

niece la sobrina; **niece(s) and nephew(s)** los sobrinos **10**

niece(s) and nephew(s) los sobrinos (**10**)

night la noche; **at night** de la noche **5**; por la noche **5**; **Good night.** Buenas noches. **0**; **last night** anoche **10**

nine nueve **0**

nine hundred novecientos,-as **4**

nineteen diecinueve **1**

ninety noventa **1**

no no (**0**); **Oh, no!** ¡Ay, no! **1**; to **say no** decir que no **7**

nobody nadie **12**

noise el ruido **7**

none ningún, ninguna (*adj.*) **12**; **none** ninguno (*pron.*) **12**

nonsense la tontería; **What nonsense!** ¡Qué tontería! **3**

noon el mediodía **5**

nor ni **6**

North American norteamericano,-a (**8**)

nose la nariz **10**

not no **0**; **Better not.** Mejor no. **7**; **not at all** nada **1**

notebook el cuaderno **1**

nothing nada **1**

novel la novela **5**

November noviembre (*m*) **8**

now ahora **2**

nowhere ningún lado **12**

nuisance la molestia **What a nuisance!** ¡Qué pesado! **3**

number el número **1**

nurse el enfermero, la enfermera **11**

O

to **observe** observar **9**

to **obtain** conseguir (e → i, i)* **11**

ocean el mar **8**

October octubre (*m*) **8**

octopus el pulpo (**6**)

of de **1**; **of course** por supuesto **2**

office la oficina **2**

officer: police officer el (la) policía **11**

often muchas veces **4**; **How often?** ¿Con qué frecuencia? **4**

Oh pues; **Oh, no!** ¡Ay, no! **1**; **Oh, pretty well.** Pues, bastante bien. **0**

OK. Regular. **0**; **OK, fine.** Está bien. **2**; **OK, well, ...** Bueno, . . . **2**

old (*people or things*) viejo,-a **1**; (*things*) antiguo,-a **10**; **How old is he/she?** ¿Cuántos años tiene? **2**; **older** mayor **4**; **older than** mayor que **12**; to **be ___ years old** tener ___ años **4**

omelet la tortilla de huevo **6**

on en **1**; **on foot** a pie **8**; **on sale** en venta **10**; **on top of** encima de **8**

one uno **0**; **one hundred** cien **1**; ciento (*used in counting: ciento uno and above*) **4**

one hundred one ciento uno **4**; **one million** un millón **4**; **one thousand** mil **4**

only sólo **4**

to **open** abrir **6**; **Open your book.** (*pl.*) Abran el libro. **0**

to **operate** operar **11**

opinion la opinión **7**

opposite enfrente de **8**; frente a **8**; el opuesto (**12**)

or o **2**, (*before* o *or* ho) u (**6**)

orange (*color*) anaranjado,-a **10**; (*fruit*) la naranja **6**

order (*in a restaurant*) la orden (*pl.* órdenes) (**10**); **in order to** para **2**

to **order** pedir (e → i, i)* **6**

other otro,-a **2**

our nuestro,-a **4**

outdoors al aire libre **9**

outer exterior; **outer space** el espacio; **to take a trip to outer space** hacer un viaje al espacio **12**

over there allá **7**

to **own** poseer; **(one's) own** propio,-a (**5**)

oyster la ostra (**6**)

P

package el paquete **6**

pact el pacto (**6**)

paella (Valencian) la paella (valenciana) (**6**)

page la página (**11**)

pain el dolor **3**; **How painful!** ¡Qué dolor! (**3**)

pajamas el piyama **10**

pal el compañero, la compañera (**2**)

pants los pantalones **10**

paper el papel; **Take out paper and pencil.** (*pl.*) Saquen papel y lápiz. **0**

parachute el paracaídas **12**

to **parachute** saltar en paracaídas **12**

parasol el parasol (**0**)

parents los padres 4
park el parque 2
to participate (in) participar (en) 9
party la fiesta 1; **surprise party** fiesta de sorpresa (11)
to pass pasar 12
passenger el pasajero, la pasajera 11
past pasado,-a 10
pastime el pasatiempo 9
pastry el pastel 6
path el camino 9
patient el (la) paciente 1
to pause detenerse* 12
to pay pagar* 10
pear la pera 6
pen el bolígrafo 1
pencil el lápiz (*pl.* lápices) 1; **Take out paper and pencil.** (*pl.*) Saquen papel y lápiz. 0
people la gente 7
perfect perfecto,-a 8
perfume el perfume 4
perhaps quizás 8
permit la licencia 11
to permit permitir 6
person la persona 3
peseta (*unit of currency, Spain*) la peseta (0)
peso (*unit of currency, several Latin American countries*) el peso (0)
pet el animal doméstico 11
pharmacist el farmacéutico, la farmacéutica 11
to phone *See* telephone
photo la foto 2; **to take photos** sacar fotos 2
photographer el (la) fotógrafo 2
physical físico,-a; **physical condition** la condición física 11; **physical education** la educación física 5
physics la física 5
pianist el (la) pianista 11
piano el piano; **to play the piano** tocar el piano 2
to pick up one's room arreglar el cuarto 2
picture la foto; **to take pictures** sacar fotos 2

pie la tarta 6
piece la pieza 4
pig (**glutton**) el comilón, la comilona 7
pilot el piloto, la mujer piloto 11
pink rosado,-a 10
to pitch a tent levantar una tienda 9
pity la lástima, la pena; **What a pity!** ¡Qué lástima!, ¡Qué pena! 3
place el lugar 8; el sitio (12)
to place poner 6
to plan: **to plan on** pensar + *inf.* 7
plane el avión (*pl.* aviones) 8; **to fly a plane** pilotear un avión 12
plans los planes 5
plantain el plátano 6
plants la hierba 12
plate el plato 2
to play (**sports, games, etc.**) jugar (u → ue)*, practicar* 1, (**an instrument**) tocar* 2; **to play the piano** tocar* el piano 2
player el jugador, la jugadora 2; **cassette player** la grabadora 3; **tape player** la grabadora 3
playing field la cancha (6)
plaza la plaza 2
pleasant agradable 1
please por favor 0; **Pleased to meet you.** Mucho gusto. 0; **Please sit down.** (*pl.*) Siéntense, por favor. 0; **Repeat, please.** (*pl.*) Repitan, por favor. 0
to please gustar 6
pleasing: **to be pleasing** gustar 6. *See also* **to like**
pleasure gusto; **with pleasure** con mucho gusto (6)
P.M. de la noche, de la tarde 5
poetry la poesía 5
point el punto 7; **point of view** el punto de vista (9)
police (**force**) la policía (11); **police officer** el policía, la mujer policía 11
pool: **swimming pool** la piscina 2

poor pobre 8; **poor thing** pobrecito,-a 5
poorly mal 4; **to do poorly** salir mal (11)
pop (*drink*) el refresco 6
popular popular 1
pork el cerdo 6; **pork chop** la chuleta de cerdo 6
port el puerto (12)
Portugal Portugal (*m*) 8
Portuguese (**language**) el portugués 8
position (**job**) el puesto 11
possible posible; **as much as possible** lo más posible 11
postal postal 0
postcard la tarjeta postal (1)
poster el cartel 4
post office el correo 2
potato la papa 6
to practice practicar* 1
to prefer preferir (e → ie, i)* 1, 7
preferred preferido,-a (8)
preparation la preparación 11
to prepare preparar 6; **to prepare oneself** prepararse 11
present el regalo 4
to preserve conservar 9
pressure la tensión 8
pretty bonito,-a (*adj.*) 1; bastante (*adv.*) 1; **Oh, pretty well.** Pues, bastante bien. 0
price el precio 6
primary primario,-a; **primary school** la escuela primaria (10)
private school el colegio 5
prize el premio 9
probably probablemente 9
problem el problema (*m*) 6
profession la profesión 11
professor el profesor, la profesora 1
profile el perfil (9)
program el programa (*m*) 7
to program programar 9
programmer: **computer programmer** el programador (la programadora) de computadoras 11

programming: computer programming la programación de computadoras 5
promise la promesa 12
to promise prometer 5
to pull a tooth sacar una muela 11; **to pull someone's leg** tomar(le) el pelo a uno 11
purchases las compras 2
purple morado,-a 10
purse la bolsa 4
to put poner 6; **to put on** ponerse 10; **to put on weight** aumentar de peso 6
puzzle el rompecabezas 4

Q

quarter (hour) cuarto 5
queen la reina 12
question la pregunta 12; **to ask (a question)** preguntar 7
quick rápido,-a 5
quite bastante 1
quiz la prueba (11); **quiz show** el concurso 7

R

race la carrera 12; **car race** la carrera de automóviles 12
radio (*broadcast, programming*) la radio 1; **radio (set)** el radio 3; **to listen to the radio** escuchar la radio 1
rain la lluvia 12
to rain llover (o → ue)* 10; **It's raining.** Está lloviendo. 3
raincoat el impermeable 10
rarely pocas veces 4
rather bastante 1
to read leer* 5
reading la lectura (1)
ready listo,-a 5
really de verdad 8; **Really?** ¿De veras? 3
to receive recibir 6
recess el recreo 5

to recommend recomendar (6)
recommendation la recomendación (6)
record el disco 1; **record player** el tocadiscos 3
recorder: tape recorder la grabadora 3
red rojo,-a 10
redheaded pelirrojo,-a 10
regards los saludos 8
relative el familiar 4
to remain quedarse 12
to remember recordar (o → ue)* 9
to repeat repetir (e → i, i)* 9; **Repeat, please.** (*pl.*) Repitan, por favor. 0
report el reportaje; **news report** las noticias 3; **sports report** el reportaje deportivo 7; **weather report** el pronóstico del tiempo 7
reporter el (la) periodista 11
to represent representar (10)
to request pedir (e → i, i)* 6
to require exigir 11
resource: natural resource el recurso natural 9
to respect respetar 9
to respond responder 7
responsibility la responsabilidad 11
responsible responsable 1
to rest descansar 2
restaurant el restaurante 2; el café 2
to return regresar, volver (o → ue)* 9; **to return home** regresar a (la) casa 4
rice el arroz 6
to ride a bike andar en bicicleta 2; **to go for a ride** pasear 12
rider el pasajero, la pasajera 11
ridiculous ridículo,-a 7
right? ¿no? 2; ¿verdad? 2; **to be right** tener razón 6
right (*direction*) la derecha; **Turn right.** (*formal sing.*) Doble a la derecha. 8
ring el anillo 4
river el río 12

roast beef la carne asada 6
rock music la música rock 3
room el cuarto; **to straighten up one's room** arreglar el cuarto 2
routine la rutina (4)
royal real 12
ruins las ruinas 8
rule la regla 9
run correr 9
Russia Rusia (*f*) 8
Russian (language) el ruso 8

S

to sail navegar* 12; **to go sailing** pasear en velero 12
sailboat el velero 12
sailor el marinero, la marinera 12
saint el santo; **saint's day** (día del) santo (8)
salad la ensalada 6
sale la venta; **on sale** en venta 10
salesclerk el vendedor, la vendedora 7
salsa music la salsa (2)
salt la sal (6)
same: the same lo mismo (*pron.*) 6
Saturday sábado 5; **(on) Saturday** el sábado 5
sauce la salsa (6)
Saudi Arabia Arabia Saudita (*f*) 8
to say decir* 7; **How do you say...?** ¿Cómo se dice...? 0; **that is to say** es decir 11; **to say no (yes)** decir que no (sí) 7
scared: to be scared tener miedo 6
schedule el horario (5)
school la escuela 1; **elementary school** escuela primaria (10); **high school** escuela secundaria 1; **(private) school** el colegio 5

science las ciencias 5; science fiction film la película de ciencia-ficción 7
scientist el científico, la científica 5
scout el explorador, la exploradora; Boy Scout el muchacho explorador 9; Girl Scout la muchacha guía 9
to scream gritar 12
sea el mar 8
to search (for) buscar 5
season (of the year) la estación 8
seat: Please be seated. (pl.) Siéntense, por favor. 0
secretary el secretario, la secretaria 11
to see ver 1, 5; Let's see.... A ver... 4; See you later (soon, tomorrow). Hasta luego (pronto, mañana). 0
to seem parecer* 6
separated separado,-a; to get separated separarse 12
September septiembre (m) 8
serious serio,-a 3
seriously en serio 11
servant el (la) sirviente (4)
to serve servir (e → i, i)* 10
to set (a table) poner 6
seven siete 0
seven hundred setecientos,-as 4
seventeen diecisiete 1
seventy setenta 1
several varios,-as 9
shame la lástima, la pena; What a shame! ¡Qué lástima! 3, ¡Qué pena! 3
shape la forma; to be in good shape estar en buena forma 9
sharp (time) en punto 5
she ella 1
ship el barco 8
shirt la camisa 4
shoes los zapatos 10
Shoot! ¡Caramba! 7
shopping: to go shopping ir de compras 2
short (height) bajo,-a 1, (length) corto,-a 8

should deber 5; one should hay que 11
to shout gritar 12
show el espectáculo; game (quiz) show el concurso 7; variety shows las variedades 7
to show mostrar (o → ue)* 9
shrimp el camarón (pl. camarones) 6
siblings los hermanos 4
sick enfermo,-a 3; to feel sick sentirse mal (11)
sickness la enfermedad (3)
sign la señal 12
since (as) como 8; (because) porque 2
to sing cantar 1
single solo,-a 12
sister la hermana 4; brother(s) and sister(s) los hermanos 4
to sit down sentarse; Please sit down. (pl.) Siéntense, por favor. 0
site el sitio (12)
six seis 0
six hundred seiscientos,-as 4
sixteen dieciséis 1
sixty sesenta 1
size (clothing) la talla 10
to skate patinar 9
to ski esquiar 1
skiing: water skiing el esquí acuático 9
skinny delgado,-a 4
skirt la falda 10
sky el cielo 12
to sleep dormir (o → ue, u)* 6; sleeping bag el saco de dormir 9
sleepy: to be sleepy tener sueño 6
sleepyhead el dormilón, la dormilona (9)
slender delgado,-a 4
small pequeño,-a 4
smart inteligente 1
snake la serpiente 11
snow la nieve 8; It's snowing. Está nevando. 3

to snow nevar (e → ie)*; It's snowing. Está nevando. 3
so tan 2; so many tantos,-as 11; so many things to do tantas cosas que hacer 5; so much tanto,-a 11
soap el jabón; soap opera la telenovela 1
soccer el fútbol 0
socks los calcetines 10
soda (drink) el refresco 6
soft drink el refresco 6
to solve solucionar (4)
some algún, alguna (adj.) 12; alguno (pron.) 8, 12; unos, unas 3; some day algún día 2
somebody alguien 10
someplace algún lado 12
something algo 3
sometimes a veces 4
somewhere algún lado 12
son el hijo 4; son(s) and daughter(s) los hijos 4
song la canción (pl. canciones) 7
soon pronto 2; See you soon. Hasta pronto. (1)
sore: to have a sore throat tener dolor de garganta 3
sorry: I'm sorry lo siento (5); I'm so sorry! ¡Cuánto lo siento! 3
So-so. Así, así. 0; Regular. 0
sound el sonido 7
soup la sopa 6
south, (the) south el sur 12
souvenir el recuerdo 8
Soviet Union (Russia) la Unión Soviética (Rusia) 8
space el espacio; to take a trip to outer space hacer un viaje al espacio 12
spaceship la nave espacial (12)
Spanish español, española (11)
Spanish (language) el español 1
to speak hablar 1
to spend (money) gastar 4; (time) pasar 4
spinach las espinacas 6
sport el deporte 1
sports deportivo (adj.) 7; sports report el reportaje deportivo 7

spring la primavera 8
square (*of a town*) la plaza 2
stadium el estadio 2
stamp la estampilla 9
to stand up levantarse 0, 10; Stand up. (*pl.*) Levántense. 0
star la estrella 1
to stargaze mirar las estrellas 1
to start (to) comenzar (e → ie)* (a) 7; empezar (e → ie)* (a) 7
to stay quedarse 12
steak el bistec 6
still todavía 3
stingy tacaño,-a 4
stomach el estómago; to have a stomachache tener dolor de estómago 3
stop (stopping place) la parada; bus stop la parada del autobús (8)
to stop detenerse* 12
store la tienda 2
straight derecho 8; Go straight ahead. (*formal sing.*) Siga derecho. 8
to straighten up (one's room) arreglar (el cuarto) 2
strange raro,-a 3
strawberry la fresa 6
street la calle 4
stress la tensión 8
strong fuerte 12
student el (la) estudiante 1; estudiantil (*adj.*) 9
studies los estudios 11
to study estudiar 1; prepararse 11
style la moda 10; to be in style estar a la moda 10
success el éxito 3
such: such a tan 2; such as como 2
suddenly de repente 7
to suffer sufrir (6); to suffer from hunger pasar hambre 12
suggestion la sugerencia (2)
suit el traje 10; swimsuit el traje de baño 10
summer el verano 8; summer camp el campamento de verano 8

sun el sol; It's sunny. Hace sol. 3
sunbath el baño de sol; to take a sunbath tomar el sol 8
Sunday domingo 5; (on) Sunday el domingo 5
sunglasses los anteojos de sol 10
sunny soleado,-a; It's sunny. Hace sol. 3
sunshade el parasol (0)
supermarket el supermercado 2
supper la cena 6
sure seguro,-a 11
surprise la sorpresa (3); surprise party la fiesta de sorpresa (11)
surprised sorprendido,-a 3
survey la encuesta (1)
sweater el suéter 4
sweet dulce (*adj.*) 10; sweets los dulces 6
to swim nadar 1
swimming la natación 8; swimming pool la piscina 2
swimsuit el traje de baño 10
symptom el síntoma (*m*) (3)

T

tab (*in a restaurant*) la cuenta 6
table la mesa 6
to take llevar 10, tomar 6; I can't take any more. No puedo más. 8; Take out paper and pencil. (*pl.*) Saquen papel y lápiz. 0; Take out your homework. (*pl.*) Saquen la tarea. 0; to take a bath bañarse 10; to take a course seguir un curso 11; to take along llevar 8; to take a sunbath tomar el sol 8; to take a trip hacer un viaje 8; take a trip to outer space hacer un viaje al espacio 12; to take a vacation ir de vacaciones 3; to take a walk dar un paseo 2; to take care of cuidar 4; to take off

quitarse 10; to take on water hacer agua 12; to take out the garbage sacar la basura 10; to take out to eat llevar a comer 4; to take pictures sacar fotos 2; to take walks dar caminatas 9;
to talk conversar (2); hablar 1; to talk on the telephone hablar por teléfono 2
tall alto,-a 1
tape cinta; cassette tape la cinta 4; tape player (recorder) la grabadora 3
tart la tarta 6
taste el gusto (1)
tea el té 6
to teach enseñar 7
teacher el profesor, la profesora 1
team el equipo 2
teddy bear el osito de peluche 4
telephone el teléfono 1; to call on the telephone llamar por teléfono (3); to talk on the telephone hablar por teléfono 2
television (*broadcast, programming*) la televisión 0; television (set) el televisor 1; to watch television ver televisión 1
to tell decir 7; Don't tell me! (*fam. sing.*) ¡No me digas! 3
ten diez 0
tennis el tenis 0
tension la tensión 8
tent: to pitch a tent levantar una tienda 9
terminal la terminal; bus terminal la terminal de autobuses 2
terrible pesadísimo 5
test el examen (*pl.* exámenes) 1
than que; better...than mejor...que 12; less...than menos...que 12; more...than más...que 12; worse...than peor...que 12

thank you gracias **0; Fine, thank you.** Bien, gracias. **0; Very well, thank you.** Muy bien, gracias. **0**

that que **2**

that (*nearby*) ese, esa (*adj.*), eso (*pron.*) **7; that** (*over there*) aquel, aquella (*adj.*), aquello (*pron.*) **7; that is to say** es decir **11; that one** (*nearby*) ése, ésa **7; that one** (*over there*) aquél, aquélla (*pron.*) **7; that's why** por eso **4; that way** así (**10**); **What is that?** ¿Qué es eso? **3**

the el, la, los, las **1**

theater el teatro **2; movie theater** el cine **2**

theatrical exagerado,-a **3**

their su, sus **4**

them ellos, ellas (*after prep.*) **8,** los, las (*d.o.*) **7; (to, for) them** les (*i.o*) **9**

then entonces **2;** luego **12**

there ahí **7;** allí **8; There are....** Hay... **1; There is....** Hay... **1**

therefore por eso **4**

these estos, estas (*adj.*) **7;** éstos, éstas (*pron.*) **7**

they ellos, ellas **1**

thin delgado,-a **4**

thing la cosa; **poor thing** pobrecito,-a **5; so many things to do** tantas cosas que hacer **5**

to think (about) pensar (e → ie)* (en) **7;** creer* **5; Don't you** (*fam. sing.*) **think so?** ¿No te parece? (**4**); **I (don't) think so.** Creo que sí (no). **5; What do you** (*fam. sing.*) **think?** ¿Qué te parece? **4**

thirsty: to be thirsty tener sed **6**

thirteen trece **0**

thirty treinta **1**

this este, esta (*adj.*), esto (*pron.*) **7; this one** éste, ésta (*pron.*) **7; this weekend** este fin de

semana **2; What is this?** ¿Qué es esto? **3**

those (*nearby*) esos, esas (*adj.*), ésos (*pron.*) **7; those** (*over there*) aquellos, aquellas (*adj.*), aquéllos, aquéllas (*pron.*) **7**

thoughtful considerado,-a (**4**)

thousand: one thousand mil **4**

three tres **0**

three hundred trescientos,-as **4**

throat la garganta **10; to have a sore throat** tener dolor de garganta **3**

through a través de **10;** por

Thursday jueves **5; (on) Thursday** el jueves **5**

thus así (**10**)

tie la corbata **10**

tiger el tigre **11**

time (*of day*) la hora **5;** (*in general*) el tiempo **6;** (*occasion*) la vez (*pl.* veces) **4; At what time...?** ¿A qué hora...? **5; a waste of time** una pérdida de tiempo **7; free time** los ratos libres **9; It's time to....** Es hora de... **7; time off** los ratos libres **9; What time is it?** ¿Qué hora es? **5**

tip (*in a restaurant*) la propina **6**

tired cansado,-a **3**

to a **1,** para **2; To bed!** ¡A la cama! **7; to have to** tener que **3; to me** para mí **4; to the** al **2**

today hoy **2; Today is....** Hoy es... **5; What day is today?, What (day of the week) is today?** ¿Qué día es hoy? **5; What is today's date?** ¿Cuál es la fecha de hoy? **8,** ¿Qué fecha es hoy? **8**

toe el dedo (del pie) **10**

together: to work together colaborar **9**

tomato el tomate **6**

tomorrow mañana **2; day after tomorrow** pasado mañana **4;**

See you tomorrow. Hasta mañana. **0**

tonight esta noche **2**

too (*also*) también **1; too many** demasiados,-as (*adj.*); **too much** demasiado (*adv.*) **9**

tooth el diente **10; to pull a tooth** sacar una muela **11**

toothache dolor de muelas; **to have a toothache** tener dolor de muelas **3**

tortilla la tortilla; **corn tortilla** tortilla de maíz **6**

total el total **7**

to touch tocar* **12**

tourist turístico,-a (*adj.*) **8**

toward hacia **12**

town el pueblo (**12**); **downtown** el centro **2; town square** la plaza **2**

train el tren **8**

transportation el transporte; **means of transportation** el medio de transporte (**8**)

trash la basura **9; to take out the trash** sacar la basura **10**

to travel viajar **2; to travel around the world** dar la vuelta al mundo **12**

travel agent el (la) agente de viajes **11**

trial la prueba (**11**)

trip el viaje; **to take a trip** hacer un viaje **8; to take a trip to outer space** hacer un viaje al espacio **12**

tropical tropical **8**

trouble la dificultad **12**

true cierto,-a (**4**)

truly de verdad **8**

truth la verdad **5**

to try tratar; **to try on** probarse (o → ue)* **10**

T-shirt la camiseta **4**

Tuesday martes **5; (on) Tuesday** el martes **5**

to turn doblar; **Turn left (right).** (*formal sing.*) Doble a la izquierda (derecha). **8**

twelve doce **0**

twenty veinte **1**

two dos **0**; **the two (of them)** los (las) dos (**2**)

two hundred doscientos,-as **4**

type el tipo **10**

typewriter la máquina de escribir **3**

typical típico,-a **8**

typing la mecanografía **5**

U

ugly feo,-a **1**

uncle el tío **4**; **aunt(s) and uncle(s)** los tíos **4**

under debajo de **8**

to understand comprender **5**; entender (e → ie)* **7**; **I don't understand.** No entiendo. **0**

underwater submarino,-a **12**

unforgettable inolvidable (**12**)

United States los Estados Unidos **8** (*abbrev.* EE.UU.)

unpleasant antipático,-a **1**; desagradable **1**

until hasta **8**

us nos (*d.o.*) **8**, nosotros, nosotras (*after prep.*) **3**; **(to, for) us** nos (*i.o.*) **8**

U.S. EE.UU., Estados Unidos

to use usar **10**

useful útil; **to be useful for** servir para **10**

V

vacation las vacaciones **1**; **to take a vacation** ir de vacaciones **3**

Valencian valenciano,-a; **Valencian paella** la paella valenciana (**6**)

vanilla la vainilla (**0**)

variety shows las variedades **7**

vegetable la verdura **6**

Venezuelan venezolano,-a (**11**)

very muy **1**; **very hectic** pesadísimo,-a **5**; **Very well, thank you.** Muy bien, gracias. **0**

veterinarian el veterinario, la veterinaria **11**

video game el juego electrónico **1**

view la vista; **point of view** el punto de vista (**9**)

visa el visado (**0**)

visit la visita **3**

to visit visitar **2**

voice la voz (*pl.* voces) **7**; **to lower one's voice** bajar la voz **7**

volleyball el volibol **0**

to vote votar (**11**)

W

to wait (for) esperar **5**

waiter el camarero (**10**); el mesero **6**

waitress la camarera (**10**); la mesera **6**

to wake up despertarse (e → ie)* **10**

walk la caminata **9**; el paseo **11**; **to take a walk** dar un paseo **2**; **to take walks** dar caminatas **9**

to walk caminar **9**

wallet la billetera **4**

to want desear **5**; querer **2**; tener ganas de **3**

warm: to be (feel) warm tener calor **6**

to wash lavar **2**; **to get washed** lavarse **10**

waste la pérdida; **a waste of time** una pérdida de tiempo **7**

to waste (time) perder (el tiempo) **7**

watch el reloj **3**

to watch mirar, ver **1**; **to watch television** ver televisión **1**

water acuático,-a (*adj.*) **8**; **water** el agua (*f*) **6**; **to take on water** hacer agua **12**; **water skiing** el esquí acuático **9**

way el camino **9**; **(in) that way** así (**10**)

we nosotros, nosotras **1**

wear llevar **10**; usar **10**

weather el tiempo; **How is the weather?** ¿Qué tiempo hace? **3**; **It's good (bad) weather.** Hace buen (mal) tiempo **3**; **weather forecast** el pronóstico del tiempo **7**

Wednesday miércoles **5**; **(on) Wednesday** el miércoles **5**

week la semana **3**

weekend el fin de semana; **(on) weekends** los fines de semana **2**; **this weekend** este fin de semana **2**

weight el peso; **to gain (lose) weight** aumentar (bajar) de peso **6**

weights las pesas; **to lift weights** levantar pesas **9**

weird raro,-a **3**

welcome: You're welcome. De nada. **0**

well bien **0**; pues **0**; **Oh, pretty well.** Pues, bastante bien. **0**; **Okay, well,....** Bueno,... **2**; **Very well, thank you.** Muy bien, gracias. **0**

what? ¿cómo? **0**; ¿qué? **1**; ¿cuál? **2**; **What about...?** ¿Qué tal...? (**4**); **What a mess!** ¡Qué desorden! (**7**); **What a nuisance!** ¡Qué pesado! **3**; **What a shame!** ¡Qué lástima!, ¡Qué pena! **3**; **What (day of the week) is today?** ¿Qué día es hoy? **5**; **What does... mean?** ¿Qué quiere decir...? **0**; **What do you (*fam. sing.*) think?** ¿Qué te parece? **4**; **What is he/she like?** ¿Cómo es? **1**;

What is that (this)? ¿Qué es eso (esto)? **3**; **What is today's date?** ¿Cuál es la fecha de hoy?, ¿Qué fecha es hoy? **8**; **What is your** (*fam. sing.*) **address?** ¿Cuál es tu dirección? **4**; **What nonsense!** ¡Qué tontería! **3**; **What's going on?** ¿Qué pasa? (**4**); **What's wrong with you** (*pl.*)? ¿Qué les pasa? (**2**); **What's your name?** (*formal sing., fam. sing.*) ¿Cómo se (te) llama(s)? **0**; **What time is it?** ¿Qué hora es? **5**

when cuando (**3**)
when? ¿cuándo? **2**
where donde **6**
where? ¿dónde?; **where... (to)?** ¿adónde? **2**; **Where are you** (*fam. sing.*) **from?** ¿De dónde eres? **1**; **Where is he/she/it?** ¿Dónde está? **3**
which que **2**
which? ¿cuál? **2**; ¿qué? **1**
while el rato **7**
white blanco,-a **10**
who que **2**
who? ¿quién? **2**; **Who are they?** ¿Quiénes son? **1**; **Who cares!** ¡Qué importa! **3**; **Who is it?** ¿Quién es? **1**
wholesome sano,-a **6**
Whose...? (*sing., pl.*) ¿De quién(es)...? **4**
why: that's why por eso **4**
why? ¿por qué? **2**
to win ganar **7**
window la ventana **11**
windy: It's windy. Hace viento. **3**

winter el invierno **8**
to wish querer **2**; tener ganas de **3**
with con **2**; **with care** con cuidado (**10**); **with me** conmigo **8**; **with pleasure** con mucho gusto **6**; **with you** (*fam. sing.*) contigo **8**
without sin **8**
woman la mujer **10**
wonderful formidable **1**; maravilloso,-a **12**
woods el bosque **9**
word la palabra; **associated word** la palabra asociada (**9**)
work el trabajo **8**
to work trabajar **1**; **to work at the computer** trabajar en la computadora **2**; **to work together** colaborar **9**
world el mundo (**0**); **to travel around the world** dar la vuelta al mundo **12**
world mundial (*adj.*); **World Cup** (*soccer*) la Copa Mundial (**3**)
worried preocupado,-a **3**
worse peor; **worse... than** peor... que **12**
would: I would like me gustaría **0**
Wow! ¡Caramba! **7**
wrestling la lucha libre **0**
to write escribir **6**
writer el escritor, la escritora **11**
wrong incorrecto; **What's wrong with you** (*pl.*)? ¿Qué les pasa? (**2**)

Y

yard el jardín **2**
year el año **2**; **to be ___ years old** tener ___ años **4**
yearbook el anuario **9**
to yell gritar **12**
yellow amarillo,-a **10**
yes sí **0**; **to say yes** decir que sí **7**
yesterday ayer **10**; **day before yesterday** anteayer **10**
yoga el yoga **9**
you (*fam. sing.*) tú (*subj.*) (**1**); te (*d.o.*) **8**; **(to, for) you** te (*i.o.*) **8**; ti (*after prep.*) **6**
you (*formal*) usted (*sing. subj.*) **1**; ustedes (*pl. subj.*) **1**; lo, la (*sing., d.o.*) **7**; los, las (*pl., d.o.*) **7**; **(to, for) you** le (*sing., i.o.*) **9**; **(to, for) you** (*pl., i.o.*) les **9**
you (*fam. pl., Spain*) vosotros, vosotras (**1**)**3**
young joven (*pl.* jóvenes) **1**
younger menor **4**; **younger than** menor que **12**
youngster el (la) joven (*pl.* jóvenes) (**12**)
your tu, tus (*fam. sing.*) (**4**); su, sus (*formal sing.*) **4**; vuestro, vuestra (*fam. pl., Spain*) **4**
You're welcome. De nada. **0**
youth el (la) joven (*pl.* jóvenes) (**12**)

Z

zero cero **0**
zoo el zoológico **11**

Index

For a topic list of vocabulary taught in *¿Y tú?* see page 474. For a topic list of **Rincones culturales,** see page vii.

A

a + *infinitive*
  ir a + *infinitive* 67, 72, 332
  volver a + *infinitive* 322
a, personal. *See* personal a
a (*prep.*) *See also* al
  in expressions of time 184
  with indirect object pronouns 328
  with pronouns 232–233
abbreviations
  of señor, señora, and señorita 2
  of usted and ustedes 39
acabar de + *infinitive*
  to express the immediate past 332
accents and special marks 19
acostarse 470
  present tense of 373
  preterite of 379
adjectives
  agreement of with noun 45, 106, 152
  comparative 435–436
  de phrases as 147
  demonstrative 268, 269
  descriptive 45
  for expressing feelings 107
  gender of 45, 106
  as nouns 254 (note)
  with parts of the body 369
  plural of 46
  position of, in sentence 46
  possessive 152, 369
adverbs 46
  comparative 435
  of direction 268
  of frequency 159
  of location 299
  of time 68
age, comparisons of 436
agreement
  of adjectives 45, 106
  of definite articles 33
  of demonstrative adjectives 268, 269
  of demonstrative pronouns 269
  of direct object pronouns 262
  of numbers 51
  of possessive adjectives 152
ahí 268
al, contraction of a + el 72, 189
allá, correspondence with aquel 268
almorzar 470, 473
  present tense of 322
alphabet 10–11
aquel (*adj.*) 268
aquél (*pron.*) 269
aquello 269
aquí 268
-ar verbs. *See also* preterite, irregular; *specific* -ar *verb entries*
  present tense of 159. *See also* stem-changing verbs
  preterite of 379
articles. *See* definite articles; indefinite articles

B

body, parts of 368–369
  definite articles with 369
  possessive adjectives with 369

buscar 473
  command forms of. *See* familiar commands; formal commands
  preterite of, 380

C

calendar 290
classroom expressions 13–14
clothing 361
cognates 17–18, 119, 138–139
colors 362
comenzar 470, 473
  command forms of.
    See familiar commands; formal commands
  present tense of 257
  preterite of 379
comparative, of adjectives and adverbs 435–436
conducir 473
  present tense of 219
conocer 473
  present tense of 228
  preterite of 402
  vs. saber 228
conseguir 471
  present tense of 363
  preterite of 407
contractions
  al 72, 189
  del 147
counting 50–52. *See also* numbers
countries 293
crecer 473

creer
  expressions commonly used
    with 193
  present 192
cuánto 51. *See also* questions
currency 12

D

dar 471
  present 287
  preterite 430
dates 290
days of the week 198
de
  in adjectival expressions 147
  contraction of **de** + **el** 147
  in expressions of time 184
  to show possession 147, 152
decir 471
  present 272
  words used with 272
definite articles
  agreement of, with nouns 33
  before titles 147 (note)
  contraction of, with **a**
    and **de** 72,
    147, 189
  with countries 293
  with days of the week 198
  gender of 33
  with languages 294
  with parts of the body 369
  plural forms of 34
  with titles 147 (note)
  use of 33
del, contraction of **de** + **el** 147
demonstrative adjectives 268
demonstrative pronouns 269
desaparecer 473
despertarse 470, 473
  present tense of 373
  preterite of 379
direct object pronouns 189,
    262–263, 304
  agreement of, with nouns
    262–263
  with infinitive 304
direction, adverbs of 268

divertirse 471
  present tense of 257
  preterite of 407
doler 470
  present tense of 369 (note)
  preterite of 403
dormir 471
  present tense of 322
  preterite of 407
dormirse 471, 473
  present tense of 373
  preterite of 407

E

el, contraction of, with **a, de** 72,
    147, 189
empezar 470, 473
  present tense of 257
encontrar 470
  present tense of 322
entender 470
  present tense of 257
  -er verbs. *See also* preterite,
    irregular; *specific* **-er** *verb
    entries*
  present tense of. *See also* stem-
    changing verbs
    irregular 218–219
    regular 192–193
  preterite of 402
ese (*adj.*) 268
ése (*pron.*) 269
eso 269
estar 471
  present tense of 106
  preterite of 441
  vs. **ser** 106, 398
  uses of 398
este (*adj.*) 268
éste (*pron.*) 269
esto 269

F

familiar commands
  irregular affirmative 337
  irregular negative 338

  regular affirmative 337
  regular negative 337
  spelling changes in 338
  of stem-changing verbs 337
family members 152–153
farewells 5
feelings 99–100
  adjectives for expressing 107
  expressions of, with **tener** 114
foods 213–216
formal commands
  irregular afirmative 411
  irregular negative 412
  regular affirmative 411
  regular negative 411
  spelling changes in 412
  of stem-changing verbs 411
frequency, expressions of 159
future
  expressed with **ir a** + *infinitive*
    67, 72, 332
  expressed with present tense
    332

G

gender
  of adjectives 45, 106
  of definite articles 33
  of names 6–7
  of nouns 33
good-byes 5
greetings and
  leave-takings 2–5
gustar 9, 33–35
  pronouns with 232–233
  uses of 232
  verbs like 233

H

hacer 471
  present tense of 218
  preterite of 441
  in weather expressions 120
hay, to express quantities 51

I

i-stem preterites 441
illnesses, expressed with **tener** 113
immediate past events, expressed
    with **acabar de** + *infinitive*
    332
imperative mood. *See* familiar
    commands; formal commands
indefinite articles, gender and
    number of 101
indirect object pronouns 304,
    327–328
    with **a** + *prepositional pronoun*
    328
    expressed twice in sentences
    328
    with infinitive 304
informal commands. *See* familiar
    commands
interrogatives. *See* questions
inversion in questions 84
ir 472
    ir a + *infinitive*
    67, 72, 332
    present tense of 67
    preterite of 430
-**ir** verbs. *See also* preterite,
    irregular; *specific* -**ir** *verb*
    entries
    present tense of. *See also* stem-
        changing verbs
        irregular 218–219
        regular 218
        stem-changing. *See* stem-
            changing verbs, present
    preterite of
        regular 402
        stem-changing 407–408
irregular commands. *See* familiar
    commands; formal commands
irregular verbs 471–473
    See also present tense,
    irregular; preterite, irregular;
    specific verb entries
irregular present tense **yo** forms
    192, 218–219,
    258, 272
-**ísimo** 180 (note)

J

jugar 471, 473
    present tense of 323
    preterite of 379

L

la (*d.o. pron.*) 262. *See also*
    definite articles
languages 293–294
las (*d.o. pron.*) 262. *See also*
    definite articles
lavarse
    present tense of 373
    preterite of 379
le (*i.o. pron.*) 328
leave-takings 5
leer 192
    words commonly used with 192
les (*i.o. pron.*) 328
likes and dislikes, expressing 9,
    29–30, 33–34, 232–233
lo (*d.o. pron.*) 262
location, adverbs of 299
los (*d.o. pron.*) 262–263. *See also*
    definite articles

Ll

llegar, 473
    command forms of. *See* familiar
        commands; formal
        commands
    preterite of 380

M

maps 44, 440
    Madrid 303
    Mexico, Central America,
        Caribbean 23
    Puerto Rico 78

South America 24
Southern United States 44
Spain 22, 126–127
Venezuela 440
weather of Spain 126–127
meals 227
money 12
months of the year 289
mood, imperative. *See* familiar
    commands; formal commands
mostrar 470
    present tense of 322
    preterite of 379

N

names of people
    gender of 6–7
    in Spanish 6–7
names of places in southern
    United States 44
nationalities 397
navegar 473
negation
    vs. affirmative words 448–449
    and double negatives 449
    of familiar commands 337–338
    of formal commands 411
    of questions 39
    with **ninguno** and **alguno** 448
negative sentence formation 449
neuter pronouns 269
nicknames 7
nouns
    gender of 33
    number of 33
    plural of 34
number (singular/plural). *See*
    adjectives; agreement; definite
    articles; direct object
    pronouns; indefinite articles;
    indirect object pronouns;
    prepositional pronouns;
    reflexive pronouns
numbers
    agreement of, with nouns 51,
    164
    cardinal